银领精品系列教材

U0730702

冯英健 著

实用网络营销教程

课件下载：http://www.tup.com.cn
http://www.wm23.com

● 简化理论，突出应用
● 内容创新，编排科学
● 案例丰富，趣味性强
● 免费提供配套教学资源

清华大学出版社
北京

内 容 简 介

本书是一本系统的基础网络营销教程,以实践应用为导向,介绍了网络营销的基本原理、操作方法和一般规律,并提供了相应的实践引导。主要内容包括实用网络营销内容体系与学习方法、网络营销的常用工具与资源、企业网站建设与运营维护、网络推广方法及应用、网站访问统计分析基础、网络营销服务以及社会化网络营销应用基础等。

网络营销不仅是一门专业学科,也是互联网时代商务人员应该掌握的基本技能之一,网络营销知识几乎对每个岗位都发挥着直接或间接的作用。本书不仅适于用作职业教育院校电子商务、市场营销等相关专业在校学生的教材,也可供所有对网络营销知识有兴趣的人士参考,尤其是互联网从业者、企业管理人员、业务人员和团体机构工作人员等。

本书为网络营销教学提供的支持包括:提供完整的教学课件资料;开设专门的网络营销实践平台,通过全国大学生的同台竞技,增加了网络营销学习的真实性、趣味性和成就感。

图书在版编目(CIP)数据

实用网络营销教程/冯英健著. —北京:清华大学出版社,2012.8(2016.2 重印)
银领精品系列教材

ISBN 978-7-302-29405-4

Ⅰ. ①实… Ⅱ. ①冯… Ⅲ. ①网络营销-教材 Ⅳ. ①F713.36

中国版本图书馆 CIP 数据核字(2012)第 159728 号

责任编辑:陈仕云
封面设计:康飞龙
版式设计:文森时代
责任校对:张兴旺
责任印制:李红英

出版发行:清华大学出版社
    网   址:http://www.tup.com.cn,http://www.wqbook.com
    地   址:北京清华大学学研大厦 A 座   邮   编:100084
    社 总 机:010-62770175   邮   购:010-62786544
    投稿与读者服务:010-62776969,c-service@tup.tsinghua.edu.cn
    质 量 反 馈:010-62772015,zhiliang@tup.tsinghua.edu.cn
印 装 者:北京密云胶印厂
经   销:全国新华书店
开   本:185mm×230mm   印   张:16.75   插   页:1   字   数:326 千字
版   次:2012 年 8 月第 1 版   印   次:2016 年 2 月第 5 次印刷
印   数:13001~15000
定   价:29.80 元

产品编号:023327-01

丛 书 序

一、出版缘起

2004 年 2 月，教育部部长周济在全国高职教育第三次产学研结合经验交流会上强调，高职教育的主要任务是培养高技能人才。他说，这类人才，既不是白领，也不是蓝领，而是应用型白领，应该叫"银领"。"银领"是指知识与技能都要具备的复合型人才。

为适应培养高等技术应用型人才的急切需求，高职高专教育的发展如火如荼，高职教学改革也在不断深入。"银领精品系列教材"就是在这样的客观背景下，着眼于 21 世纪中国社会经济发展对高等技术应用型人才的需求及实践要求，从高职高专教学改革思想的出发点出发，力求突出高职高专教育的特点和要求，同时密切结合精品课程建设及职业资格制度人才培养模式的要求策划组织的。

教材建设是整个高职高专院校教育教学工作的重要组成部分，也是精品课程建设的工作要求之一，高质量的教材是培养高质量人才的基本保证。我们期望本系列教材的出版能为高职高专的教学改革和应用型人才的培养贡献一份力量！

二、读者对象

本系列教材所选课程均为省级或国家级精品课程建设的配套研究成果，由精品课程负责人联合其他具有丰富的教学和实践经验的专家编写而成，主要适于作为高职高专院校或应用型本科院校财经大类经济学和管理学类工商管理、市场营销、经济贸易、电子商务、物流管理等相关专业的教材，同时适合企业相关实际工作者阅读参考。

三、丛书特色

1. 强化基础，突出应用

针对高等职业教育注重培养各职业岗位应用型人才的特点，紧密结合高职高专教育发展现状和教学需要进行编写。对基础理论的阐述以"必需，够用"为原则，由浅入深进行阐述，以求简明易懂。重点放在对应用理论及操作技能方面的介绍，注重培养学生的实践能力，突出应用性。

2．内容创新，编排科学

高职教育与经济建设密切相关，高职教材的内容也必须紧跟时代，反映新观念、新技术、新工艺、新方法，以培养学生的创新精神。本系列教材的内容体系安排从易到难、循序渐进，注重教材的整体性和衔接性，更注重与相关职业资格考试的最新动态相结合，具有一定的创新性。

3．精选课程，内容成熟

所选课程均为财经大类经济学和管理学相关专业的公共基础课和专业基础课，由于有精品课程建设的基础，相关内容讲义均已在作者所在院校进行多轮讲解，并经不断修改完善，内容体系比较成熟。

4．作者队伍强大

本系列教材的主编均为教育部国家级精品课程以及省级精品课程主持人或具有丰富实践工作经验的专家，多年从事高职高专教学和科研实践工作，拥有较丰富的教学实践和写作经验。其他参编者也均为来自高职高专教学第一线的"双师型"教师。

5．突出案例教学的作用

本系列教材中设有丰富的学习案例，通过篇头案例、节内的微型案例、章后的中型案例及书后综合案例的有机结合，强化了案例对知识点的牵引、辅助解说及综合考察作用，突出了教材的时代性、生活性和情趣性。

6．注重配套教学资源建设与服务

所有教材均配有精美电子课件和教学大纲，根据课程需要，还有配套练习题参考答案、教学案例分析、同步练习自测题库及参考答案等辅助教学资源。

四、教学支持

为帮助一线教师的教学，为课堂教学提供丰富的教学资源和实在的教学支持，本系列教材附有如下丰富配套教学资源，并免费为选用教材的一线教师提供：

◇ 课程教学大纲

◇ 配套电子课件（PPT 形式）

◇ 教材课后练习题参考答案

◇ 同步练习自测题库及参考答案

◇ 教学案例及评析

获取方式：需要获取上述相关教学资源的一线教师，请登录清华大学出版社网站（www.tup.com.cn）下载或发邮件到 thjdservice@126.com 索取，来信请注明您的姓名、所在学校、联系方式以及您的详细需求。

前　言

2012 年 4 月初，我第六次全程徒步攀登华山。这几乎已成为一种习惯，每当我竭尽全力完成一部著作之后，总是感到非常疲乏，像刚跑完一场马拉松一样无法立刻从高度紧张的状态中释放出来投入新的工作，似乎只有通过爬山这种高强度运动才能让我彻底从前期的工作状态中走出来。写完《网络营销基础与实践》第 2 版（2004 年）、第 3 版（2007 年）之后，我都曾独自攀登华山。经过漫长的写作和反复修改，当我终于将《实用网络营销教程》的书稿交给出版社之后，想到的第一件事就是：我又该爬华山了。

我不敢说《实用网络营销教程》是网络营销学习者的又一经典著作，但我敢保证，这是一部用心血完成的作品。从书稿的框架到最终定稿，做了多少次大的调整已经无法统计。原本以为用通俗的文字介绍网络营销的实践操作比含有一定理论性的书籍更为容易，但在写作过程中才发现，这本书的写作难度远远超过预期。回过头来看，经过这种艰难思考后形成的内容体系以及写作方法也构成了本书独有的三大特色。

首先，对网络营销内容体系的设计进行了重新思考。面对越来越庞大的网络营销内容和不断涌现的令人眼花缭乱的新方法、新模式，如何才能让初学者顺利入门而不至于产生无所适从的感觉，这是本书要考虑的首要问题。在对繁杂的网络营销内容体系进行分析之后认为，作为以应用性为目的的初级教程，应力求抓住网络营销的核心而不是面面俱到，同时还要兼顾网络营销新的发展动向。于是确立了本书以企业网络营销信息源的构建及维护、网络推广与管理为基础的内容架构。不管网络营销的工具和方法如何发展变化，这一基本思想在短期内都不会有根本的改变。因此，期望读者阅读了本书之后可以获得这样一种价值：**精读一本书，受益许多年**。

其次，对网络营销操作方法介绍的详尽程度的把握。这也是本书写作的难点之一。网络营销书籍写作并不缺少内容，尤其对于如我这般持续从事网络营销实践及研究十多年的人来说，素材、案例、数据、观点、结论比比皆是，但是需要合理地组织和取舍。如果要把几种最常用的网络营销方法写得详细点，每一种方法都可以独立地写一本甚至几本书。所以，本书在编写中尽力选取精华内容，通过适量的介绍达到可以操作并且掌握一般规律的目的。尽管如此，在本书的内容体系中，部分章节如第 4 章网络推广方法及应用（共七万多字）仍然显得过于庞大。

最后，坚持网络营销学习必须与实践相结合的指导思想。本书是一部系统的网络营销教程，但并不是一本网络营销实践操作手册，所以，尽可能利用有限的版面空间多介绍一些有价值的知识，而把实践操作部分以网络资源链接方式作为扩展阅读内容，或者在每章后面列出部分问题思考以及实践操作的建议。希望这种内容设计模式能为教师授课带来一定的便利。因为老师不仅可以在授课时侃侃而谈，而且可以利用书中介绍的方法带领学生一起进入实践环节，避免网络营销教学与实践脱节的局面。当然，主动性强的学习者也可以根据书中的引导独自开始网络营销的实践历程。

总之，希望本书能够陪伴您轻松愉快地进入网络营销的大门，成为您走向电子商务时代的历程中可以留下较深印象的书籍之一。

教学支持

正如作者早期出版的《网络营销基础与实践》一书得到数以千计高等院校教师的信任和支持一样，我相信，本书也可以继续获得高校电子商务、市场营销等相关专业老师的信任，尤其更为适合职业院校的老师和同学们参考。

为了给采用本书作为教材的老师提供教学支持，作者特做了如下安排。

（1）免费提供本书教学课件（PPT），您可以发送 E-mail 或者微博私信联系作者索取相关资料，也可以登录网络营销教学网站（www.wm23.com）了解相关信息。

（2）网络营销实践平台（abc.wm23.com）——中国互联网协会主办的大学生网络营销能力秀活动每个学期举办一次，通过全国大学生的同台竞技，增加了网络营销学习的真实性、趣味性和成就感。获奖选手除获得获奖证书及实践证书之外，还可能获得各种奖励。每期活动持续 3 个月左右，春季活动时间大约为 3 月 15 日—6 月 15 日，秋季活动时间大约为 9 月 15 日—12 月 15 日。在非正式活动期间，实践平台仍然开放，可以参照活动计划开展部分常规的网络营销实践活动。

衷心致谢

本书最终能够完成并得以出版，我首先要感谢清华大学出版社的领导和责任编辑的不断鞭策与鼓励，并特别感谢出版社对我书稿完成日期一再拖延的宽容！

还要感谢新竞争力网络营销管理顾问团队的同事们，这本书并非我一个人网络营销实践经验的总结，而是来自于新竞争力顾问团队集体的智慧，尤其是周熙、孙凤英、陈杰、张宁宁等，都为本书的创意、写作、修改和资料收集付出了艰辛劳动。

同时，新竞争力承担的中国互联网协会大学生网络营销能力秀活动组委会工作也为本书的内容增色不少，许多网络营销实践性内容都源于每个学期举办一期的网络营销能力秀活动（自 2009 年春季开始），在此向一直支持网络营销能力秀活动的中国互联网协会领导高新民、黄澄清、孙永革、刘天宇、李小宁等一并表示衷心的感谢！

我还要对积极参加网络营销能力秀实践活动的全国各地数千所高等院校的数万名师生致以衷心感谢，并期待更多的网络营销教师和学生在学习本书的过程中，充分利用网络营销能力秀这一实践平台，提高学生的学习兴趣和网络营销应用能力。

最后，我还希望表达一下自己对于原创作品著作权的立场。与作者其他已出版书籍的写作风格一样，本书中的每句话、每个字、每个标点符号、每个框图都是作者"体力劳动"的结果。抄袭、复制或者改编的内容永远不会出现在冯英健的著作中，如果书中内容有错误之处，那一定是我一个人的责任，希望大家给予批评指正。

冯英健于 2012 年 5 月

E-mail：fyj@jingzhengli.cn

作者微博：http://weibo.com/fyj

博客：http://www.jingzhengli.cn/blog/fyj

网络营销教学网站：http://www.wm23.com

目 录

第1章 实用网络营销内容体系与学习方法

【学习目标】

① 了解网络营销的基本要素及信息传递模型；

② 掌握实用网络营销内容体系框架；

③ 了解网络营销实践常用的资源；

④ 掌握学习本书的学习方法。

网络营销是以互联网为主要手段开展的营销活动，是基于互联网的常见应用领域。20 世纪 90 年代中期诞生的网络营销，现在已经成为企业不可或缺甚至是不可替代的营销手段。而网络营销知识也逐步从专业知识向社会公共知识演变，网络营销能力已经成为互联网时代每个企业以及每个人必须掌握的基本技能。

本书系统地介绍了网络营销的核心思想、基本内容、常用方法和操作技巧。在网络营销的基本思想和一般规律的指导下，通过理论学习和实践操作，系统地认识网络营销的内容体系，并掌握专业的网络营销操作方法和技巧，让网络营销能力成为自己的核心竞争力，直接为自己、为企业创造价值，当然也可以作为知识储备，为就业以及创业奠定基础。

本章的核心内容包括：网络营销的信息问题和信息模型、实用网络营销的内容体系和具体方法框架、实用网络营销的学习方法。

1.1 实用网络营销的内容框架

不同于其他网络营销书籍，本书的特点和出发点强调"实用"二字。作为以实践应用为出发点的实用网络营销图书，本书关注的重点是：实用网络营销到底包含哪些具体方法及其实操技巧，以及如何评估这些网络营销方法的营销效果。

"营销学之父"菲利普·科特勒（Philip Kotler）在《营销管理》（第十版）中指出：

"从社会角度看，营销（marketing）是个人和集体通过创造，提供出售，并同别人自由交换产品和价值，以获得其所需所欲之物的一种社会和管理过程。"而网络营销则是买卖双方以互联网为载体，实现交换产品和价值这样的社会和管理过程而采取的各种活动。

网络营销是企业整体营销战略的一个组成部分，是为实现最终产品销售、提升品牌形象而进行的活动。因此，无论传统企业还是基于互联网开展业务的企业，也无论是否发生电子化交易，都需要网络营销。但网络营销本身并不是一个完整的商业交易过程，而是为促成交易提供支持，因此，网络营销主要发挥信息传递作用。

1.1.1　互联网日常应用中的网络营销问题

互联网已经渗透到日常工作及生活的各个层面，从营销的角度来分析，许多常见互联网应用的背后都包含着与网络营销直接或间接的联系。

> **思考题 1-1：搜索引擎搜索结果的启示**
>
> 作为时代的弄潮儿，你是否经常在互联网上冲浪？了解时事、收集信息、查找资料、寻找答案等，每一项任务都离不开搜索引擎的帮助。通过搜索引擎用自己或他人的名字进行搜索，你能想象可能会搜索出哪些结果吗？以百度搜索引擎检索自己的姓名为例，通常有下列 5 种常见情形。
>
> （1）自己的姓氏和名字很生僻，搜索不到自己的姓名；
>
> （2）自己的姓名很常见，同名同姓的人很多，搜索结果的信息大多和我无关；
>
> （3）某个网站上有自己的个人信息，例如，高考录取名单、某学校运动会获奖名单等，不过信息很简单；
>
> （4）搜索结果中有关于自己的详细信息，但是主要是负面信息；
>
> （5）搜索结果中有关于自己的详细信息，而且大多数是好评内容。
>
> 这些不同的搜索结果，对你意味着什么呢？
>
> 如果你正好属于第 5 种情形，那么，恭喜你！你已经在互联网上有了自己的良好网络品牌形象，他人可以通过检索你的名字找到你的正面信息；如果你是第 4 种情形，你只能为过去的某次错误而遗憾，力争以后有更多的正面信息来弥补了；如果你属于前 3 种情形，那么只能说明，通过搜索引擎还很难获取到你的个人信息，目前你还不具备建立个人网络品牌的基础。
>
> 对于一名在校学生来说，互联网的个人信息暂时还不足以对你造成什么影响。但是，如果检索的是一个企业的名称呢？检索结果对企业的影响将不容小觑。企业的名称搜索如果属于前 3 种情形，企业会因此失去很多商机；如果企业的名称搜索属于第 4 种情形，

企业的形象将会大打折扣；如果企业的名称搜索属于第 5 种情形，那么企业将获得更高的品牌形象进而获得更多的产品销售。

怎样通过搜索引擎获得企业希望的搜索结果，将是企业网络营销主要要考虑和解决的问题之一。因此，作为一个企业市场营销部门负责人，需要思考如下几个基本问题。

（1）为什么企业的部分信息无法被检索出来？

（2）为什么搜索结果中竞争者的产品信息排名靠前？

（3）如何才能使得搜索结果中的信息是企业所期望的内容？

（4）为什么在不同的搜索引擎中检索到的企业信息有很大差异？

（5）用户在搜索结果中看到企业信息之后将采取哪些进一步的行为？

思考题 1-2：网络购物流程背后的思考

你是否有过网上购物的经历？你是如何在网上寻找产品的？你通常会去哪些网站购物？你是如何知道这些网站的？哪些因素决定了你愿意在该网站购物？

大多在校学生都有在当当网购书的经历。如果你正想通过当当网订购《实用网络营销基础》或者其他产品，我们可以回顾一下这次购物的主要流程。

（1）登录当当网首页或者当当网的任何一个产品页面；

（2）通过站内搜索或者产品目录逐级查找你需要的产品信息；

（3）将产品加入购物车，用户注册/登录，然后进入结算流程；

（4）填写个人资料、收货人详细信息、选择支付方式等，完成订单，提交所需要的所有内容；

（5）完成付款环节，在线支付汇款（链接到银行网站页面）或者选择货到付款；

（6）等待网站配货、送货，通常在 2～7 天内可以收到所订购的货物。

这样一个常规的在线购物流程，却隐藏了几个网络营销中经常遇见的问题。

（1）你是如何获得当当网站网址的，是直接在浏览器地址栏输入网址、通过产品搜索、通过网站名称搜索还是通过其他网站的链接进入？

（2）除了上述方式之外，还有多少种进入当当网网站的渠道？

（3）进入当当网后，你通过网站的站内搜索和目录列表却找不到需要的产品。

（4）在当当网上找到了相关产品的页面，但是产品介绍过于简单，没有足够的信息帮助自己确定其是否为需要的产品。

思考题 1-3：微博火暴背后的真相

在互联网发展历史上，微博是发展最快的网络应用之一。2009 年 9 月，新浪微博开始邀请注册，进入了国内微博应用的快速发展时期。仅仅两年多的时间，到 2011 年底，我国微博用户数量已经突破 2.5 亿（CNNIC，第 29 次中国互联网络发展状况调查统计报告），使用率达到 48.7%，微博几乎成为每个活跃上网用户不可缺少的应用之一。每一天，当你进入自己的微博页面更新自己的微博信息的时候，是否特别想体验一呼百应的感受呢？你一定很好奇，为什么对面那个其貌不扬的家伙在微博世界里有那么多忠实的粉丝？为什么他的发言总是能够最快速地被评论、转发和散播，而自己发布的微博却一点回声也没有呢？那些散布速度最快、影响最大的微博事件火暴的真相到底是什么呢？你是否考虑过如下这些问题。

（1）这些热门微博的内容为什么会得到大家的关注？

（2）这些微博是通过哪些渠道转发出去的？

（3）这些微博的内容是否在不断地根据市场反应进行快速调整？

（4）如何控制微博传播过程中不利的言行？

（5）如何掌控微博传播过程中的话语权？

以上三个思考题，分别有其特殊的一面，也有很多共同之处，将这些共性问题进行归纳之后，我们将更容易理解不同互联网应用现象之间的内在联系，以及他们和网络营销之间存在的关系。这些共性问题可归纳为如下四个方面。

1. 网络信息源是信息传播的基础

无论通过搜索引擎检索、网站直接浏览，还是其他用户的转发，只有信息出现在网上，才具备网络传播的基础。这些企业的信息可能是企业自己发布的，也可能是媒体、用户等第三方发布的，被检索到的信息可能来源于企业的官方网站，也可能来源于其他网站，如新闻门户、博客、网络社区、B2B 平台等。也就是说，要想用户通过互联网发现企业的信息，前提是需要将企业的有关信息发布到网上，即企业需要营造一个"网络营销信息源"，其中包括企业自己可以掌控的"内部信息源"，也包括来自第三方的"外部信息源"。

结论 1：网络信息源建设是企业网络营销的基本内容之一。

2. 用户获取信息的渠道

用户获取信息的渠道可能是多方面的，只有企业的信息通过这些渠道被用户发现，才能达到企业信息传播的目的。这些信息传播渠道包括各种常用搜索引擎、知名电子商务网站、多个网站链接、多种形式的媒体报道、微博中的用户转发及评论等。当然，具有良好的口碑和较高的知名度的企业，用户可以直接登录企业网站，这也是最主要的信息渠道之一。

结论 2：建立尽可能多的网络信息传播渠道，是企业网络营销的基本手段。

3．用户获取信息之后的行为

用户获取到企业基本信息之后的行为，直接决定了是否会产生营销效果。信息源建设及信息传播渠道，只是为用户获取信息提供了基本条件，用户获取这些基本信息之后的行为则反映了信息传播的价值和效果，例如，是否会成为注册用户、实现在线购买、对企业信息的继续传播、成为企业忠实客户等。

著名管理理论家彼得·德鲁克（Peter Drucker）曾经这样说过："营销的目的在于深刻地认识和了解客户，从而使产品或服务完全适合顾客的需要而形成产品自我销售"。网络营销也不例外。网络营销的"信息"价值不仅仅体现在网络信息源的建设和网络信息的传播上，还体现在传播的这些"信息"是否真正是基于深刻地认识和了解了客户需求后产生的。

结论3：认识和了解潜在用户的需求，并创造顾客价值是网络营销的最终目标。

4．网络信息传播中可能存在的障碍

企业信息通过互联网传播可能存在如下障碍，使得用户无法获取信息或者信息接收出现偏差。

（1）企业网站服务器不稳定，或者由于企业网站网页信息量过大影响用户正常浏览，造成下载时间过长、图片无法正常显示；

（2）通过电子邮件发送信息时被接收方邮件服务器拒收；

（3）通过搜索引擎或者第三方网站平台内部搜索，用户不一定能找到需要的企业或产品信息，甚至根本找不到企业的任何信息；

（4）在搜索结果的摘要信息中没有对用户有价值的信息。

除了这些常见的现象之外，由于同质化信息的大量存在，无论是通过搜索引擎搜索，还是在第三方网站平台（如阿里巴巴、淘宝网、新浪博客等），类似的产品信息总是很多，而且大都是竞争对手的信息，这种状况会对企业信息的有效传播产生严重的阻碍。如何能在同质化信息传播环境中突围，也是企业网络营销面对的难题之一。

结论4：尽可能减少信息传递过程中的障碍，保证企业信息的有效传播，是网络营销必要的保证措施。

以上归纳的四个方面的问题，实际上就是网络营销一定要解决的基本问题，可称为网络营销的四项基本要素，即网络营销信息源、网络营销信息传递渠道、网络营销信息接收者，以及网络营销信息传播的噪声和屏障。本节将继续研究这些要素之间的相互关系，以此揭示网络营销的基本原理。

1.1.2　网络营销信息传递模型

网络营销四项基本要素的相互关系，可以用网络营销的信息传递模型来描述，如图 1-1 所示[①]。

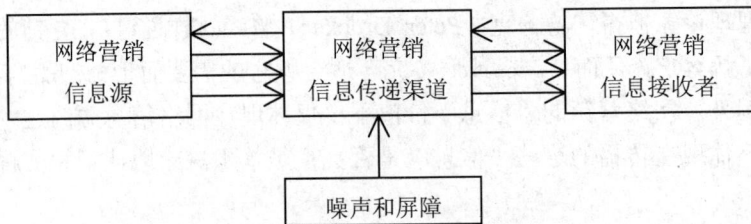

图 1-1　网络营销信息传递模型

在网络营销信息传递模型中，信息源、信息传递渠道以及信息接收者之间用不同数量和方向的箭头表示信息的双向传递，而箭头数量的不同则显示出信息发送者和接收者之间的地位不均等现象。尽管是否接收信息以及接收信息后的行为取决于用户，但企业可以通过信息源及传播渠道的设计来影响用户对信息的选择，并且这种影响能力比用户与企业的交互信息影响要更为强大。试想，如果某个企业的信息传播渠道足够多，而且总是出现在最受用户关注的位置，显然会对用户产生更大的影响力。例如，某些大网站铺天盖地的搜索引擎广告，无论用户搜索什么产品，在搜索结果的显著位置总会出现某个网站的相关信息，用户的选择权无形中就会被该网站所左右。

下面对网络营销信息传递模型的各个要素进行简要分析。

1．网络营销信息源

企业希望通过互联网手段向用户传递的各种信息组成了网络营销信息源。企业网站上的内容如企业简介、产品介绍、促销信息，以及通过外部网络营销资源发布的网络广告、供求信息等都属于信息源的内容。网络营销信息源是网络营销的基础，只有在明确了向用户传递哪些信息的基础上，才能选择合适的网络营销方法来传递这些信息。

2．网络营销信息传递渠道

网络营销信息可以以企业网站、电子邮件、搜索引擎，以及其他网络营销服务商的资源等作为信息的载体并通过这些方式向用户传递信息，用户则可以以电子邮件、网站上的反馈表单、网络社区、实时信息等方式向企业传递信息。在所有的营销信息载体中，

[①] 冯英健. 网络营销基础与实践. 第 3 版. 北京：清华大学出版社，2007.

企业网站所包含的信息容量最大，也最容易被信息发送者控制，企业网站也是最重要的信息传播渠道。因此，在网络营销体系中，特别强调企业网站的网络营销价值，并将网络营销导向的企业网站建设作为网络营销的基础。

3．网络营销信息接收者

信息接收和传递是同一事物的两个方面，站在信息接收者（用户）的角度上，对网络营销信息是接收和获取，并在必要时向企业发送一定的信息。网络营销信息接收者通常是企业的用户或潜在用户。在网络营销信息传递系统中，由于具有双向信息传递的特点，信息接收者同时也是信息发送者，因此网络营销的信息传递具有交互性质，这就更加体现出用户在整个网络营销中所处的重要位置。在网络营销八项基本职能中，顾客关系和顾客服务职能就是这种关系的体现。从根本上来说，这种以用户为核心的原则是由于市场经济发展，产品供大于求所产生的必然结果。作为企业，更加渴望那种供不应求的卖方市场，这样顾客处于绝对弱势地位，企业根本无须过多考虑顾客的需求，只要生产出足够多的产品满足市场需要就可以获得丰厚的利润。但在发达的市场经济条件下，这种机会是很难遇到的，也只有在这种市场环境中，网络营销的交互性才有价值。本书1.1.3节中将要分析的网络营销交互性的实质也进一步说明，即使在网络营销的信息传递系统中，用户也只能在一定程度上利用这种交互性的功能来增强买方的地位，并不能完全达到用户主导营销规则的程度。

4．信息传递中的噪声和屏障

噪声和屏障即网络营销信息传递的影响因素。针对每一种具体的信息传递渠道和网络营销方法，都有不同的噪声和屏障影响网络营销的效果。对这些因素进行分析研究并采取针对性的措施减少噪声和屏障所造成的影响，是保证网络营销信息有效传递的必要手段。例如，在许可 E-mail 营销中，邮件送达率是评价其效果的主要指标之一；由于各种因素造成的退信率不断上升，成为影响 E-mail 营销效果的主要因素之一，因此需要分析邮件退信的原因，并采取必要的措施提高送达率。

1.1.3　网络营销信息传递特征

在企业的网络营销活动中，企业通过网站、专业服务商发布信息或通过电子邮件直接向用户传递信息；用户通过搜索引擎检索信息并到网站获取更详细的信息或通过网站下载各种有价值的信息，如电子书、驱动程序、产品使用说明书等，也可以通过实时聊天工具获取对某个产品的了解，这些都包含着信息的传递和交互。在网络营销的八项职能中，信息传递是其核心，各种常见的网络营销方法都是为了实现营销信息传递的目的，而常用的网络营销手段如企业网站、搜索引擎、电子邮件等也就是传递信息的工具。可见，网络营销信息传递系统构成了网络营销的核心内容，了解网络营销中信息传递的原理和特点以及信息交互的本质，是认识网络营销的核心思想和充分发挥网络营销功能的基础。

在网络营销系统中，营销信息传递表现为下列主要特点。

1．网络营销信息传递效率高

网络营销信息源主要表现为企业网站上的各种文字、图片、多媒体信息、网络广告信息、搜索引擎信息等。由于这些信息本身已经数字化，通过 TCP/IP、E-mail 等方式可以直接作为信号来传输，所以在信息从企业网站服务器端或者企业电子邮件服务器向用户传递的过程中，不需要额外的编码和译码程序，减少了信息传递的中间环节，使得信息传递更为直接；信息接收者与发送者之间甚至可以进行实时的交流，这也使得网络营销的信息传递效率大为提高。

2．网络营销信息传递方式多样化

在网络营销中，信息传递有多种方式。从信息发送和接收的主动与被动关系来看，有通过电子邮件等方式向用户发送信息的主动传递方式，还有将信息发布在企业网站上等待用户来获取信息的被动传递方式；从信息发送者和接收者之间的对应关系看，可以是一对一的信息传递（如一对一电子邮件、即时信息等），也可以是一对多的信息传递（如邮件列表、网络广告等）。这种特性也决定了网络营销信息传递方式和传递渠道的多样化。

3．网络营销信息传递渠道多样化

网络营销信息的传递具有多种渠道，如企业网站、搜索引擎、供求信息平台、电子邮件和即时信息等，不同渠道传递信息的方式有所区别，因此只有在充分了解各种网络营销信息传递渠道特性的基础上，才能有效地应用各种网络营销策略。

4．网络营销中的信息传递是双向的

与一般的信息只能从信息发送者向接收者传递不同，网络营销信息可以是双向传递的，或者说具有交互性。这种交互性对于企业和用户双方来说都是有利的，企业将正确的信息传递给了正确的用户，用户则得到了自己需要的有助于购买决策的信息。企业可以通过各种网络渠道将信息传递给用户，用户也可以直接获取企业信息并将信息传递给企业。用户向企业传递信息的方式在很大程度上取决于企业所提供的机会，因此尽管网络营销信息传递具有双向性，但信息的发送者（企业）和接收者（用户）之间的地位并不是均等的，企业在信息传递过程中处于优势地位，在影响甚至决定着用户向企业方向传递信息的方式。例如，企业可以通过在线调查表单表达自己的意见，但这种表单是由企业设计和提供的，用户并不能随意表达自己的需要；用户可以通过电子邮件等方式向企业发送信息，但是否能够传递到目标接收者同样不是用户可以决定的；用户可以通过加入邮件列表等方式选择自己需要的信息，但通过邮件列表发送什么信息，什么时间发送则完全取决于企业而不是用户的需要。从这种意义上说，网络营销并不能做到真正由用户主导营销规则，至多是企业为用户提供尽可能多的机会来促进信息的双向传递。

5. 网络营销信息传递中噪声的特点

在网络营销信息传递过程中，同样存在噪声的影响，不过这种噪声通常并不是附加到营销信息中被传送给信息接收者。网络营销信息噪声主要表现为对信息传递的各种障碍，尤其在信息直接传递时这种现象更为明显。其中可能是由于企业的信息发布准备工作不力，也可能是传播渠道的技术问题，或者是信息接收者为避免打扰而人为设置的障碍等。例如，假设一个企业网站没有登录搜索引擎，用户通过搜索引擎等常规手段将无法获得该企业的信息，这样就会造成信息接收方无法获取自己希望的信息，造成被动信息传递无效；在利用电子邮件传递信息时可能遭到邮件服务商的屏蔽，或者被邮件接收者自己设置的邮件规则所拒绝，从而造成主动性信息传递失败。当通过第三方的服务传递营销信息时，可能会出现在企业营销信息中附加服务商自身广告信息的情形。例如，利用免费邮箱传递信息时，接收方的邮件中除了有邮件发送者的内容之外，在邮件末尾还会出现服务商的信息就属于这种情形。因此，在专业的网络营销活动中强调避免使用这种免费服务，正是出于对减少信息传递噪声的考虑。

1.1.4 网络营销信息传递一般原则

网络营销信息传递的基本原理以及交互性营销的实质，为正确理解网络营销的核心思想奠定了基础。网络营销信息传递原理表明，网络营销有效的基础是：企业提供详尽的信息源，建立有效的信息传播渠道，让用户尽可能方便地获取有价值的信息，并且为促成信息的双向传递创造条件。因此在建立网络营销信息传递系统时，应遵循下列一般原则。这些原则是有效开展网络营销的核心思想，包括五个方面的内容。

1. 提供尽可能详尽而有效的网络营销信息源

无论是企业通过各种手段直接向用户所传递的信息，还是用户主动获取的信息，归根结底来源于企业所提供的信息源。首先，应该保证信息量尽可能大。信息量大不只是信息的字节数多（字节数多少只是信息量多少的一种表现形式），而且要含有用户希望了解而尚未了解的信息多。例如，有些企业网站在首页设计一个很大的 Flash 动画，可能达到几百 KB，甚至超过 1MB，在目前的网络环境下，使得网站首页下载需要很长时间，但这样的内容对用户而言并没有多大信息量，因为用户到一个企业网站一般不是去欣赏美术作品，而是去查询产品信息、售后服务联系信息，或者在线订购产品，只有和用户需求有关的信息详尽才是有价值的。其次，网络营销信息应该是有效的。当用户通过各种渠道了解到企业的网址并访问网站时，如果看到的是过时的信息，用户对企业的信任程度将大为降低。因此，在有关网络营销策略的内容中一直强调，企业网站上的内容应该全面和及时、产品介绍信息应详细、在主要搜索引擎上利用企业品牌或核心产品等关键词可以被用户检索到、电子邮件信息的基本要素完整、回复用户咨询要及时，这样才能为网络营销信息有效传递奠定基础。

2. 建立尽可能多的网络营销信息传递渠道

从传递信息量的完备性来看，在各种不同的信息传递渠道中，企业网站是完全信息渠道，所有必要的信息都可以发布在企业网站上，搜索引擎、网络广告等传播信息则具有不完全的特点，主要是希望首先获得用户的注意，然后使其到网站获取全面信息。利用电子邮件传递信息则介于两者之间，可以是针对某次营销活动的完全信息，也可以是不完全信息。在信息传播渠道建设上，应采取完整信息与部分信息传递相结合、主动性和被动性信息传递相结合的策略，通过多渠道发布和传递信息，才能创造尽可能多的被用户发现这些信息的机会。由此也可以说明信息发布作为网络营销基本职能之一的意义。

3. 尽可能缩短信息传递渠道

创建多个信息传递渠道是网络营销取得成效的基础，在此基础上还应创建尽可能短的信息传递渠道。因为信息渠道越短，信息传递越快，受到噪声的干扰也就越小，信息也就更容易被用户接收。这也从根本上解释了为什么搜索引擎检索结果中靠前排列的信息更容易得到用户关注和点击、用户自愿订阅的邮件列表营销效果更胜一筹等看起来理所当然的问题。信息传递渠道最短在网络营销策略的实施中主要表现在许多细节问题上，例如，让重要的信息出现在网页上最显著的位置、为每个网页设计一个概括网页核心内容并有吸引力的标题、在传递电子邮件信息时注重标题的设计等。因此，在网络营销中非常强调细节的重要性，在其他条件接近的情况下，往往是细节问题决定了网络营销的成败。

4. 保持信息传递的交互性

交互性的实质是营造使企业与用户之间互相传递信息更加方便的环境。除了上述建立尽可能多而且短的信息传递渠道之外，还应建立多种信息反馈渠道，如论坛、电子邮件、在线表单、即时信息等以保证信息传递交互性的发挥，这些渠道也是在线顾客服务的基本手段。可见，网络营销中的交互性是与顾客服务密不可分的，也就是说，通过在线顾客服务职能的发挥体现出网络营销交互性的特征。用户向企业传递信息，实际上需要企业首先建设好这种信息传递渠道。网络营销信息传递的这一原则明确了实现交互性的基本方法：交互功能是以在线顾客服务为基础的，只有通过良好的在线服务才能发挥出网络营销交互性的优势。

5. 充分提高网络营销信息传递的有效性

由于信息传递中的障碍因素，一些用户无法获取自己需要的全部信息。提高信息传递的有效性，也就是减少信息传递中噪声和屏障的影响，让信息可以及时、完整地传递给目标用户。例如，网络营销导向的企业网站要求网页下载速度快，因为下载速度决定了信息传递的周期，如果下载过慢，延长了信息传递渠道，在这个过程中更容易受到其他因素的影响，用户很可能在网页还没有下载完成之前就已经离开了网站，而转到竞争者网站上去获取信息，这样便失去了一个潜在顾客。所以，提高网络营销信息传递的有效性具有至关重要的意义。

1.1.5　实用网络营销内容体系

根据上述分析的网络营销的四个基本要素和网络营销信息传递模型，本书将实用网络营销内容体系归纳为四个方面，分别是：企业网络营销信息源构建及维护、网络营销信息传递渠道建设及管理、为网络营销信息接收者（即潜在用户）创造便利和价值，以及降低网络营销信息传递中噪声和屏障的保障措施。实用网络营销内容体系如图 1-2 所示。

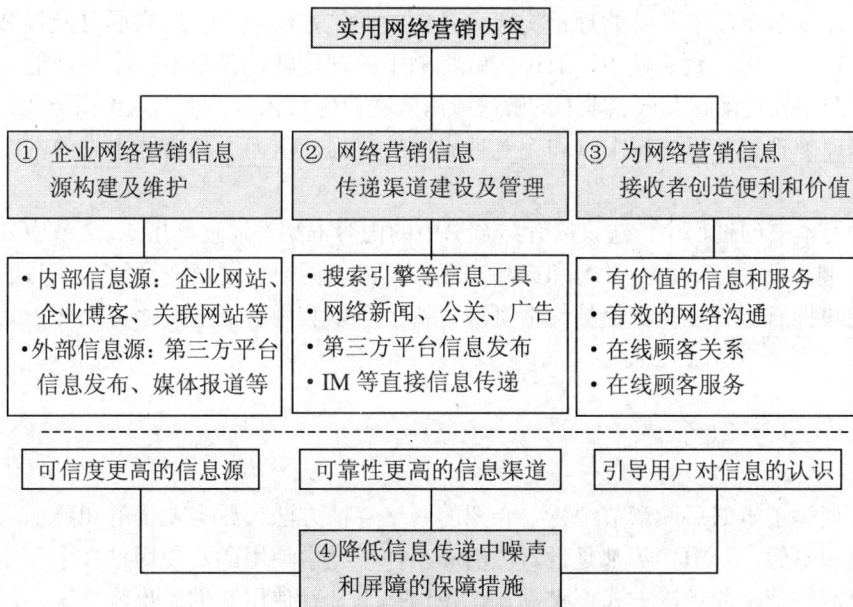

图 1-2　实用网络营销内容体系

图 1-2 中对实用网络营销四个方面的要素都列举了部分相应的内容，但并非全部的内容。从图中可以看出，部分网络营销活动并非一个环节所独有。例如，由于一些第三方网站平台（如 B2B、微博、网络社区等）集聚了大量的用户，网站内部用户的信息交流

也成为信息传播渠道之一。因此，利用第三方网站平台的信息发布（如阿里巴巴 B2B 平台），既是外部信息源的创建，同时也是信息传播渠道建设的内容。

实用网络营销包含了以上四个要素，至于每一个要素如何发挥网络营销的作用，以及这些要素包含的具体方法、工具、资源以及实操技巧等将是本书后面章节所要重点介绍的内容。

1.2　实用网络营销学习方法

1.2.1　学习方法建议

本书介绍的实用网络营销常用方法及一般规律，都是作者通过长期专业实践总结而成。不同于偏重理论的网络营销书籍，本书在学习方法上重点强调"实践"二字。

读者在了解了本书基础的理论构架和具体的操作方法之后，应当尽可能将书中介绍的网络营销方法运用到实践中，通过实践将书中的理论转化为自身的实操技能。同时，通过在实践中发现问题并依照本书的解决方法解决问题，体验"运用理论指导实践，从实践中深刻理解理论并进一步丰富和完善理论"的过程，从而不断增强个人的网络营销应用能力。

在学习本书的过程中，建议读者结合书中的内容框架，通过利用 1.2.2 节中列举的网络资源、工具及平台，达到学习和提高实践的目的。同时希望读者通过几个月的学习和实践，能够拥有对自己有价值的网络资源，甚至可以利用学到的网络营销知识为自己带来收益。

1.2.2　学习实践资源

本节列举了本书后续章节中将要介绍的网络营销方法大致需要了解和熟练应用的工具、平台和资源，其中多数都是日常生活和工作中经常使用的。使用过程中，建议读者尝试用"网络营销的思维方式"来重新认识这些工具并使用它们，也就是说，对每种工具和资源，都能从网络营销的角度来考虑：它们有哪些网络营销价值？如何利用这些工具和资源实现企业网络营销的目的？

1. 网络营销学习及实践资源网站

（1）网络营销能力秀（abc.wm23.com），这是新竞争力网络营销管理顾问为网络营销教学实践提供的专业实践平台。它作为中国互联网协会主办的大学生网络营销能力秀官方网站，与电子商务企业合作为在校学生提供更多的网络营销实践内容，包括个人网络品牌及企业网络推广、学生之间及学生与企业之间的互动交流等。每个学期举办一期。一般在每个学期开学一个月内正式开始，活动持续2～3个月。

除了网络营销能力秀官方网站之外，网络营销能力秀指定或合作的电子商务及网络营销实践网站还包括：礼氏物语——高档礼品网站（www.lishiwuyu.com）；梧桐子——有故事的礼品网站（www.wutongzi.com）；中国小商品城网（www.onccc.com）；新浪微博（weibo.com/wm23）；九寨沟旅游资讯网（www.jiuzg.com）；阿联酋商务旅行网（www.db1001.cn）。

（2）网络营销管理顾问（www.jingzhengli.cn）。这是新竞争力网络营销管理顾问官方网站，有大量关于网络营销深度研究的内容，包括研究报告、免费电子书、深度研究文章、网络营销博客等，是国内最专业的网络营销资讯站点之一。希望对网络营销有更深理解的读者可以选择阅读自己感兴趣的内容。

（3）门户网站的互联网新闻。如新浪、搜狐等门户网站都有关于互联网站、电子商务、网络营销等方面的新闻报道及背景资料。

（4）互联网行业研究及咨询。包括中国互联网络信息中心（CNNIC）每年两次发布的《中国互联网络发展状况统计报告》、艾瑞咨询及DCCI互联网数据中心的互联网各领域调查数据等。

2．应熟练使用的网络工具

（1）搜索引擎：如百度、Google、搜狗、搜搜等；

（2）博客：如新浪博客、百度博客、阿里巴巴博客等；

（3）即时通信工具：如QQ、MSN、阿里旺旺等；

（4）微博：如新浪微博、腾讯微博等；

（5）E-mail：如新浪、网易、Gmail等免费邮箱，以及所在单位邮箱；

（6）RSS阅读器：如新浪点点通、看天下、Google Reader等；

（7）邮件列表：如希网网络邮件列表（www.cn99.com）、通过邮件订阅的 Google快讯等；

（8）电子书：包括常见电子书的格式及制作方法、传播途径等；

（9）网站流量统计分析工具：如51yes.com，Google Analytics（www.google.com/intl/zh-CN/analytics）等。

3．有必要深入了解和实践应用的网络推广平台

（1）B2B电子商务平台：如阿里巴巴（www.alibaba.com）、慧聪网（www.hc360.com）、中国小商品城网（www.onccc.com）等；

（2）B2C、C2C电子商务平台及专业网站：如淘宝网、拍拍网、当当网、卓越亚马逊等；

（3）在线百科平台：如百度百科、互动百科、搜搜百科、Wiki 百科等；

（4）互动社区：如百度贴吧、百度知道、搜搜问问等；

（5）搜索引擎：如百度搜索、Google 搜索、搜狗搜索等，包括各种搜索方式的特点及付费广告；

（6）门户网站：如新浪、搜狐、腾讯等门户网站各种网络广告的表现形式；

（7）SNS 社交网站：如开心网、人人网、51.com 等；

（8）其他：如团购网站、分类广告、生活搜索引擎、各类用户点评类网站等。

4．深入实践和研究的若干网络营销活动

（1）通过 Wiki 词条、博客、个人网站等实现创建个人网络品牌；

（2）收集若干自己欣赏的网站，经常关注这些网站的运营状况；

（3）深入实践自己有兴趣的部分互联网产品和服务，如搜索广告、Wiki 词条编辑；

（4）尝试手机网络营销。

5．积累对自己有价值的网络营销资源

（1）至少有一个经常更新的博客；

（2）有一个朋友关系比较广的 SNS 账户；

（3）加入若干专业 QQ 群或者微博群；

（4）成为若干重要 Web 2.0 网站的活跃用户；

（5）开一个体验型的网上商店；

（6）最好能独立运营一个小规模的网站；

（7）作为网站站长加入 1～2 个网站联盟。

6．可能用到的网络银行及网上支付

（1）支付账户：支付宝、财富通、易宝支付等；

（2）网络银行：常用的专业版网上银行，如招商银行个人网银专业版；

（3）手机支付：目前正在发展初期的手机支付，可适当了解和尝试。

这里列举的内容看起来很多，实际上大部分都是日常上网常用的，可以在学习和应用过程中不断总结和积累，并不一定要花费很大力气专门针对这些项目逐一落实。经过一段时间的实践后，可以再回过头来对照一下，是否还有哪些重点遗漏，尽可能充分掌握各种工具和资源，减少基础知识的空白点。当具备了这些技能之后，就可以开始尝试将网络营销知识转化为价值和财富了，比如为企业做网络推广、网站运营，或者通过网上销售、网站联盟等方式获得直接收入。当然，也可以用这些知识为自己的就业或创业奠定基础。

1.2.3　实用网络营销学习流程图

根据上述建议和资源，作者归纳了一个网络营销学习流程示意图，如图 1-3 所示，仅供初学者参考。对于有一定实践经验的读者，可以根据需要直接到相关章节阅读自己希望获得的知识及解决方法。

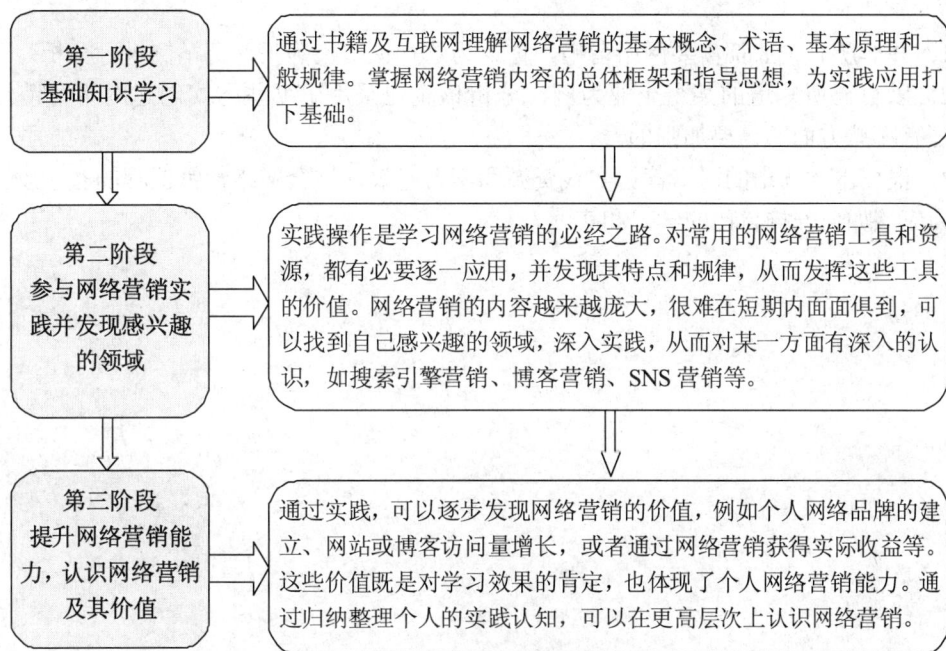

第一阶段 基础知识学习	通过书籍及互联网理解网络营销的基本概念、术语、基本原理和一般规律。掌握网络营销内容的总体框架和指导思想，为实践应用打下基础。
第二阶段 参与网络营销实践并发现感兴趣的领域	实践操作是学习网络营销的必经之路。对常用的网络营销工具和资源，都有必要逐一应用，并发现其特点和规律，从而发挥这些工具的价值。网络营销的内容越来越庞大，很难在短期内面面俱到，可以找到自己感兴趣的领域，深入实践，从而对某一方面有深入的认识，如搜索引擎营销、博客营销、SNS 营销等。
第三阶段 提升网络营销能力，认识网络营销及其价值	通过实践，可以逐步发现网络营销的价值，例如个人网络品牌的建立、网站或博客访问量增长，或者通过网络营销获得实际收益等。这些价值既是对学习效果的肯定，也体现了个人网络营销能力。通过归纳整理个人的实践认知，可以在更高层次上认识网络营销。

图 1-3　网络营销学习流程示意图

本章小结

本书注重实用性，关注的重点是：实用网络营销应包含哪些内容、具体的操作方法和技巧有哪些，以及如何管理和提升网络营销的实际效果。

网络营销的基本要素包括四个方面：网络营销信息源、网络营销信息传递渠道、网络营销信息接收者（即潜在用户）、信息传递过程中的噪声和屏障。

本书将实用网络营销内容体系归纳为四个方面，即企业网络营销信息源构建及维护、网络营销信息传递渠道建设及管理、为网络营销信息接收者（即潜在用户）创造便利和价值，以及降低网络营销信息传递中噪声和屏障的保障措施。

1.2 节提出了实用网络营销的学习方法，列举了部分有助于网络营销学习和实践的网络资源、工具及平台，并制作了一个实用网络营销学习流程示意图，供读者学习时参考。

思考与讨论

1．并非所有企业都需要网络营销，你认为这种说法正确吗？请举例进行分析。

2．以自己所知道的某个企业为例，分析该企业采用了哪些方式创建网络营销信息源，还有哪些方面是需要加强的。

3．根据本章列出的网络营销实践资源和学习建议，结合网络营销课程的教学安排，你认为应该如何安排自己的学习和实践？

第2章　网络营销的常用工具与资源

【学习目标】

①　掌握常用网络营销工具和资源的类型及其作用；

②　熟悉企业官方网站的5个基本属性以及8项网络营销功能；

③　初步了解常见的第三方网络营销资源平台及其网络营销价值；

④　初步了解常用的第三方互联网工具及其网络营销功能。

网络营销是对互联网工具和资源的合理利用，在一定程度上说，网络营销能力就是对互联网工具和资源的统筹运用能力。本书在第1章最后列出了一些应当熟悉和掌握的网络资源及常用工具，本章将对这些互联网工具及其网络营销价值给予简要介绍。

2.1　网络营销工具和资源体系简介

根据网络营销信息传递模型可知，网络营销的核心工作包括：网络营销信息源的构建和发布、网络营销信息传递渠道的建设及管理、潜在用户获取信息的行为等。因此，开展网络营销所依赖的工具和资源也可以按照这一思路进行分类，并根据工具与资源的功能和价值进行必要的扩展，由此也可以看出这些工具和资源在网络营销体系中的地位。

根据在网络营销信息传递系统中的地位和作用，本书将常用的网络营销工具和资源分为下列6种类型。

1. 企业官方网络营销信息源

创建企业官方信息源（内部信息源）是网络营销信息传播的基础。常见的官方信息源包括企业自行运营的官方网站、官方博客以及其他有关的关联网站等，这是企业开展网络营销的根据地，也是企业可自主控制的、最有价值的网络营销工具。企业官方网站/官方博客通常具有信息主动发布被动传播的特点，需要借助于其他信息传播渠道，才能使用户了解企业网站并来到网站获取全面的信息。

2．企业信息发布与传递一体化的网络资源

除了官方网站/官方博客之外，企业网络营销信息还可以自主发布在其他公共网络平台上（即外部信息源），并通过平台内部用户的访问、评论和转发等方式实现平台内的信息传播。这种信息发布及传递一体化的网络资源有很多，如 B2B 电子商务平台、网上商店平台、开放式在线百科（如 Wiki）、第三方博客平台、论坛、社会化网络网站、微博网站等用户可自行发布信息的网站。由于在这些公共网络平台上往往集中了大量的用户，因此通过平台内部的信息传递可在一定程度上达到企业网络营销的目的。当然，这些信息也可能通过搜索引擎、用户口碑等方式被继续传播，从而实现网络平台内部及外部信息的双向多渠道传递。这些信息发布及传递一体化的网络平台也是企业开展网络推广的主要资源，与基于企业官方网站的网络推广发挥互补的作用。

3．第三方互联网工具及网站平台资源

一些企业无法自行控制或者操作的信息资源，可以通过常用的互联网工具或者第三方网站实现信息传递。这些常用的互联网工具和第三方网站包括：用户搜索网络信息常用的搜索引擎、网络新闻、门户网站的展示类网络广告资源、网络分类广告、网站联盟平台和其他资讯类网站等。企业可通过付费、内容合作等方式借助这些工具和网站实现网络营销信息传播，以实现网络品牌推广、网站访问量增加以及产品销售等目的。其中搜索引擎是最重要的网络营销工具之一，也是目前主要的网站访问量来源之一。

4．直接信息传递工具

直接信息传递是指信息发送者通过某些互联网工具直接将信息发送给潜在用户，而不需要经过第三方网站平台。这些工具包括电子邮件、即时信息工具、手机短信/彩信等，可实现一对一、一对多的交流和沟通。这些工具兼有网络推广及顾客关系维护等多方面的网络营销价值，属于多功能型网络营销工具。当然，这些互联网工具只有通过服务商的技术平台才能正常工作，但是用户并不需要对这些平台有过多的了解，只需在服务商限定的范围内合理利用即可。

5．在线顾客交互工具与资源

在线顾客交互包括在线顾客关系、顾客服务、在线调研等。在线顾客交互不仅对获得用户关注、实现用户价值及企业收益产生积极的作用，同时也是网络营销效果的催化剂，具有其他工具所无法替代的价值。常用的顾客交互工具包括电子邮件、邮件列表、在线客服工具、博客、微博、即时通信工具等。

6．网络营销管理分析工具

要系统了解网络营销的效果，离不开网络营销管理分析工具。网络营销各个流程和分支领域的管理工具很多，如网站专业性在线诊断、网站内容诊断、网站优化诊断、网站链接分析、网站访问统计分析、搜索引擎收录分析、搜索引擎关键词分析、网络广告点击率及转化率分析等。这些工具有些表现为客户端软件的形式，有些则为第三方网站平台所提供，需要登录该网站以获取相关信息。在所有网络营销管理分析工具中，网站访问统计分析是最重要的工具之一。该工具具有了解网站访问数量和来源等基本数据的功能，是网站运营诊断分析的主要依据之一。

结合网络营销信息传递模型，将上述各类网络营销工具和资源之间的关系作进一步的分析，不难发现，所有的工具和资源都以各自的方式在网络营销信息传递系统各个环节发挥着作用。这些工具和资源之间的关系，可简单地用图 2-1 表示。

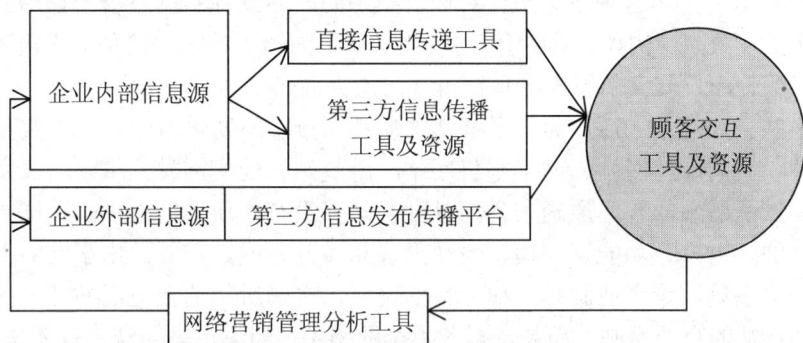

图 2-1　网络营销工具和资源体系关系示意图

从图 2-1 中可以看出，所有网络营销工具和资源的基本价值在于更有效地向用户传递有价值的信息。这也从另外一种角度说明，互联网工具和资源是网络营销得以开展的基本手段，从各种工具和资源中发现并合理利用其网络营销作用和价值，才是研究网络营销工具和资源的根本目的。本书对网络营销工具的阐述，也正是以网络营销价值的挖掘为基础。

2.2　网络营销的综合工具——企业网站

企业官方网站、企业博客和关联网站是三种最常见的企业网络营销信息源建设资源，本节介绍网络营销的综合工具——企业网站的特点及其网络营销功能，其他信息源创建资源如关联网站、在线百科平台、企业博客与企业微博等内容将分别在本书后续章节中进行系统介绍。

2.2.1 企业网站的基本属性

或许我们都有在网上商城购买某些品牌产品（例如电子产品、工艺品、图书等）的经历。你是否考虑过，这些产品的生产制造商，也可能有自己的网站，也在开展自己的网络营销甚至直接在线销售。这些生产制造企业，他们的网站与 B2C 网上商城有什么不同？这些网站又发挥了哪些网络营销作用呢？

这里，我们不妨以几个你熟悉的产品为例，通过搜索或者推测企业域名的方式访问相应的企业网站，了解这些网站是否对你所熟悉的产品发挥了网络营销作用，与同行相比有哪些优点及缺点。例如，《实用网络营销教程》的出版社——清华大学出版社第六事业部、张裕葡萄酒、雅戈尔衬衣、乌镇黄金水岸大酒店等。

看了一些企业网站之后，为了了解其本质和特点，不妨再看一些其他类型的网站，如政府网站、新闻媒体网站、网上零售网站、游戏站、社交网站、供求信息发布网站、个人网站等。从网站的基本原理来说，各种网站并没有本质性的差别，不同之处主要在于网站的目的、内容、功能、规模、表现形式和经营方式等方面。出于网络营销研究的目的，我们这里只讨论企业网站。如无特别说明，本书所指的企业网站并不限于某个行业或者某种特征的企业网站，而是泛指各类企业网站，即无论是传统企业还是网络企业，也不论是工业企业还是商业企业，只要具有企业网站的一般特征，都可以被认为是企业网站，这里并不去深入研究各种不同类型企业网站之间的细微差异。另外，本书也不对企业的规模作出特别的界定，因为无论企业规模大小，都有开展网络营销的必要，只是在网络营销策略上存在一定的差别，表现在企业网站上，也就是网站功能、内容和服务等方面的差异，但其本质特征是一致的，都是作为网络营销的工具。

与资讯门户或娱乐类网站不同，企业官方网站，不管多么复杂或者简单，都应至少具有下列一个方面的目的。

（1）企业基本信息介绍，如公司简介、联系方式、售后服务网络等；

（2）通过企业网站展示企业品牌形象、企业文化等企业价值观信息；

（3）利用企业网站宣传企业产品和服务的优势与特色；

（4）网上直接销售产品或服务；

（5）提供产品常识、常见问题解答或其他在线服务；

（6）发布企业新闻、供求信息、人才招聘等信息；

……

总之，在技术、资源具备的情况下，企业可以通过自己的企业网站为客户提供所有内容、功能和服务，最大限度地发挥企业网络营销的价值。与其他网络营销工具相比，企业网站具有如下 5 项基本属性。

1．权威性

企业网站作为企业官方信息的发布载体，具有严肃性和权威性的特征，尤其是知名品牌企业网站，必须保持信息的权威性和有效性。

2．完整性

用户对某些产品的购买决策需要以详尽的信息作为基础。在各种网络推广活动中，除了企业网站，其他工具往往无法向用户提供完整的信息。例如，网络广告、搜索引擎等，都是通过有限的信息引导用户来到企业网站获取完整的信息。

设想一下，如果你的企业网站提供的信息不完整会如何呢？用户可能会通过其他方式寻找更多的信息，但这个过程中，用户或许会来到竞争者的网站。这也就意味着，你的企业网站因为信息不完整而失去了一个潜在客户。

3．主动性

企业网站是企业的重要营销资源，企业不仅可以自主决定网站的各项功能和服务，也可以自主决定网站所有内容的发布、更新或者修正。当网站无法满足网络营销的需要时，也可以自主决定网站的改版或升级。重视网站主动性这一特点，有利于企业时刻保持网站的活力，而不是长期处于呆滞状态。

4．灵活性

当网站建设基本完成之后，网站的栏目结构、网页布局和功能等在一定时期内有一定的稳定性，但网站内容（即企业网络营销信息源）具有高度灵活性，是最活跃的网络营销元素之一。实际上，网站信息源建设也是企业网络营销最重要的内容之一。没有完善的信息源，网站推广等其他网络营销工作的效果也就难以体现。

5．可控性

与主动性及灵活性相对应的是，企业网站的内容应具有可控性，即网站内容的编辑要遵循一定的运营管理规范，而不能随意发挥。保证网站内容的可控性才能让企业网站真正为网络营销策略的有效实施发挥作用。

长期的网络营销实践经验表明，在所有的网络营销工具中，企业网站是最基本、最重要也是最活跃、最有价值的综合网络营销工具之一。没有企业网站，许多网络营销方法将无用武之地，企业的网络营销整体效果也将大打折扣。但值得说明的是，并非任何一个企业网站都能成为有效的网络营销工具。事实上，大量的企业网站由于缺乏正确的网络营销指导思想和专业的网站建设及运营方法，很难发挥其应有的作用。因此本书将在第 3 章从网络营销的角度系统介绍企业网站的建设模式与流程，以及符合网络营销导向的企业网站的建设及运营规范等内容。

2.2.2 企业网站的类型及发展方向

由于企业网站具有自主性和灵活性的特点，不同的企业网站之间不仅表现形式各有特色，功能和内容也千差万别。站在网络营销的角度上，我们把企业网站视为综合性网络营销工具。为了进一步明确不同企业网站的一般特征，需要对企业网站的类型和表现形式有所了解，这样才能透过现象看本质，也才能对企业网站作进一步的研究，从而掌握其规律，并有效地应用于网络营销中。

按照各种规则可以为企业网站分类，如按照行业、企业规模、网站所采用的技术、网站主机类型等。为了能反映企业网站与网络营销的直接关系，这里按照企业网站的功能，将企业网站分为两种基本类型，即信息发布型和在线销售型。

1．信息发布型网站

信息发布型网站属于企业网站的初级形式，不需要太复杂的技术，将网站作为一种企业基本信息的载体，主要功能定位于企业信息发布，包括公司新闻、产品信息、采购信息、招聘信息等用户、销售商和供应商所关心的内容，多用于产品和品牌推广以及与用户之间沟通，网站本身并不具备完善的网上订单跟踪处理功能。这种类型的网站由于建设和维护比较简单，资金投入也较少，初步满足了企业开展网络营销的基本需求，因此，在开展实质性电子商务之前是中小企业网站的主流形式。一些大型企业网站初期通常也属于这种形式，当具备开展电子商务的条件时，才逐步将在线销售、客户关系管理、供应链管理等环节纳入到电子商务流程中去。其实，这些基本功能和信息是所有网站必不可少的基本内容，即使是一个功能不完善的电子商务网站，一般也离不开这些基本信息，因此信息发布型网站是各种网站的基本形态。

2．在线销售型网站

具有在线产品销售功能的企业网站由于涉及支付、订单管理、用户管理、商品配送等环节，一般来说，比信息发布型网站更为复杂，并且网站的经营重点也有一定的差异。在线销售型网站除了一般的网络营销目的之外，获得直接的销售收入也是其主要目的之一。信息发布型网站由于不具备直接在线销售的功能，因此主要目的在于企业品牌和产品促销等方面。

近年来，第三方电子商务平台的功能日益完善，为企业开展在线销售提供了极大的便利。如淘宝商城（天猫）等，企业可以利用第三方平台的网上交易功能与企业官方网站对接形成从信息发布到网上销售的商务流程，因此出现了基于第三方电子商务平台的多种形式的电子商务模式。例如，在淘宝网站或者淘宝商城开设网上商店，企业官方网站的"网上商城"直接链接到淘宝网店；或类似于 B2C 网站，在企业官方网站发布产品详细信息，在线购买则直接链接到淘宝网店；或在企业网站上开设网上商城，具有独立的网上订单系统，用户登录及在线交易则整合在淘宝商城系统之中。

新竞争力网络营销管理顾问关于企业开展电子商务模式的一项调查表明，80.4%的企业拥有独立网上商城；72.5%的企业在第三方平台如淘宝、拍拍等开设网店；52.9%的企业既有独立网上商城又在第三方平台开店。由此可以看出，从简单的网络营销到直接网上销售，已经成为企业电子商务的必然发展方向。

2.2.3　企业网站应具有的网络营销功能

企业网站的网络营销价值是通过一些具体的表现形态而体现出来的，一个具备网络营销功能的企业网站，才能称为综合性网络营销工具。根据作者对众多企业网站的研究，企业网站的网络营销功能主要表现在八个方面，即信息发布、网络品牌、产品/服务展示、在线顾客服务、在线顾客关系、在线调查、营销资源积累和网上销售。企业网站的八大网络营销功能及其表现形式与实现方式如表 2-1 所示。

表2-1　企业网站的网络营销功能

网络营销功能	表现形式及实现方式
信息发布	企业介绍、企业新闻、产品知识、新产品促销、专题活动、企业博客等信息。内容创建及发布，通过网站的信息发布功能实现
网络品牌	网站域名与品牌的一致性、品牌形象展示、企业资信证明、网站建设专业度、网站在同行中的领先水平、网站可信度、网站访问量排名等
产品/服务展示	通过产品发布及管理方式实现的符合网站规范的产品图片及文字描述、规格、技术文档等相关资料
在线顾客服务	以网页浏览方式发布的常见问题解答（FAQ）、博客；回答用户提问的网络工具如电子邮件、在线表单、即时通信聊天、微博互动交流等
在线顾客关系	以维护长期顾客关系为目的的各种服务，如网络社区、电子刊物、即时信息、企业博客、微博等
在线调查	通过网站上的在线调查表、或者通过电子邮件、论坛、实时信息、微博等方式征求顾客意见，获得有价值的用户反馈信息，实现一定的在线调查功能。大型知名企业网站的在线调查通常更为有效
营销资源积累	站内网页内容资源以及推广资源是企业网络营销资源的基础；通过相关网站之间的互换广告、链接及内容合作等方式实现网络营销资源互换是最基础的网络营销资源积累；获得用户注册和长期访问/购买及向更多用户推广，是深层次的网络营销资源积累
网上销售	具备在线交易功能的企业网站本身就是一个网上销售渠道，越来越多的网站通过官方网站开设网上商城直接销售本公司产品。企业网站网上销售流程的完备程度可以用电子商务度来描述，这一指标在一定程度上也反映了企业网络竞争的实力

对比企业网站的网络营销功能与网络营销的八项基本职能可以看出，两者在多个方面基本一致。这表明：企业网站是企业开展网络营销的基础，企业网站的建设和运营维护是企业网络营销最基本的内容。同时，还可以看出，企业网站本身并没有网站推广的功能，也就是说企业网站并不能自动带来访问量，需要借助其他网络推广工具来实现网站推广的目的。

考虑到企业网站在网络营销中处于如此重要的地位，本书将在第 3 章中专题研究企业网站问题，从企业网站的基本要素、网站的优化到网站专业性评价等问题进行全面的分析，并归纳出网络营销导向型企业网站建设的一般原则。

案例分析

电子信息行业百强网站的网上销售功能

新竞争力网络营销管理顾问对2007—2010 年入选工信部电子信息百强企业排行榜的121 个企业的网络营销状况进行详细调查后有如下发现。

（1）几乎所有的大型电子信息企业都已经在一定程度上实现电子商务化，企业已进入电子商务化时代。报告对电子商务度的调查分析包括：企业是否有 B2C 频道/网站、企业 B2C 商城采用什么网站系统以及存在什么问题、电子商城的推广、订单处理方式、是否有 B2B 电子商务应用等。

（2）电子信息百强企业电子商务应用取得了一定进展，但总体来说与社会化电子商务环境的发展不相适应，不能充分体现电子信息行业知名企业的品牌形象。调查表明，13.2%的企业开设了不同形式的网上商城，但仅有 5.0%的企业官网提供了直接购买的功能，其他均为开设在淘宝等第三方电子商务平台上的网店或者其他系统；在 16 家拥有独立电子商城的企业中，有 3 家企业采用市场上通用的电子商城网站系统进行二次开发，有 13 家企业为自主开发的电子商务系统。

新竞争力分析认为，电子信息百强企业电子商务的主要问题表现为：总体电子商务度不高；企业 B2C 电子商务系统的建设问题；企业 B2C 网上商城缺乏有效的推广和运营。

附录：有独立网上商城的电子信息百强企业名录
海尔集团（www.haier.cn）
联想控股有限公司（www.lenovo.com.cn）
中兴通讯股份有限公司（www.zte.com.cn）
海信集团有限公司（www.hisense.com）
TCL 集团股份有限公司（www.tcl.com）

比亚迪股份有限公司（www.bydauto.com.cn）

康佳集团股份有限公司（www.konka.com）

福州福大自动化科技有限公司（www.fdauto.com）

普天东方通信集团（www.eastcom.com）

深圳市神舟电脑股份有限公司（www.hasee.com）

北京华旗资讯数码科技有限公司（www.aigo.com）

北京天宇朗通通信设备股份有限公司（www.benephon.com）

厦门华侨电子股份有限公司（www.xoceco.com.cn）

浙江天乐集团有限公司（www.tianle.com）

广东格兰仕集团有限公司（www.galanz.com.cn）

万利达集团有限公司（www.malata.com）

资料来源: 新竞争力. 电子信息百强企业网络营销研究报告. http://www.jingzhengli.cn/ baogao/dianzi.html, 2010-11-08

2.3　第三方网络营销资源平台及其网络营销价值

　　企业网站和官方博客是最重要的官方网络信息源，但并非唯一的网络信息发布渠道。很多第三方网络营销资源平台都具备企业信息发布与传递一体化的功能。其中，最常见的包括：B2B 电子商务平台、网上商店平台、开放式在线百科（如 Wiki）、第三方博客平台、论坛、社会化网络网站、微博平台等。企业无论是否拥有企业网站，均可利用第三方服务商提供的网络平台在一定范围内开展网络营销工作。尤其是部分暂时没有条件或者认为没有必要建立企业网站的企业，则可利用专业服务商提供的电子商务平台开设企业官方站点，来暂时代替企业网站的部分职能，如品牌形象、产品/服务展示和信息发布等，以及利用电子商务平台实现网上销售。

2.3.1　B2B 电子商务平台

　　B2B 电子商务是指企业与企业之间进行的电子商务交易，是企业电子商务的基本模式之一。B2B 电子商务模式包括两种基本类型：一种是企业之间直接进行的电子商务（如制造商的在线采购和在线供货等）；另一种是通过第三方电子商务网站平台进行的商务活动，如阿里巴巴电子商务平台，集聚了数以百万计的企业在平台上发布供求信息及商务洽谈。B2B 电子商务作为网络营销的常用工具之一，主要指第三方 B2B 电子商务平台。

根据所涉及的行业类别 B2B 电子商务平台可分为两类：一是综合类 B2B 电子商务网站，指可服务于多个行业和领域的电子商务网站，如阿里巴巴、慧聪网、环球资源网等；二是垂直类 B2B 电子商务网站，指专门服务于某一特定行业或领域的电子商务网站，如专注于化工行业电子商务服务的中国化工网、专为小商品生产、贸易企业提供网络贸易服务的中国小商品城网等。

早期的 B2B 电子商务网站仅以发布供求信息为主。随着用户对网络贸易需求的变化和电子商务技术的发展，现在 B2B 电子商务网站不仅仅可以提供供求信息的发布，同时还可以提供部分交易服务如支付、物流等，以及其他资源整合服务如在线交流（SNS）、市场营销、人才培养、金融信贷和交易担保等。

作为网络营销工具，B2B 电子商务平台的网络营销价值主要体现在下列三个方面。

1. 多渠道网络推广，增加企业信息的网络可见度

在官方网站之外的第三方网站平台发布企业信息，是最简单的网络推广方式之一，可以有效增加企业信息的网络可见度。尤其对于中小企业网站而言，由于官方网站内容比较贫乏，加之可能存在搜索引擎获取信息的障碍，甚至通过搜索引擎等常规手段无法搜索到企业信息，使得用户获得企业信息的渠道比较少，因而合理利用 B2B 网站平台的信息发布功能，可以在很大程度上弥补企业网站的不足。

以一些中小企业名称或者日用小商品产品名称为关键词（例如，生日蜡烛批发、水晶饰品配件厂、眼镜用品及配件、塑料包装袋等）进行搜索，不难发现，在搜索结果中多项信息来源于阿里巴巴、慧聪网、中国小商品城网、Made-in-China.com 等第三方 B2B 电子商务平台。

2. 企业信息在 B2B 平台内部的可见度

大型 B2B 平台上活跃着众多供应商和采购商，网站巨大的访问量意味着 B2B 平台内部的用户形成了一个"内部交易市场"。充分利用平台内部的推广资源，扩大企业信息在 B2B 平台内部的可见度，是 B2B 平台网络营销的又一重要价值所在。

许多大型 B2B 网站都有各种免费网络推广资源，如博客、论坛、Wiki、在线问答等，同时也有站内搜索位、内部广告资源和各种推广机会。为企业提供在平台内部的可见度是 B2B 网站最重要的网络营销价值所在。如果说 B2B 平台提高企业信息的外部网络可见度是锦上添花，那么获得平台内部可见度则是 B2B 平台的核心价值体现。

关于企业可以利用的提高内部可见度的资源，读者不妨到阿里巴巴、中国小商品城网等 B2B 网站进行对比分析。

3. 利用 B2B 平台提高中小企业网络可信度

网络可信度不仅是建立网络品牌的要求，同时对网络营销效果也有举足轻重的影响。通常来说，网络可信度建设是中小企业网站的薄弱环节，借助于大型 B2B 网站，可在一定程度上提高企业的网络可信度。例如，阿里巴巴的诚信通认证标识对信息发布者获得潜在用户的信任具有明显的作用。

此外，当用户通过搜索引擎检索到若干条相关的产品供求信息时，对不知名网站域名的搜索结果可能有一定的戒心，但对知名网站域名的网址则可以放心地点击。例如，当用户在搜索结果中看到"批发采购蜡烛尽在阿里巴巴"的网页标题，且网址信息中包含了（china.alibaba.com）的信息时，通常不会担心这是个不可信的网页。

尽管 B2B 电子商务平台已经经历了十多年的发展，其网络营销价值已经比较完善，但目前对 B2B 平台的深层次应用还远远不够，B2B 平台的价值还远没有得到发挥。关于 B2B 平台网络推广的方法和技巧，本书在后面相关内容中将给予详细介绍。

【延伸阅读 2-1】

➥ 本书作者的博客文章及相关研究文章，http://www.jingzhengli.cn/blog/fyj/1223.html

➥ 《中小企业 B2B 平台推广策略研究报告》结论要点，http://www.jingzhengli.cn/baogao/eb2b2.html

2.3.2　开放式在线百科

Wiki 是一种多人协作的在线写作工具。Wiki 站点可以由多人（甚至任何访问者）维护，每个人都可以发表自己的意见，或者对共同的主题进行扩展或探讨。

Wiki 指一种超文本系统，这种超文本系统支持面向社群的协作式写作，同时也包括一组支持这种写作的辅助工具。有人认为，Wiki 系统属于一种人类知识网格系统，人们可以在 Web 的基础上对 Wiki 文本进行浏览、创建、更改，而且创建、更改、发布的代价远比 HTML 文本小；同时，Wiki 系统还支持面向社群的协作式写作，为协作式写作提供必要帮助；最后，Wiki 的写作者自然构成了一个社群，Wiki 系统为这个社群提供简单的交流工具，与其他超文本系统相比，Wiki 有使用方便及开放的特点，所以 Wiki 系统可以帮助我们在一个社群内共享某领域的知识。Wiki 系统的代表性网站是维基百科（Wikipedia）。

2.3.2.1　主要中文在线百科网站简介

维基百科（Wikipedia）是一个多语言版本的自由百科全书协作计划，已经成为互联网上最受欢迎的参考资料查询网站，据 Alexa 2010 年 10 月统计数据，Wikipedia 的访问量排名为全球第七，排名前六位的依次是 Google、Facebook、YouTube、Yahoo！、Windows Live、Baidu.com。Wikipedia 是依靠捐赠发展起来的非营利机构，目前还没有接受广告的计划。

无论是各种热门话题如互联网，还是技术类或科学类题材，wikipedia 网站（www.wikipedia.org）都以公开公正的中立态度来定义那些充满争议性的主题，因而吸引了大批用户前来访问。

Wikipedia 系统是基于一种协作性群体编辑的网络编辑软件"Wikis"完成的，与博客BLOG 的个人言论及自我发布相比，Wiki 是通过群体写作建立起来的开放式网络社区，也是一种全新的网络媒体发布模式。Wikipedia 吸引了数十万人投入到这种草根性的媒体发布潮流中，任何网民都可以在 Wikipedia 参与对任意主题的定义、背景介绍，甚至只是修改错别字，他们自发的努力共同促成了 Wikipedia 在民间的巨大影响力。

国内影响较大的在线百科网站还包括：百度百科（baike.baidu.com）、互动百科（www.hudong.com）等，这里不一一介绍，读者可访问相关网站进行了解。

2.3.2.2　在线百科平台的网络营销价值

将在线百科与网络营销结合起来，首先需要明确一个基本事实：Wiki 并不是为了网络营销的需要而产生的。事实上，大多数用户并不待见百科词条中直接或间接充斥的各种推广信息。然而又不能不思考这样一个问题，即用户为什么要去百科网站免费创建和维护词条？如果没有任何利益驱动，有多少人愿意持续创建高质量的 Wiki 词条内容呢？显然，利用百科平台的人气为自己的网站、企业或者产品进行一定的推广，是部分词条创建和编辑者的目的所在。而作为 Wiki 平台的管理者，也不得不在一定程度上照顾词条创建和编辑者的这一需求。于是，Wiki 平台的很多词条中，可能都有一定的推广信息，或者是某产品的介绍文字或图片，或者是某网站的信息，或者是某些网站/网页的网址信息。

如果这些 Wiki 词条中附加的推广信息对阅读者有价值，并不一定会对用户产生负面影响。用户可能会在阅读的过程中根据需要接受推广信息的引导，或者对某些产品或品牌信息形成印象，或者根据链接访问相关网站。因此，用户进入词条获取信息的过程，可能也是编辑者利用 Wiki 词条实现推广的过程。可以合理推测，只要有网络推广的价值和机会，Wiki 词条推广模式将长期存在，并成为 Wiki 平台以及词条创建/编辑者双方都能接受的一种互惠互利的形式。

百度百科作为一个开放式在线百科全书，其网络营销价值主要通过以下三个方面来体现。

1. 编辑相关推广信息

通过编写百科词条，在词条信息中加入企业的品牌或者某些产品信息，当用户阅读相关词条时，实现品牌或产品信息传播的营销目的。

2．添加企业网址或者链接

在词条正文内容中增加企业相关网站的网址或者链接（注意：有些百科网站并不允许这么做），或者在词条正文内容后面的"扩展阅读"中，发布相关链接网址，在为用户提供延伸内容的同时，也实现了网站（网页）内容推广的目的。

3．成为企业网站的高质量外部链接

由于某些百科词条具有较高的权重，正文或者扩展阅读中的链接成为网站的高质量外部链接，对网站的搜索引擎优化效果发挥一定的作用。

【延伸阅读 2-2】

➡ 《企业百科推广策略研究报告》结论要点，http://www.jingzhengli.cn/baogao/ewiki2.html

➡ 在线百科词条推广的六大模式和五大问题，http://www.jingzhengli.cn/sixiangku/s01_ewiki.html

2.3.3　其他网络社区

网络社区是指包括 BBS/论坛、讨论组、聊天室、博客、Ask、贴吧、SNS 以及其他社会性网络等在内的网上交流空间。同一主题的网络社区集中了具有共同兴趣爱好的访问者，由于有众多用户的参与，不仅具备交流的功能，实际上也成为一种营销场所。

早期的网络社区如 BBS 和讨论组等是网络营销的主要场所，营销人员通过发布广告信息等方式达到宣传的目的。但随着网络社区逐步走向规范，直接发布广告信息越来越不受欢迎。即使有专门的广告发布区，浏览者通常也比较少。因此，单纯地依靠网络社区发布广告信息来达到网络营销目的的成功率越来越低，但这并不意味着网络社区从此失去了网络营销价值。随着互联网技术的发展以及人们对网络应用的深入，越来越多的人聚集到网络社区中，并形成特定的社区氛围和社区文化，这使得网络社区成为企业进行口碑营销、事件公关等消除负面消息以及扩大企业影响力的重要平台。

随着互联网技术的发展，新的网络社区的形式不断涌现。目前，应用较多的网络社区形式有论坛（BBS）、贴吧、Ask、SNS、视频分享等。其中，SNS 社区等由于其日益重要的影响力，已经从其他社区形式中脱颖而出，逐渐成为主流的网络传播渠道。

网络社区的主要形式简介如下。

1. 论坛（BBS）

电子公告板是最早的网络社区形式，现在仍是最主要的网络社区形式。大量的信息交流都是通过 BBS 完成的，会员通过张贴信息或者回复信息达到互相沟通的目的。代表性论坛有天涯社区等。

2. 贴吧

贴吧是一种基于关键词的主题交流社区，它与搜索紧密结合，通过用户输入的关键词，自动生成讨论区，使用户能立即参与交流，发布或回复自己感兴趣的话题。即如果有用户对某个主题感兴趣，那么他可以即刻在贴吧上建立相应的讨论区。代表网站有百度贴吧等。

3. Ask 社区

Ask 社区是基于搜索的互动式知识问答分享平台。用户根据自己的具体需求有针对性地提出问题，通过相应的奖励机制发动其他用户来回答该问题。同时，这些问题的答案又会进一步作为搜索结果，提供给其他有类似疑问的用户，达到分享知识的效果。代表网站有百度知道等。

4. SNS

社会性网络软件（Social Network Software，SNS）依据六度理论，以朋友的朋友为基础，扩展自己的人脉。代表性网站有国外的 Facebook，国内的人人网、开心网等。新浪微博、腾讯微博等在一定程度上也属于社会化网络的范畴。

5. 视频分享

用户可上传、观看、下载、分享影片或短片等视频文件，并发表评论。目前世界上最大的视频分享网站是 YouTube，国内视频分享网站有优酷、土豆网等。

2.3.4 微博平台的网络营销功能

微博也叫微博客（micro blog/microblogging），即微型博客的简称，是基于 Web 2.0 技术的即时信息发布系统。与传统博客要求较高的文章质量和版面设计相比，微博具有灵活、便捷、及时等特点。微博允许用户及时更新简短文本（通常为 140 字），同时可以发布多媒体信息如图片、影音等。随着互联网技术的发展，这些消息可以用很多方式传送，包括网页、手机短信、即时通信工具、电子邮件等。

最早的微博形态被称为 tumblelogs，这个单词是一个昵称为 why the lucky stiff 的人在 2005 年 4 月 12 日发布的一篇描述 Anarchaia 网站的博文中创造的。2005 年 10 月 19 日，Jason Kottke（2003 年 Bloggies 终身成就奖的获得者）发布的一篇名为 Tumblelogs 的博文中对其进行了更为详细的描述。

Tumblelog 已经有了微博客的形态，但还不能算是真正的微博。第一个真正的微博客是 twitter，由博客技术先驱 blogger.com 的创始人埃文·威廉姆斯（Evan Williams）于 2006 年 3 月推出。Twitter 是一个社交网络，用户可以通过手机短信、邮件、即时通信、Twitter 网页等多个工具输入最多 140 字的文字内容更新 Twitter 信息。Twitter 因其便捷、及时性迅速受到网民的追捧，并成为微博客的代表性网站，Twitte 也成为微博客的代名词。Twitter 推出后，提供类似的应用或服务的微博客网站迅速发展，到 2007 年 5 月，全球总计有 111 个微博客网站，如 Tumblr、Plurk、Jaiku 等。

随着国外微博发展的如火如荼，国内的微博客网站也开始风生水起。2007 年，饭否网（不久之后该网站关闭）、随心微博、嘀咕网、腾讯滔滔等网站相继上线，但发展比较缓慢。直到 2009 年 8 月，新浪微博上线，国内微博网站才进入快速发展阶段。随后，网易、搜狐、腾讯、人民网等也相继开通微博频道。而新浪微博一直处于领先地位，成为国内影响力最大的微博平台，很多政府机构、高等院校、企业，以及各行各业众多有影响力的人物均已成为新浪微博的中坚力量。

【延伸阅读 2-3】

➤ 免费电子书《微博七日通》，新竞争力，2011 年 8 月，http://www.jingzhengli.cn/ sixiangku/zx_weibo7d.html

2.3.5　网上商店平台

网上商店平台是企业与消费者之间进行电子商务交易的网络平台，可以方便地实现产品网络推广和在线销售。网上商店平台如同大型商场，企业可以在商场中租用场地开设产品专柜而不用自行开设专卖店。新竞争力在《企业 B2C 网站运营策略研究报告》（2011 年 1 月）中的调查研究结果显示：72.5%的企业在第三方平台如淘宝、拍拍等开设网店；52.9%的企业既有独立网上商城又在第三方平台开店。

网上商店的主要特点在于：缩短了企业开展电子商务的投入周期；简化了开展电子商务的复杂过程；增加了网上展示产品的窗口；可以直接获得网上销售收入；不需要太多的专业知识，便于管理。建设一个功能完善的电子商务网站需要投入大量资金、时间和精力，还要涉及网上支付、网络安全、商品配送等一系列复杂的问题。对于许多中小企业来说，构建电子商务网站不仅进入壁垒很高，而且由于网上销售还没有成为产品销售的主流渠道，即使有实力建立一个具备网上交易功能的网站，实际上也不一定合算。

因此，利用专业服务商提供的网上商店平台开设网上商店来开展网络营销和网上销售，有其独特的作用。

目前网上商店平台服务商有很多种形式，常见的形式包括：传统的 B2C 电子商务网站提供的网上商城，如当当网、卓越亚马逊等；从网上拍卖开始发展网上商店平台服务的淘宝网、腾讯拍拍网等。合理利用网上商店的功能，也能在某些方面发挥企业网站的部分功能，如产品信息发布、产品促销等。

不同网上商店平台的功能、服务、操作方式和管理水平相差较大，所以企业开设网上商店前，对网上商店平台的选择非常重要。理想的电子商务平台应该具有这样的基本特征：良好的品牌形象、简单快捷的申请手续、稳定的后台技术、快速周到的顾客服务、完善的支付体系、必要的配送服务以及售后服务保证措施等。当然，还需要有尽可能高的访问量，具备完善的网点维护和管理、订单管理等基本功能，并且可以提供一些附加增值服务，如平台内部网店推广机制、网店访问流量分析等。

2.4　常用的第三方互联网工具

2.4.1　搜索引擎及其网络营销功能

搜索引擎是常用的互联网服务之一，也是上网用户获取信息的主要渠道之一。由于搜索引擎的搜索结果具有显著的推广效应，搜索引擎也就理所当然地具有网络营销价值。在网络营销的发展历程中，搜索引擎（分类目录）一直是最重要的网络推广工具之一。

2.4.1.1　搜索引擎的发展历程

1993 年 6 月，美国麻省理工学院学生 Matthew Gray 开发了一个名为"WWW Wanderer"的网络机器手程序。这个程序对搜索引擎的思想产生了重要影响，不过这并不是真正意义上的搜索引擎。当时开发的目的在于协助估计互联网的规模，如联网计算机数量等，但是这种机器手爬行程序后来发展成为搜索引擎的核心，至今仍被广泛应用于搜索引擎中。在这种搜索程序出现之前，也出现过一些搜索工具，如诞生于 1990 年，主要适用于FTP 网站匿名文件索引的 Archie 等。但这些搜索工具并非应用于万维网，因为当时 WWW还没有诞生。Archie 是一个可搜索的 FTP 文件名列表，用户必须输入精确的文件名进行搜索，然后 Archie 会告诉用户哪一个 FTP 地址可以下载该文件。

由于 HTTP 与 WWW 技术迅猛发展，因此后来的搜索引擎主要应用于 WWW 上的检索，从这种意义上说，"WWW Wanderer"程序的出现才标志着搜索引擎的诞生。本书所讲的搜索引擎，在没有特别说明的情况下，均指基于 WWW 的搜索方式。此前的信息检索方式，由于现在已经很少应用，因此这里不作详细介绍。

从 1993 年开始，各种搜索引擎不断诞生。1994—1998 年是国外搜索引擎的快速发展时期，出现了许多至今已成为全球知名品牌的搜索引擎，如我们熟知的 Yahoo!、Google 等。而在 2001 年之后，几乎没有新的有影响力的搜索引擎出现。在搜索引擎发展历程中，最值得关注的是 Google。Google 创建于 1998 年 9 月，是目前全球最大的搜索引擎，其创始人为斯坦福大学毕业生 Larry Page 和 Sergey Brin。Google 被认为是第二代搜索引擎的代表，其核心优势在于独特的网站排名算法。

相对美国来说，我国国内的搜索引擎发展比较落后，并且数量也比较少。在中国搜索引擎发展历程中，早期的搜索引擎如悠游中文、搜索客、北极星、若比邻、常青藤、北大天网等都曾经有较大的影响力，但其中有些已经销声匿迹，有些则进行业务转型或者专注于某些领域的搜索。目前常用的中文综合搜索引擎有百度、搜狗（搜狐）、搜搜（腾讯）等，以及国外品牌搜索引擎提供的中文服务，如 Google 中文、Bing 中文（微软）等。

【延伸阅读 2-4】

➥ 搜索引擎营销基础知识中有相关背景知识资料：搜索引擎发展历程回顾、基于 WWW 的搜索引擎的诞生、WWW 之前的信息检索方式 Archie、Wais 等（见网络营销教学网站，http://www.wm23.com/resource/R04_searchengine.htm）

2.4.1.2　搜索引擎的基本原理和主要类型

搜索引擎，看起来也是一个网站，例如，在浏览器中输入 http://www.baidu.com，进入百度网站首页，显著位置是一个文字输入框，当输入关键词后，即刻可以反馈出相关的信息，但是，不同的搜索引擎其原理是不同的。使用不同的搜索引擎可以发现，同一关键词在不同搜索引擎中得到的结果是不同的，不仅反馈的信息数量不同，排列位置也会有一定差异，在一个搜索引擎中排名靠前的网站，在另一个搜索引擎中很可能根本没有踪影。也正是这种原因，用户会对某些搜索引擎有所偏爱，而对其他类型的搜索引擎，可能只在特殊情况下才会使用。

就我们目前所常用的搜索引擎而言，如百度、Google 等，同样具有不同的特征。尤其将其作为网络营销工具时，各个搜索引擎的应用方式和效果表现出了各自的特点和彼此的差异性，例如，百度的竞价排名推广很有特色，而 Google 的关键词广告在全球都有广泛的影响力。

只有了解了搜索引擎的工作原理，才能理解搜索引擎各自的特点和彼此的差异性。

从工作原理来划分，常见的搜索引擎有两类：纯技术型的全文检索搜索引擎和分类目录。

1. 纯技术型的全文检索搜索引擎

第一类搜索引擎称为纯技术型的全文检索搜索引擎，如 Google、AltaVista、Inktomi 等，其原理是通过机器手（即 Spider 程序）到各个网站收集、存储信息，并建立索引数据库供用户查询。用户利用搜索引擎检索的信息并不是搜索引擎即时从互联网上检索得到的。通常所说的搜索引擎，其实是一个收集了大量网站/网页资料并按照一定规则建立索引的在线数据库。如此，当用户检索时才可以在很短的时间内反馈大量的结果。同样，当一些网页内容发生变化时，如果搜索引擎数据库中的信息还没有及时更新，那么在搜索结果中看到的将不是最新的网页信息。

2. 分类目录

另一类搜索引擎称为分类目录，这种"搜索引擎"并不采集网站的任何信息，而是将各网站向"搜索引擎"提交网站信息时填写的关键词和网站描述等资料，进行人工审核编辑，如果符合网站登录的条件，则输入数据库以供查询。Yahoo!是分类目录的典型代表，国内的搜狐、新浪等搜索引擎也是从分类目录发展起来的，目前有些已经退出历史舞台。分类目录的好处是用户可以根据目录有针对性地逐级查询自己需要的信息，而不是像技术性搜索引擎一样同时反馈大量的信息，而这些信息之间的关联性并不一定符合用户的期望。但这种分类目录式的"搜索引擎"，目前已经不是主流形式。

一般来说，纯技术型的全文检索搜索引擎的索引数据库都是不断更新的，也就是搜索引擎的 Spider 程序每隔一定周期就要重新访问已经收录的网页，并且通过搜索互联网获取新出现的网页；分类目录型的搜索引擎则是将新增加内容的网站/网页资料数据库更新发布供用户检索。因此搜索引擎数据库收集网站/网页的数量多少也在一定程度上反映了搜索引擎的价值。这也就意味着，当一个网站提交给搜索引擎（或者被搜索引擎自动检索收录）后，需要一定的周期才能被用户检索到。不同的搜索引擎的更新周期也不一样，有的需要几天，有的也许需要 1 个月甚至更长的时间。

2.4.1.3 搜索引擎的网络营销价值

搜索引擎是互联网用户获取信息的主要方式之一，所以常被作为网络推广的工具。为网站带来潜在用户是搜索引擎营销的主要目的之一，不过搜索引擎对网络营销的价值远不止网站推广这一个方面。归纳起来，搜索引擎的网络营销价值主要表现在六个方面：网站推广工具、网络品牌传播渠道、产品网络推广工具、网上市场调研工具、网站优化检测工具以及为竞争对手制造网络推广壁垒等。

这些功能大致可以归为三类，即网络信息传递功能、网络营销管理功能和网络营销竞争功能。搜索引擎的网络营销功能示意图及简介如图 2-2 所示。

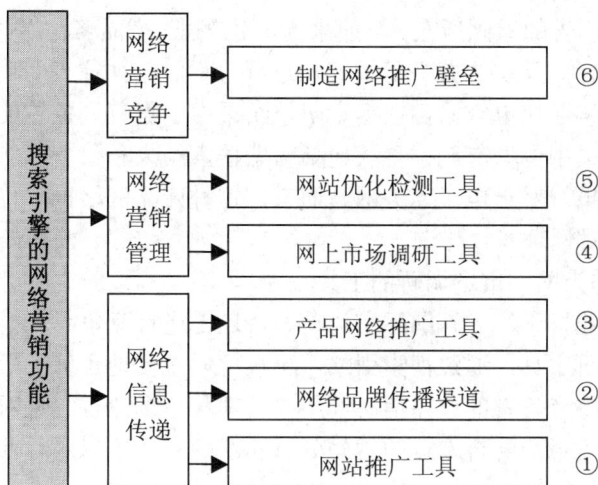

图 2-2　搜索引擎的网络营销功能示意图

1. 搜索引擎作为网站推广的工具

在用户获取信息的所有方式中，搜索引擎是应用最广泛的网络工具之一，这就意味着，搜索引擎对网站推广将发挥最有效的作用。因为，所谓网站推广，就是为用户发现网站信息并来到网站浏览信息创造机会，而搜索引擎正是通过搜索结果中有限的摘要信息将用户引导到信息源网页。一个设计规范且内容丰富的网站，通过搜索引擎自然检索获得的访问量占网站总访问量的 60%是很正常的现象，有些网站甚至 80%以上的访问者来自搜索引擎。一些网站采用自然检索与付费搜索相结合的方式，获得了更好的效果。所以，学习网站推广，首先要对搜索引擎有充分的了解。

2. 搜索引擎是网络品牌传播渠道之一

企业品牌信息在互联网上存在并且可以被用户所获取，是网络品牌传播的必要条件。一个知名企业或者产品的信息应该可以通过搜索引擎检索到（即有足够高的搜索引擎可见度），否则就表明该企业的网络品牌传播存在严重的缺陷。可见，在网络品牌建设过程中，搜索引擎这一传播渠道是不可忽视的。企业的网站信息应该被主要搜索引擎收录（即增加网站的搜索引擎可见度），从而获得被用户发现的机会，否则再精美的网站也宣传不了企业的品牌形象。现实中，部分企业网站过于注重视觉效果而忽视了搜索引擎可见度的要求，实际上是缺乏对网络品牌传播的真正认识的表现。

3. 搜索引擎作为产品网络推广的工具

除了网站推广和网络品牌传播之外，对于网上销售网站来说，搜索引擎也是常用的产品推广工具。这就是为什么在搜索某些产品名称时在搜索结果中会出现很多网上零售网站的付费关键词广告的原因所在。一般来说，用户以"产品名称"、"品牌名+产品名称"或"品牌名+产品名称+购买方式"等关键词进行检索时，往往表明用户已经产生了对该产品的购买意向，该用户更容易被在搜索引擎结果中占据有利位置的信息吸引。这就意味着在搜索引擎结果中占据有利位置（包括自然搜索结果和付费广告）将会对产品的网络推广产生积极效果。对于电子商务网站而言，这种产品网络推广也属于网站推广的内容，并且更具有针对性。

4．搜索引擎作为网上市场调研的工具

无论是获取行业资讯、了解国际市场动态，还是进行竞争者分析，搜索引擎都是非常有价值的市场调研工具。通过搜索引擎，不仅可以方便地了解竞争者的市场动向，还可以方便及时地获得竞争者的产品信息、用户反馈和市场热点等最新信息。企业通过搜索引擎获得的初步信息，结合专业的网站分析和跟踪，还可以对行业竞争情况作出理性的判断。

5．搜索引擎作为网站优化的检测工具

网站优化分析往往要用到一些搜索引擎优化检测工具以了解网站在搜索引擎结果中的表现，例如检查网站链接数量、网站被搜索引擎收录的网页数量、某些关键词在搜索结果中的表现、网站的 PR 值等。但实际上，任何一种搜索引擎优化工具都不能完全反映所有的搜索引擎优化问题，只能在一定范围内反映出某些指标的情况。这是因为每个搜索引擎对网页的索引和排名算法不同，而且搜索引擎的算法也在不断变化之中。其实搜索引擎才是最直接、最全面的网站优化工具。因为任何一种搜索引擎优化工具都不能像搜索引擎本身一样提供更加详细和更加直接的信息。因而，对搜索引擎检索结果的分析是研究网站搜索引擎优化状况最有效的方法之一。

6．搜索引擎为竞争对手制造网络推广壁垒

对于任何一个搜索引擎而言，同一关键词检索结果中的信息数量都是有限的，而用户往往只关注搜索结果中靠前且相关度最高的有限的信息内容。这就意味着，同样一个关键词在搜索结果中被用户发现的机会是有限的，即搜索引擎推广资源的相对稀缺性。当一个网站占据有利的排名位置，同时也就意味着其竞争者失去了这一机会。利用搜索结果的这一特点，可以设计合理的防御性网络营销策略，为竞争对手制造网络推广壁垒，即避免让竞争者获得最有利的搜索引擎推广机会。例如，购买搜索引擎检索页面有利位置的广告、对网站进行系统的搜索引擎优化，以及同一公司的多网站策略（关联网站）等。

以上是对搜索引擎在网络营销中的应用进行的简要归纳，本书将在后面的内容中对这些应用进行更系统的介绍。

e【延伸阅读 2-5】

➡ 最好的搜索引擎优化工具就是搜索引擎本身，http://www.jingzhengli.cn/sixiangku/s02/02018.htm

➡ 搜索引擎营销信息传递的一般过程与基本任务，http://www.jingzhengli.cn/sixiangku/s02/02016.htm

2.4.2 电子邮件及其网络营销价值

电子邮件（也称电子邮箱，或者 E-mail 地址，简称 E-mail）是最常用的互联网信息传递工具之一。世界上第一封电子邮件诞生于 1971 年底，直到 1987 年 9 月 20 日，中国的第一封电子邮件才正式发送成功。而电子邮件开始发挥其网络营销功能，大致在 1997 年之后。近年来由于受到即时信息（IM）、手机短信、微博等信息传递工具的影响，电子邮件的使用率有一定程度的下降趋势，但 E-mail 对网络营销的重要性，在可以预见的时间内仍然是其他工具所无法完全替代的。

电子邮件是一个基本的互联网通信工具，几乎应用于网络营销中的各个方面。除了商务沟通的基本功能之外，还表现在网络品牌传播、网络推广、在线顾客服务、收集网络信息和开展网络调查等多个方面。而在网络营销活动中，为了向用户提供信息和服务，往往需要用户在线注册个人信息，在个人信息项目中，E-mail 地址是最重要的一项内容之一，因为电子邮件是最有效、最直接、成本最低的信息传递工具。拥有用户的 E-mail 地址对企业开展网络营销具有至关重要的意义，对于电子商务网站而言，电子邮件的作用尤其显著。

归纳起来，电子邮件在网络营销中的作用主要表现在下列八个方面。

1. 电子邮件是企业网络品牌的组成部分

正规企业通常都会使用以企业域名为后缀的 E-mail 地址对外进行联系，例如，本书作者所在企业的电子邮箱是 fyj@jingzhengli.cn，而 jingzhengli.cn 是公司的官方网址，这样可以很直观地看出，作者属于 jingzhengli.cn 所有者的公司。也就是说，企业 E-mail 地址在一定程度上代表了该用户的身份，是企业网络品牌的组成部分。在商务活动中，如果利用免费邮箱进行交流，不仅失去了传播企业网络品牌的机会，甚至会影响自己的可信度，还有可能造成信息泄露等意想不到的麻烦。

一封完整的电子邮件的基本组成要素包括发件人的 E-mail 地址、收件人 E-mail 地址、邮件主题和邮件内容等。在商务活动中，发件人的 E-mail 地址对企业形象和用户的信任度具有重要影响。对于陌生的邮件发信人，如果发信人使用的是知名企业或者机构的域名为后缀的 E-mail 地址，往往会受到收件人的重视，即使是一些未经许可的商业邮件，一般也不会被认为是垃圾邮件，而对于使用免费邮箱的发件人，受到信任的程度将大大降低，其发送的邮件甚至会被作为垃圾邮件直接删除。这个简单的现象说明了一个重要事实：电子邮件地址本身与企业的品牌形象直接相关。当然，拥有企业域名后缀的 E-mail 地址只是网络品牌的基础，还需要合理利用电子邮件才能达到网络品牌传播的目的。

2．电子邮件作为在线顾客服务工具

当你在某网站注册成功时，可能会收到一封电子邮件通知；当你在某购物网站完成一个订单时，也可能收到电子邮件通知；当你对某网站的服务或者产品质量有疑问时，可以向该网站的客服邮箱发送电子邮件提出你的要求……这些都属于电子邮件的在线顾客服务功能。

通过电子邮件提供顾客服务，不仅节约了顾客服务成本，同时在增进顾客关系、提高顾客服务质量、增加顾客忠诚度等方面都具有重要作用。也正因为电子邮件的重要性，许多电子商务网站都非常重视用户电子邮件地址的真实性，并通过电子邮件提供多种形式的信息服务。

3．网站产品/服务信息的一对一直接传递

通过会员注册的 E-mail 地址，经过用户许可，网站可以把产品或服务的信息一对一地直接发送到用户的电子邮箱，从而实现产品或服务的高效推广。实践证明，这是最有效的网络营销信息传递方式之一，尤其是网站发布的信息与用户的需求定位一致性较高时，推广的效果更加显著。

与此原理类似，企业/网站也可以利用第三方 E-mail 服务商的用户邮件地址资源，将信息向更大范围发送，这就是 E-mail 广告的基本形式。这种方式尤其适合于网站本身用户资源不够丰富的情况，例如，规模较小或者运营时间较短尚未积累足够多的用户信息的网站。

4．用电子邮件进行网站推广

用电子邮件进行网站推广虽然没有固定的模式，但实际上也是行之有效的网站推广方式之一，尤其对于有一定特色和优惠措施的网站来说，可以有多种灵活的推广方式。例如，利用第三方 E-mail 服务商（免费邮件提供商）的用户资源，将推广信息直接发送到用户邮箱；利用第三方电子刊物资源插入网站推广信息；当然在自己日常工作邮件中，也可以通过签名档的合理设计获得网站推广的效果。

5．提供专业的电子邮件广告

E-mail 是提供专业电子邮件广告的基础，电子邮件广告服务商通过为客户向潜在用户发送电子邮件的方式获得收益。根据美国交互广告署的统计，在网络广告市场份额中，近年来电子邮件广告通常占有 2%左右的比例，而且保持相对稳定，这表明电子邮件广告服务作为一种常规的网络广告形式而存在，具有其网络广告的价值。

国内从事专业电子邮件广告服务的企业数量较少，而且规模也较小，国外有许多专业的邮件广告服务商，例如，www.postmasterdirect.com、www.sparklist.com、www.yesmail.com 等。

6. 网站提供的会员通讯与电子刊物

会员通讯与电子刊物是许可 E-mail 营销中内部列表 E-mail 营销的主要方式，网站提供会员通讯与电子刊物是提供顾客服务的形式之一，也是为网络推广积累资源的基本手段。为了获得某些信息和服务，用户可以自愿成为会员通讯与电子刊物的订阅者，当用户不再需要这些信息时，可以随时退出。用户自愿加入到这种邮件列表中，为企业提供了通过电子邮件向用户传递有价值信息的基础条件。这种内部列表已成为电子商务企业网站开展顾客服务、产品网络推广和增强竞争优势的有力工具之一。

7. 利用电子邮件收集市场信息

市场营销策略的制定离不开各种市场信息的收集，利用电子邮件可以获得许多有价值的第一手调查资料，如行业发展动态、调查统计资料和市场供求信息等。通过合理利用电子邮件，甚至可以密切跟踪竞争者的市场动向。这些有价值的信息，通常还可以免费获取。例如，可以通过加入相关的邮件列表、注册为相关网站的会员、参与在线调查、加入论坛等网上交流活动而实现收集市场信息的目的。一些网站为了维护与用户的关系，常常将一些有价值的信息如各大电子商务网站初步整理的市场供求信息，各种调查报告等，以新闻邮件、电子刊物等形式免费向用户发送，通常只要进行简单的登记即可加入邮件列表。可见，将收到的邮件列表信息定期处理是一种行之有效的资料收集方法。

8. E-mail 作为在线市场调查的手段

利用电子邮件开展在线调查是网络市场调研中的常用方法之一，具有问卷投放和回收周期短、成本低廉、调查活动较为隐蔽等优点。在获取了被调查对象的 E-mail 地址信息后，可以通过电子邮件发送在线调查问卷。同传统调查邮寄调查表的道理一样，将设计好的调查表直接发送到被调查者的邮箱中，或者在电子邮件正文中给出一个网址链接到在线调查表页面，这种方式可以节约被访问者的时间，在一定程度上也可以对不同的用户群体加以选择。如果调查对象选择适当且调查表设计合理，往往可以获得相对较高的问卷回收率。

上述电子邮件在网络营销中的应用形式，都属于许可 E-mail 营销的具体应用。

【延伸阅读 2-6】

➥ 关于许可 E-mail 营销的原理与方法以及电子邮件的系统应用，可参考本书作者的专著《E-mail 营销》（http://www.marketingman.net/emailMarketing）。

2.4.3　博客的基本要素及其网络传播特点

从网络工具的属性来看，博客（Blog）既可以是内部信息源（企业自建的博客频道），也可以是外部信息源（建立在第三方网站平台的博客，如新浪博客）。本节将博客作为第三方互联网工具，主要是为了从网络营销视角之外看博客的本来面目，而不仅仅是作为企业信息源的一部分，因此本小节的内容侧重于第三方平台的博客。由于企业自建博客的自主性更大，而且网络营销资源的积累价值更好，因此本书将在后面博客营销方法的相关内容中详细介绍企业自建博客。之所以这样安排，是因为"博客营销的功夫在博客之外"，即博客不只是为了营销而博客。这一博客营销思想留在后面内容中再来体会，这里仅简要介绍两个基本问题。

1. 博客的基本要素

博客，其英文名称来源于 Web Log，即网络日志的意思，后来缩写为 Blog。2002 年 8 月，博客网（www.bokee.com）创始人方兴东博士正式提出"博客"这一中文概念，后迅速被广泛接受，成为互联网的常用服务之一。

近年流行的微博，轻博客等新型互联网服务，概念也都与博客相关：微博，顾名思义，即微型博客，通常限定在每篇微博 140 字；轻博客，意思是比传统博客更便捷，但相对微博来说又能表达更丰富的信息。这些不同的服务之间有一定的联系又有显著的区别，但至少有一个核心要素是相同的，即借助于博客平台，每个人都可以自主发布信息，成为网络信息发布者。

用户发布内容，是博客的基本要素之一。博客的其他要素还包括：博客平台（网站）提供者、博客文章内容制作发布、用户的阅读及互动、博客文章的网络传播等。

博客的基本要素及其相互关系，可以简单描述如下。

（1）博客平台是博客用户所有行为的基础，是博客信息源得以传播的必要条件；

（2）博客平台用户自行发布的博客文章内容是博客网站的灵魂；

（3）博客平台内部之间用户的互动（阅读、评论、转发、链接）是博客生命力的体现，决定了博客内容在博客平台内部传播的广度和深度；

（4）博客文章中的相关链接延伸了博客信息的空间；

（5）搜索引擎、网站链接、即时信息（IM）等为博客文章提供了向博客平台之外的用户传播的网络渠道，提高了博客文章的网络可见度。

2. 博客作为网络传播工具的特点

如图 2-3 所示体现了博客各项要素之间网络传播模式的相互关系。图 2-3 显示，博客的网络传播包括博客平台内部用户之间的传播，以及通过其他网络工具向博客平台之外的传播，即博客具有多重网络传播的特征，因而可以发挥全面而持续的网络传播效果。

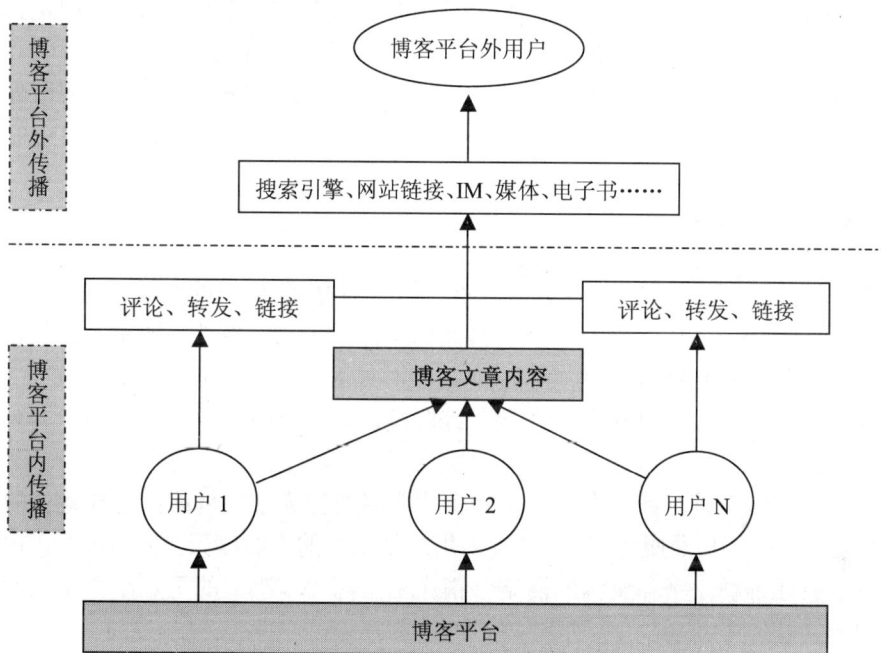

图 2-3 博客的基本要素及网络传播模式示意图

【延伸阅读 2-7】

> 关于博客的起源等问题，有兴趣的读者可以参考方兴东博士有关博客发展简史和基本史实的文章，原文的发表日期是 2002 年 8 月，在网络营销教学网站上有转载（详见 http://www.wm23.com/resource/R01/Internet_1004.htm ），这里不作详细介绍。

2.5 其他网络营销工具简介

除了前面已经介绍的企业网站、电子商务平台、搜索引擎、电子邮件和博客之外，本书涉及的网络营销工具还包括：即时信息（IM）、在线百科（Wiki）、电子书，以及作为网络营销管理基本工具的网站流量统计工具等，这些工具既可以独立应用，也可以与企业网站等其他网络营销工具相结合。本节对即时信息、网站流量统计工具、Wiki 和电子书及其在网络营销中的作用给予简要介绍，其他工具则在涉及具体应用时作必要的说明。

2.5.1 即时信息通信工具

许多上网的用户都在利用 QQ 聊天，QQ 就是一种广泛应用的即时通信软件。即时信息（Instant Messaging，IM）是指可以在线实时交流的工具，也就是通常所说的在线聊天工具。即时信息早在 1996 年就开始流行了，当时最著名的即时通信工具为 ICQ。ICQ 最初由三个以色列人开发，1998 年被美国在线收购，现在仍然是最受欢迎的即时聊天工具之一。

即时信息通信工具有针对个人应用和企业应用两种类型，目前占主导地位的是个人应用，并且大多提供免费服务。QQ 是国内用户量最大的在线聊天工具。但是，由于本书的核心在于讲述各种工具和资源的网络营销作用，因而本小节的重点是介绍企业即时通信工具的形式及作用。

随着企业网络营销需求的增长，针对企业应用的企业 IM 产品也逐渐丰富，功能也愈加完善。目前国内较常用的企业 IM 通信工具通常具有两种形式：一种是第三方的公共服务，如 TQ 和腾讯企业 QQ；另一种是作为网站平台内部用户之间实施沟通的工具，如淘宝旺旺、义乌中国小商品城网站的拨浪鼓等。

无论表现形式如何，企业 IM 在网络营销中的应用都可以归纳为下列几个方面。

1. 实时交流增进顾客关系

不同于电子邮件那样需要等待几小时甚至几天才能收到回复或者被退回的消息，快速、高效是即时信息通信工具的特点。因而，即时信息已经部分取代了电子邮件的信息交流功能，近年来我国互联网用户收发电子邮件的数量持续下降的事实也说明了这一点。企业 IM 通常在基本的信息交流功能基础上还有更多的管理和数据分析功能，这增强了企业与顾客之间的交流及顾客关系管理。

2．即时信息作为在线顾客服务工具

作为在线顾客服务工具，无论是顾客服务成本还是沟通效率，即时信息都有其独到的优势，既有电话交流的实时性，可以保留文字记录，同时还不需要支付高昂的通信费用等。当然，IM 顾客服务也存在一定的缺陷，例如，对客服人员的经验和技能要求较高，往往还需要投入较多的精力与顾客沟通。目前，部分企业 IM（如淘宝旺旺、TQ）不需要下载任何软件或插件，直接点击就能和企业的客服人员沟通，使用户在线咨询更加便捷。

3．即时信息软件作为网络广告媒体

部分企业 IM 如淘宝旺旺等，由于拥有众多的用户群体和讨论组群，可作为在线广告媒体。即时通信作为广告媒体与一般基于网页发布的网络广告相比有其独到的优势，如便于实现用户定位、可以同时向大量在线用户传递信息等。例如，在线聊天工具 QQ 就有多种广告形式，最有特色的系统广播功能就比一般网站上的 banner 广告、文字广告等更能吸引用户注意。

4．即时信息是一种高效率的病毒性营销信息传播工具

一个有趣的话题，在很短时间内可能由众多用户通过在线聊天工具发送给自己的在线好友，使得信息像病毒一样快速扩散，从而达到病毒性营销的目的。利用这一特性，针对性地设计一些适合 IM 用户转发的内容，如幽默故事、祝福图片等，通过即时信息工具让用户之间自动产生相互转发行为从而实现信息的扩散。当然，传播的信息中应适当植入营销信息，否则就仅仅是传播而没有营销的价值了。

虽然 IM 作为顾客服务和信息传播工具拥有许多优点，但在应用中也存在一些问题，对此需要有比较清醒的认识，应尽量将影响降低到最小程度。IM 即时信息工具的使用过程中应当注意的一些问题包括以下三个方面。

1．即时通信软件繁多，不同 IM 软件之间信息传递互通问题尚待解决

如果留意一下，时常可以看到一些网站的在线联系方式中罗列了多个常用的在线聊天工具，如 QQ、阿里旺旺、MSN、TQ 等。由于 IM 工具较多，不同的用户可能使用不同的即时信息软件，各种软件之间不能直接交流，这样需要同时采用多种 IM 软件才能和多个用户进行交流，不仅造成了很大的麻烦，而且增加了在线客服的复杂性。

2．大容量信息在传递及保存过程中不方便

当信息量较大时，如果采用实时信息传递的方式，可能对接收者带来麻烦，而且保存和管理这些信息也远不如电子邮件方便。此外，当需要向多个用户发送同样的信息时，采用即时信息的方式很容易产生发送垃圾信息的嫌疑，可能会受到系统的限制，同时也会让信息接收者产生不良印象。因而，这种一对多的信息传播功能不如邮件列表方

式合理。

3. 即时信息传递信息规范化管理难度较大

在商务活动中，通过这种实时聊天的形式进行信息交换显得不正规，也不便于对交流信息进行分类管理，规范化管理的难度较大。另外，用在线聊天方式所发出的要约和承诺目前还无法被确认为有效的合同，当出现纠纷时受损失一方难以提出有效的证据。因此在正规的商业活动中即时信息还不能代替电子邮件等其他比较规范的电子信息传递方式。

2.5.2 电子书

传统意义上的电子书（Electronic Book，E-Book）是指将已经出版的传统纸质图书转换为电子形式。随着电子出版的迅速发展，很多内容直接以电子文档的形式发布，但在内容编排方式上仍然与传统书籍有一定的相似性，如具有封面、目录和页码等，甚至有些专门设计为左右两栏的显示方式，以显示其"书"的特性。早期常见的电子书格式包括 chm 格式、exe 格式，以及必须用专阅读器（如超星电子书阅读器、PDF 阅读器等）打开的电子文档，再后来，由于人们对电子阅读的接受程度越来越高，电子书的形式也就更加多样化，不再拘泥于保持传统图书的形式，只要是方便网上下载和阅读的文档，都可以笼统地称为电子书，如 PPT 文档、Word 文档、Excel 文档等。

将电子书作为网络营销信息工具，实际上对电子书的具体格式也没有严格的要求，只要具备信息传播的功能，方便用户下载和阅读，都可以被认为是有效的电子书，都可以发挥网络品牌传播、网站推广和产品推广等网络营销作用。

1. 电子书的信息传递方式

在网络营销的应用中，电子书的信息传递方式如下所示。

首先，根据一定的营销目的，编写潜在用户感兴趣的电子文档内容，在文档中合理地插入产品促销信息，或者网站推广信息，其表现形式包括文字、图片等。

其次，将书籍内容制作成某种或某几种格式的电子书，例如 PDF、chm、Word 等。每种格式的电子书均有相应的制作软件，可以方便地转换为常用的电子书文档格式。

再次，将电子书上传到网站上供用户下载。提供电子书下载可以在自己的网站上，也可以在一些提供公共服务的网站上。如果自己的网站用户数量有限而希望扩大用户下载数量，可以采用一定的方法吸引用户下载，也可以采用一定的激励手段鼓励用户向更多的人转发或者传递下载电子书的信息——病毒性营销方法。事实上，在网络营销中电子书常作为病毒性营销的信息载体。

最后，用户在阅读电子书过程中，发现企业的促销信息，产生兴趣后来到企业网站或者通过其他方式与企业取得联系，从而达到了网站/产品推广的目的。

以上 4 个步骤完成了利用电子书传递营销信息的基本过程，至于这种方式的最终效果如何则与电子书的内容、读者特点、促销信息的展示方式、被阅读的数量及与读者的相关程度等多种因素有关。一般来说，电子书被下载的次数越多，可以实现的网络营销效果越好。

2．电子书营销的特点

电子书是一种不必依赖企业官方网站的信息传播方式，甚至可以不依赖任何第三方网站，只需通过用户之间的直接信息传递即可实现网络传播的目的，因而电子书营销具有其独特的以下五个特点。

（1）信息完整并可长期保存。电子书与网页不同，不需要每个页面逐个打开，一部电子书的内容是一个完整的文件，读者下载后书中所有的信息都将完整地被保留，而且书中内容不会因为原提供下载的网站发生变动而改变，只要读者不从电脑等设备上删除，电子书可以长期保存，随时阅读。

（2）可以离线阅读。从网上下载后电子书即可用各种阅读设备离线阅读，这样不必像其他网上信息一样必须在线浏览，毕竟不是所有用户任何时候都可以方便地上网的。一部有价值的电子书往往会得到读者的反复阅读，并有可能在多人之间传播。正是在这样的阅读和传播中，电子书营销实现了其病毒式传播，达到了宣传和获得新用户的营销目的。

（3）便于继续传播。获得尽可能多的用户的阅读是电子书营销的关键，而电子书下载后可以方便地通过电子邮件、QQ 等方式向别人继续传播，也可以在一定范围内共享（例如公司内部 QQ 群、企业内部网等）。如果书中内容对读者有足够的吸引力，这种继续传播是自发的，效果也会更好。

（4）促销和广告信息形式灵活。由于电子书本身具有平面媒体的部分特征，同时又具有网络媒体的部分优点，如具有超链接功能、显示多媒体信息等，因此促销和广告信息可以采用多种形式，如文字、图片、多媒体文件等，还可以在书中插入链接，读者在线阅读时，就可以点击书中的链接直接到达广告目的网页。

（5）营销效果可以测量。由于电子书所具有的互联网媒体特征，其中的电子书广告具有网络广告的一般优点，比如，可以准确地测量每部电子书的下载次数，并可记录统计下载者的分布等，这样便于对潜在读者作进一步的研究。

需要说明的是，作为信息载体的电子书，既可以是企业自己原创的电子书，也可以是融入相关营销信息的合作伙伴或专业机构的电子书（类似于在电子书中投放广告的形式）。

本章前面介绍的部分常用网络营销工具，主要以信息传递和用户沟通为主，在网络营销中，还有一种非常有用的工具——网站访问统计分析工具，即记录和分析网站访问量、网站用户访问行为等相关信息的一种统计分析工具。考虑到读者在掌握了网站推广及运营的相关知识之后再系统了解网站访问统计分析相关内容更为合理，本书将在第 6 章中系统介绍网站访问统计分析的各项指标及意义。

本章小结

根据在网络营销信息传递系统中的地位和作用，本书将常用的网络营销工具和资源分为 6 种类型：企业官方网络营销信息源、企业信息发布与传递一体化的网络资源、第三方互联网工具及网站平台资源、直接信息传递工具、在线顾客交互工具与资源、网络营销管理分析工具等。

企业官方网站是最常见的企业网络营销信息源创建工具之一，企业网站具有权威性、完整性、主动性、灵活性以及可控性等五个基本属性。企业网站的网络营销功能表现在八个方面：信息发布、网络品牌、产品/服务展示、在线顾客服务、在线顾客关系、在线调查、营销资源积累和网上销售。

由于很多第三方网络营销资源平台都具备企业信息发布与传递一体化的功能。因此，无论企业是否拥有企业网站，均可利用第三方服务商提供的网络平台在一定范围内开展网络营销工作。这些常见的第三方网络营销资源平台包括：B2B 电子商务平台、网上商店平台、开放式在线百科（如 Wiki）、第三方博客平台、论坛、社会化网络网站、微博平台等。

B2B 电子商务平台的网络营销价值主要体现在三个方面：多渠道网络推广、企业信息在 B2B 平台内部的可见度以及利用 B2B 平台提高中小企业网络可信度。

开放式在线百科全书（如 Wiki）让每个用户都可以参与创建和编辑词条，是典型的用户参与创造网站内容的 Web 2.0 模式。百度百科作为一个开放式在线百科全书，其网络营销价值主要通过下列三个方面体现出来：编辑相关推广信息、添加企业网址或者链接以及成为企业网站的高质量外部链接。

搜索引擎是上网用户获取信息的主要渠道之一，也是最重要的网络推广工具之一。搜索引擎的网络营销价值主要表现在六个方面：网站推广工具、网络品牌传播渠道、产品网络推广工具、网上市场调研工具、网站优化检测工具以及为竞争对手制造网络推广壁垒。

电子邮件在网络营销中的作用主要表现在八个方面：电子邮件是企业网络品牌的组

成部分；电子邮件作为在线顾客服务工具；网站产品/服务信息的一对一直接传递；用电子邮件进行网站推广；提供专业的电子邮件广告；网站提供的会员通讯与电子刊物；利用电子邮件收集市场信息；E-mail 作为在线市场调查的手段。

即时信息 IM 在网络营销中的应用可以归纳为四个方面：实时交流增进顾客关系；即时信息作为在线顾客服务工具；即时信息软件作为网络广告媒体；即时信息是一种高效率的病毒性营销信息传播工具。

电子书是一种不必依赖企业官方网站的信息传播方式，甚至可以不依赖任何第三方网站，通过用户之间的直接信息传递即可实现网络传播的目的，因而电子书营销具有其独特的五个特点：信息完整并可长期保存、可以离线阅读、便于继续传播、促销和广告信息形式灵活和营销效果可以测量。

思考与讨论

1. 在本章介绍的网络营销工具和资源中，请选择两种以上你熟悉的或者比较感兴趣的常用互联网工具，谈谈这些工具对你的学习和生活产生了哪些影响，如何才能让这些工具发挥更大的价值，以及你的使用心得。

2. 本章提出的观点之一是，"企业网站是一个综合性的网络营销工具"。实际上还有很多企业没有自己的网站，或者网站的网络营销功能过于简陋，你认为这些企业在开展网络营销时，应如何弥补企业网站的缺陷？试用一个真实的企业网站案例进行分析。

3. 博客和微博是常用的网络营销工具，也是个人发布信息及互动交流的常用服务。试选择 2～3 家主要的博客及微博服务商进行比较，分析他们各自的特点。如果你开设博客和微博，首选的平台是什么？如果你作为一个企业的市场营销部经理，从工作的角度出发，是否会作出同样的选择？

第3章　企业网站建设与运营维护

【学习目标】

  ① 了解企业网站建设的一般流程及各个阶段的主要工作内容;

  ② 了解网站开发设计及测试阶段的主要工作;

  ③ 掌握企业网站内容的优化设计以及网站内容写作方法;

  ④ 了解企业网站运营维护的基本内容;

  ⑤ 掌握企业网站运营维护工作的规范要求;

  ⑥ 了解常用网站运营管理工具和文档;

  ⑦ 了解网站改版的模式及原则。

符合网络营销导向的企业网站是开展网络营销的基础,是企业网站运营取得效果的基础保证,网站运营维护则是网站发挥其网络营销价值的必要手段。

本章从网络营销角度简要介绍企业网站建设的流程及运营维护的基本内容,但并不涉及网站开发、网页设计等具体的技术实现方法。之所以在网络营销课程中强调网站建设的内容,是因为企业网站并不仅仅是技术工作,在网站建设的全过程中应该融入网络营销思想,这样的网站建设才能具备网络营销导向,才能为有效的网站运营打下基础。

3.1　企业网站建设流程及主要内容

网站规划方案是网站建设的指导纲要,当网站策划方案完成之后,接下来还有一系列的网站建设实施工作。本节将简要介绍企业网站建设的流程及主要内容。

3.1.1　企业网站建设的一般流程

在中国互联网协会 2009 年 7 月发布的《企业网站建设指导规范》中,企业网站建设应包括下列基本环节。

(1)制订网站规划方案。包括网站预期目标、行业竞争状况分析、网站栏目结构、用户行为分析及内容规划、网页模板设计、网站服务器技术选型以及网站运营维护规范等基本内容。

（2）网站技术开发、网页设计。

（3）网站测试，包括功能测试、安全测试、压力测试、用户体验测试、备份及恢复测试等。

（4）网站内容发布及网站运营维护。

以企业网站建设指导规范为参照，我们可以进一步把网站建设的流程进行细化，并将每个阶段中涉及的重要问题进行归纳整理，把网站建设的一般流程归纳为四个阶段，即准备阶段、开发设计阶段、测试阶段和运营阶段。如图3-1所示。

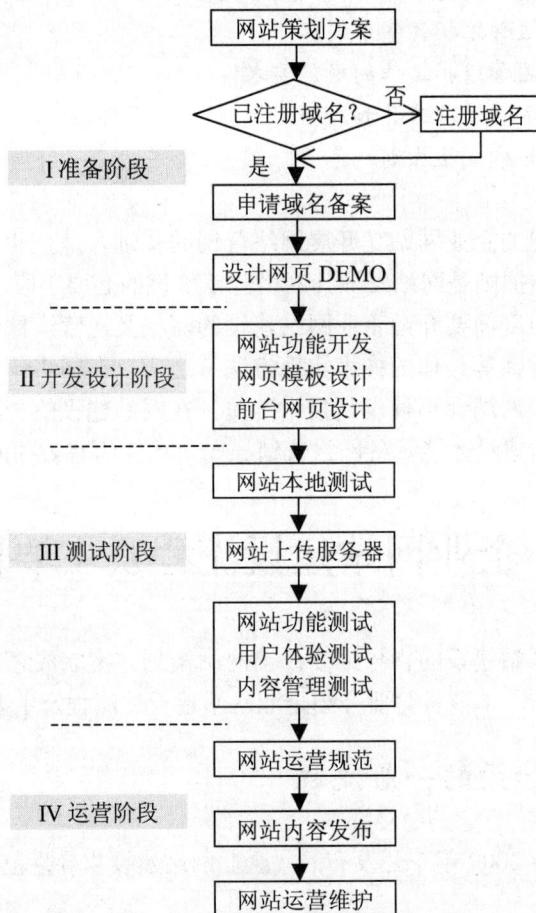

图 3-1　企业网站建设及运营流程

3.1.2　企业网站建设各个阶段的主要工作

网站建设的四个阶段中，网站运营阶段的主要工作在网站发布之后进行，有关内容将在后面的章节中介绍，下面对网站实际建设过程中前三个阶段的主要工作内容进行简要介绍。

3.1.2.1　网站建设准备阶段的工作内容

一般来说，在网站策划方案中应包含域名选择这项内容，选择好域名之后应尽快进行域名注册及备案手续。根据规定，只有获得备案号的域名才能正式使用，也就是网站开发设计完成并将相关程序和文档上传到服务器之后，如果没有获得域名备案，那么网站仍然是无法正常访问的。

因此在网站建设准备阶段必须做的两项工作是：域名注册和域名备案。实际上这两项工作并不受网站建设时间的限制，如果可能的话可以尽早办理以备使用。

1．域名选择及域名注册

一个网站至少需要一个域名。企业网站域名建议选择主流域名后缀的域名，如.com，.cn，.com.cn 等，英文网站尽量选用.com 后缀，其他国家语言的网站，可选择.com 或者网站目标用户国家的域名后缀，如.jp（日本），.br（巴西）等。

（1）选择域名的一般要求。在选择国际域名时（.com 等），26 个英文字母、10 个阿拉伯数字以及中横杠"-"可以用作域名，但域名不能以中横杠"-"开头或结尾。字母的大小写没有区别。一个域名最长可以包含 67 个字符（包括后缀），但每个层次最长不能超过 26 个字母。国际域名不需要任何条件，只要尚未被注册，任何单位或个人均可申请。国内域名（.cn 等）目前要求注册人必须是单位而不能是个人，不过注册时无须提供单位证明材料。

（2）选择域名的原则。域名应尽可能简单、容易记忆及便于口头传播，用于企业网站的域名最好与企业品牌/企业名称/核心产品等相关。

（3）域名注册的一般程序。选择域名注册服务商→查询自己希望的域名是否已经被注册→注册用户信息→支付域名注册服务费→提交注册表单→注册完成。选择的域名注册服务商，可以是顶级域名注册商或者其代理服务商，如中国万网、三五互联公司等，用户可自行在线注册，也可委托当地代理商注册。目前国内主要域名注册商均开通了域名注册及在线支付整个流程的自助操作。

【实用知识 3-1】域名查询及域名注册

➤ 如何查询域名是否可以注册?

首先要确认域名是否可以注册,如果自己喜欢的域名已经被别人注册,除非愿意花精力及较高的费用从原注册者手中购买,否则只能通过域名查询寻找那些尚未被注册的域名进行注册。

一般的域名注册商都提供域名查询服务,通过域名注册商网站即可查询自己希望的域名是否可以注册。此外,也可以到一些机构开发的第三方查询平台去查询域名信息,例如 http://www.checkdomain.com 等。

不过这些查询的数据最终都来源于各个域名的注册管理机构,例如,.com 域名信息来源于国际互联网络信息中心 InterNIC,而.cn 后缀的国内域名信息来源于中国互联网络信息中心 CNNIC。其他国家或地区也有类似的域名管理机构(可在 www.internic.net 网站查询),因此也可以直接到这些域名管理机构网站查询域名信息。

查询.com 等国际域名注册信息的网址是: http://www.internic.net/whois.html。

查询.cn 国内域名注册信息的网址是: http://ewhois.cnnic.cn。

查询 CNNIC 中文通用域名注册信息的网址是: http://cwhois.cnnic.cn。

➤ 国内有哪些顶级国际域名注册商?

到 2009 年,经过 ICANN(ICANN 是 The Internet Corporation for Assigned Names and Numbers 的缩写,即国际互联网名称和地址分配组织)认证的位于中国境内的顶级国际域名注册商共 16 家,可提供.com,.net,.biz,.mobi 等国际顶级域名的注册。各家公司提供的服务内容和方式大体类似,但服务水平和注册价格会有一定的差异。无论是选择自行注册还是请求代理商代理注册,都应注意尽量选择信誉好、操作方便的注册商或其代理商,以免造成不必要的麻烦。

ICANN 认证的全部国际域名注册商详见: http://www.icann.org/en/registrars/accredited-list.html。其中 35 Technology Co., Ltd.(三五互联 http://www.35.com)和 HiChina Zhicheng Technology Limited(中国万网 http://www.net.cn)等是国内最早的一批国际域名注册服务提供商。

➤ CNNIC 认证注册服务机构有哪些?

国内域名的注册要通过 CNNIC 授权的域名注册商来进行,一般的域名注册商在经营国际域名的同时也都经营国内域名的注册,因此在选择国内域名注册和国际域名注册商时,通常选择同一个可信任的服务商。

到 2009 年 9 月，CNNIC 认证的注册服务机构将近 60 家。全部 CNNIC 认证注册商名录查询网址 http://registrars.cnnic.cn/reginfo/all_cn.jsp。

建议：考虑到企业可能同时需要注册和管理国际域名及国内域名的多种需要，因此应尽可能选择可同时提供国际域名及国内域名服务的注册机构。另外，域名注册之后还要经过域名解析才能生效，因此域名注册机构的域名管理专业水平等对网站运营也会产生重要影响。

➡ 注册域名的价格是多少？

域名是按年度缴纳费用的，第一次注册时至少要缴纳一年的域名使用费，因此所谓域名的价格是指每年的费用。现在域名注册服务市场的价格比较混乱，有时价格相差很大，例如，有些服务商注册一个国际域名每年只要 50 多元，有些则需要 150 元甚至更多；注册国内域名有些 20 元左右，有些则高达 200 元。

一般来说，用户通过域名注册商每注册一个域名，域名注册商需要向域名管理机构缴纳规定的年度费用，超出这个基本费用的都是注册商（及其代理商）的利润，因此域名注册市场很难统一地定价，各个代理商之间的价格竞争也很激烈，因此必要时可对几个服务商的价格进行对比。但不建议一味追求最低价格，还要综合考虑服务商的信用水平和服务质量。在 2009 年比较常见的市场价格（直接用户）大约为：.com 后缀的国际域名每个 100 元左右；.cn 后缀的国内域名价格 25～60 元。

更多域名知识请参考网络营销教学网站域名注册及管理知识专题：http://www.wm23.com/resource/R02_domain.htm。

2. 域名备案

根据工信部令第 33 号《非经营性互联网信息服务备案管理办法》规定，国家对经营性互联网信息服务实行许可制度，对非经营性互联网信息服务实行备案制度。根据这一规定，经营性网站应办理 ICP 经营许可证，非经营性网站应办理非经营性互联网信息服务备案登记，获得 ICP 备案登记证号之后才能开通网站。因此当域名注册成功之后要尽快备案，以免影响网站正常发布，首次域名备案的时间通常要 2 周～1 个月。

工信部网站备案管理系统的网址是：http://www.miibeian.gov.cn。

现在每个正式备案的网站下面都有 ICP 登记证或者备案号码，例如，网络营销教学网站（www.wm23.com）首页最下方的"粤 ICP 备 05002407 号"就是非经营性网站备案号。

　　域名备案小技巧： 域名备案前要认真阅读相关规定，根据规定的流程自行备案或者通过域名服务商进行备案。根据以往的经验，首次备案可自行登记，根据工信部备案网站介绍的"网站主办者自行备案"操作流程进行登记即可。如果首次备案时不了解该如何填写主机提供商及主机 IP 地址等信息，可在域名注册前先购买主机，获得相关资料后进行备案，或者请求主机服务商代理备案申请。同一网站所有者（备案主体）如果需要第二次进行网站备案，则需要域名/主机服务商协助才能完成，可将首次登记的用户名及密码提供给域名/主机服务商。随着时间的推移，这些备案流程可能会发生变化，最新信息请到工信部网站备案管理系统或者域名服务商网站查询。

3.1.2.2　网站开发设计及测试阶段的主要工作

　　网站开发设计阶段主要是技术人员及网页设计人员的工作，这个阶段作为网络营销人员可参与的工作不多，主要是对网站建设过程阶段进展的沟通和确认，尤其是网站首页效果图、网页模板设计、banner 广告设计等。当网站基本功能完成可进行本地测试之后，应根据网站策划方案的要求进行全面的测试，下面是部分基本的测试内容。

1. 用户前台访问流程测试

　　设置若干种不同的电脑浏览器分辨率模式测试（如 800×600 像素，1024×768 像素，1280×800 像素)，在每种模式下用常用浏览器分别对网站所有页面进行浏览及必要的功能测试。另外，随着手机及平板电脑上网用户的日益增加，手机及平板电脑访问的适用性也成为一项重要的内容。

　　测试的主要内容包括以下几个方面。

　　（1）网页显示。网站首页、各栏目首页、各内容页面显示是否正常，导航、图片、文本框、登录按钮等是否与设计的效果图相一致？

　　（2）网页内容信息。每个网页的内容包括网页标题、META 标签的内容和关键词、图片及 alt 属性、文字（字体、颜色、大小）等是否符合规范及策划方案要求？

　　（3）导航链接。从网站首页到每个栏目首页再到内容页面的链接关系是否正确、从每个内容页面到栏目首页再到网站首页的导航是否清晰，各个栏目首页及文章内容页面的文档命名方式是否符合规范？

　　（4）内部链接。除了导航链接之外，还要对首页、栏目首页等页面中的链接进行检查，包括是否有错误链接、文本超级链接显示颜色（鼠标悬停、单击后）是否符合策划要求等？

　　（5）网页代码测试。通过查看网页的 HTML 源代码，重点检查首页、栏目首页、主要内容页面中是否有过多的垃圾代码，以及 META 标签的内容和关键词等是否正确？

2．浏览器兼容性测试

在网站结构规划的相关内容中介绍过网页布局中需要对显示内容的尺寸进行定位，其主要目的是为了让大多数用户可以在主流浏览器下获得比较好的显示效果。由于目前网页浏览器的种类和版本较多，各浏览器之间还存在一定的不兼容现象，例如，在 IE7 中显示正常的网页可能在 IE6 中无法很好地显示，在 Firefox 浏览器下甚至可能出现更明显的错位，因此在网站发布之前进行充分的浏览器兼容性测试是非常必要的。

测试方法：分别用目前常用的浏览器如 IE6、 IE7、IE8、Firefox、傲游浏览器等重复测试上述用户前台访问测试中的网页显示和网页内容信息浏览两项内容。

3．用户体验测试

除了用户前台网页浏览及常用浏览器兼容性测试之外，用户体验还应该包括网站访问速度测试、用户后台、网站易用性和网站可信度等方面的内容。

（1）网站访问速度。请不同地区、采用不同上网方式的用户分别访问网站的主要页面测试访问速度，对于外文网站，还应测试目标用户所在国家或地区的访问速度，如访问过慢应采取必要的措施，如选择速度更快的主机，或者尽量减少网页数量。

（2）用户后台功能。对于具有用户注册及登录功能的网站，应对用户注册及登录后台的便利性、后台菜单功能及易用性等方面进行测试。

（3）网站易用性。网站易用性（Website Usability）的核心思想在于，网站设计以用户为导向，通过最简单、醒目、易用的网站要素设计，使得用户可以更方便地获取信息。前面的网站导航及访问速度、浏览器兼容性等方面同时也属于网站易用性的范畴，易用性测试还应包括更多的方面，比如网站内部搜索功能是否有效、用户帮助内容是否完善等。

（4）网站可信度。网站各种必要的法定证书是否齐全、网站公布的联系方式是否有效（尤其是地址、固定电话和 E-mail 地址）。

4．网站管理员后台功能测试

网站管理员是运营维护的主要人员之一，担负着网站内容发布、产品管理、网站访问日志及数据流量统计、数据库管理等相关工作，通过管理员后台功能测试确保这些基本功能可以正常使用。主要功能测试包括以下几个方面。

（1）内容发布功能。在线编辑系统各项功能正确，可根据需要设定网页标题、关键词、网页描述、正文内容内部链接、相关文章链接等基本操作。

（2）站内广告管理。方便更换站内展示广告、图片等。

（3）流量统计系统。可添加、修改网站流量统计代码等。

（4）网站运营管理系统。包括网页数量统计、生成网站 sitemap、添加/修改友情链接等。

5．手机浏览效果测试

目前的网站大多不是针对手机浏览设计的，但是随着手机上网应用的快速普及，每个网站都有用户直接用手机浏览的可能，因此对普通的企业网站（即非专门的手机 wap网站）进行手机浏览测试是必要的。尽管以 PC 为终端设计的网页在手机浏览模式下很难具有很好的浏览效果，但至少应该可以正常显示网页的核心信息，如网页标题、主菜单、主要文字内容等。当然，如果网页布局及模板能为手机浏览专门进行可用性设计效果会更好。

测试方式：选择市面常见的智能手机（如基于 Windows Mobile 操作系统）和具有浏览器功能的普通手机各一部，直接在手机浏览器中输入企业网址，测试网站导航、主要文字内容等是否可以正常显示，对于不合理的设计以及过大的图片等有必要进行一定的处理。

6．其他技术测试

在网站开发及测试工程师的协助下，参与并了解包括系统管理功能测试、网站安全测试、用户同时在线数量测试、数据库备份及恢复测试等在内的技术测试，确保各项技术功能完整且可正常使用。

为了详细记录网站测试中遇到的问题，建议在实际工作中设计一个网站测试记录表，可以用 Excel 表格或 Word 文档等办公软件来记录，以便掌握各项测试结果及其修订情况。

3.2 企业网站的内容策划

如果说功能架构和栏目结构是网站的骨架，那么网站内容就是网站的血肉，网站的功能要通过内容和服务才能发挥其应有的价值。因此，网站内容不仅是企业网站的基本要素之一，也是网站运营维护的基本工作内容，因此对网站内容策划、撰写、发布及管理应给予足够的重视。

3.2.1 企业网站的基本内容

尽管网站内容发布是在网站功能和界面设计完成之后才能进行，但网站内容策划与网站的结构和功能之间并非先后次序关系，几个方面是相互关联的，可以同时进行考虑，而且网站内容策划甚至可以更早一步，因为网站内容及其表现形式在很大程度上影响着网站的功能和结构。企业网站内容策划应考虑下列几个方面的问题。

（1）网站应该提供哪些信息？

（2）网站内容来源是什么，是否有长期的内容来源渠道？

（3）同类网站尤其是竞争者网站的内容有哪些可借鉴之处？

（4）用户主要通过哪些渠道获取信息，用户获取信息的特点是什么？在内容策划时应如何把握这些特点？

企业网站的内容是可以不断更新的，不同时期的网站内容可能有一定差异，但总体来说都离不开下列一般内容，可根据需要进行选择。

1．企业信息

企业信息是为了让新访问者对企业状况有初步的了解，企业是否可以获得用户的信任，在很大程度上取决于这些基本信息。在企业信息中，如果内容比较丰富，可以进一步分解为若干子栏目，如企业概况、发展历程、企业动态、媒体报道、主要业绩（证书、数据）、组织结构、企业主要领导人员介绍、联系方式等。

考虑到企业概况和联系方式等基本信息的重要性，有时也将这些内容以公共栏目的形式，作为独立菜单出现在每个网页下方。如有必要，详细的联系方式（尤其是服务电话等用户最需要了解的信息）等也可以直接出现在每个网页的适当位置。对于联系信息应尽可能详尽，除了企业的地址、电话、传真、邮政编码、网管 E-mail 地址等基本信息之外，最好能详细地列出客户或者业务伙伴可能需要联系的具体部门的各种联系方式。对于有分支机构的企业，同时还应当列出各地分支机构的联系方式，在为用户提供方便的同时，也可以起到对各地分支机构业务的支持作用。

2．产品信息

企业网站上的产品信息应全面反映所有系列和各种型号的产品，对产品进行详尽的介绍，如果有必要，除了文字介绍之外，还可配备相应的图片资料和视频文件等。用户的购买决策是一个复杂的过程，其中可能受到多种因素的影响，因此除了产品型号、性能等基本产品信息之外，其他有助于用户产生信任和购买决策的信息，都可以用适当的方式发布在企业网站上，如有关机构、专家的检测和鉴定、用户评论、相关产品知识等。

产品信息通常可按照产品类别分为不同的子栏目。

如果企业产品种类比较多，无法在简单的目录中全部列出，为了让用户能够方便地找到所需要的产品，除了设计详细的分级目录之外，还有必要增加产品搜索功能。

在产品信息中，有关价格的信息是用户关心的问题之一，对于一些通用产品及价格相对稳定的产品，有必要标注产品价格。但考虑到保密性或者非标准定价的问题，有些产品的价格无法在网上公开，也应尽可能为用户了解相关信息提供方便，例如，为用户提供一个了解价格的详细联系方式。

3．用户服务信息

用户对不同企业、不同产品所期望获得的服务有很大差别，有些网站产品使用比较复杂、产品规格型号繁多，往往需要提供较多的服务信息才能满足顾客的需要，而一些标准化产品或者日常生活用品相对要简单一些。网站的服务信息常见的有：产品选择和使用常识、产品说明书及在线问答等。

4．促销信息

当网站拥有一定的访问量时，企业网站本身便具有一定的广告价值，因此，可在自己的网站上发布促销信息，如网络广告、有奖竞赛、有奖征文、下载优惠券等。网上的促销活动通常与网下结合进行，网站可以作为一种有效的补充，供用户了解促销活动细则、参与报名方式等。

5．销售信息

当用户对企业和产品有一定程度的了解，并且产生了购买动机之后，在网站上应为用户购买提供进一步的支持，以促成销售（无论是网上还是网下销售）。在决定购买产品之后，用户仍需要进一步了解相关的购买信息，如最方便的网下销售地点、网上订购方式、售后服务措施等。

（1）销售网络。研究表明，尽管目前一般企业的网上销售还没有成为主流方式，但用户从网上了解产品信息而在网下购买的现象非常普遍，尤其是高档产品以及技术含量高的新产品，一些用户在购买之前已经从网上进行了深入了解，但能否在方便的地方购买，仍然是一个影响最终购买的因素。因此，应以公布企业产品销售网络的方式尽可能详尽地告诉用户在什么地方可以买到他所需要的产品。

（2）网上订购。如果具有网上销售功能，应对网上购买流程作详细说明，即使企业网站并没有实现整个电子商务流程，针对相关产品为用户设计一个网上订购意向表单仍然是必要的，这样可以免去用户打电话或者发电子邮件订购的麻烦。

（3）售后服务。有关质量保证条款、售后服务措施以及各地售后服务的联系方式等都是用户比较关心的信息，而且，是否可以在本地获得售后服务往往是影响用户购买决策的重要因素之一，应该尽可能详细。

6．公众信息

公众信息是指供除用户之外的人员对企业进行了解的信息。如投资人、媒体记者、调查研究人员等，这些人员访问网站虽然并非以了解和购买产品为目的（当然这些人也有成为公司顾客的可能），但同样对公司的公关形象等具有不可低估的影响。对于公开上市的公司或者知名企业而言，对网站上的公众信息应给予足够的重视。

公众信息包括股权结构、投资信息、企业财务报告、企业文化和公关活动等。

7．其他信息

根据企业的需要，可以在网站上发布其他有关的信息，如招聘信息、采购信息等。对于产品销售范围跨国家的企业，通常还需要不同语言的网站内容。

在进行企业信息的选择和发布时，应掌握一定的原则：有价值的信息应尽量丰富、完整、及时；不必要的信息和服务如天气预报、社会新闻、生活服务、免费邮箱等应尽量避免，因为用户获取这些信息通常会到相关的专业网站和大型门户网站，而不是到某个企业网站。另外，在公布有关技术资料时应注意保密，避免为竞争对手利用，从而造成不必要的损失。

3.2.2　网站内容的优化设计

网站提供丰富的内容仅仅是网站运营最基本的要求，在这个基础上，还需要网站内容对用户有价值，并且可以方便地通过搜索引擎检索到，这就需要对网站的基本内容进行优化设计。网站内容优化也是网站搜索引擎推广方法中的基本内容。

有效的网站内容是一个网站赖以生存的基础，尤其是含有丰富核心关键词的文字信息，是网站内容策略的灵魂。一个有效的关键词，远远胜过许多华而不实的图片信息。从网站推广运营的意义上说，网站的美观性远远没有网站的核心内容重要。网站内容优化的基本要素包括以下几个方面。

1．网页标题

（1）每个网页都有一个反映网页核心内容的标题；

（2）网页标题包含有效关键词，例如，温岭××流水线设备产品简介，其中的"流水线设备"就是有效关键词，而如果网页标题仅仅是"产品简介"，则没有包含有效的特定关键词。

2．网页内容

（1）网页内容中有适量的含有关键词的文字信息而不是纯粹的图片信息，因为只有文本信息才可能被搜索引擎检索；

（2）网页内容是独创的而不是从网上已经存在的信息全文复制。

当然，网站内容优化只有在网站架构整体优化的前提下才有意义，否则再好的内容也会被淹没在杂乱无章的网站信息中。

在企业网站中，网站内容优化设计存在的主要问题包括：网页标题设计不规范（例如整个网站的所有网页都共用一个网页标题）；网页内容缺乏对用户有价值的文本信息；网页中以图片为主，缺少有效的文字描述；网页数量少且长期没有新内容发布等。这些都是影响企业网站有效性的常见问题。

写好网页内容是网络营销人员的基本功，需要长期的实践和不断总结，没有任何捷径和投机取巧的方法。

【实用知识 3-2】关于网站内容写作的参考文章

下面是本书作者写的部分文章，虽然已经发布了几年时间，但至今仍然是适用的，这也说明根据网络营销实践总结的一般规律往往具有长期的有效性。

➡ 网页标题设计原则与一般规律

http://www.marketingman.net/wmtips/p156.htm

➡ 再谈网页标题设计的意义及问题分析

http://www.marketingman.net/lecture/site_051008.htm

➡ 网页 META 标签内容写作规范要点

http://www.marketingman.net/lecture/site_051007.htm

➡ 网站内容推广策略（第一部分）：增加网站有效内容对于网站推广的作用

http://www.marketingman.net/tools/wsp120/005.htm

➡ 网站内容推广策略（第二部分）：利用现有资源增加网站内容

http://www.marketingman.net/tools/wsp120/006.htm

➡ 网站内容推广策略（第三部分）：利用外部信息资源增加网站内容

http://www.marketingman.net/tools/wsp120/007.htm

➡ 网站内容推广策略（第四部分）：内容推广策略中需要注意的几个细节问题

http://www.marketingman.net/tools/wsp120/008.htm

➡ 网站推广策略之内容推广思想漫谈

http://www.marketingman.net/tools/wsp120/009.htm

3.3 网站运营维护的基本内容

企业网站建设完成并发布之后，接下来最重要的工作就是网站运营维护。成功的网站是运营出来的，无论企业网站还是提供其他互联网服务的网站都是同样的道理。

网站运营维护涉及的内容很多，笼统地说，在网站正式发布之后，与网站相关的所有工作都可以认为是网站运营的范畴。为了让网站运营的内容有一个清晰的框架，我们将网站运营维护归纳为 6 个方面的工作：网站内容维护、网站推广、在线客户服务、网站技术维护、网站外部运营环境维护、运营管理记录及分析报告等。如图 3-2 所示。

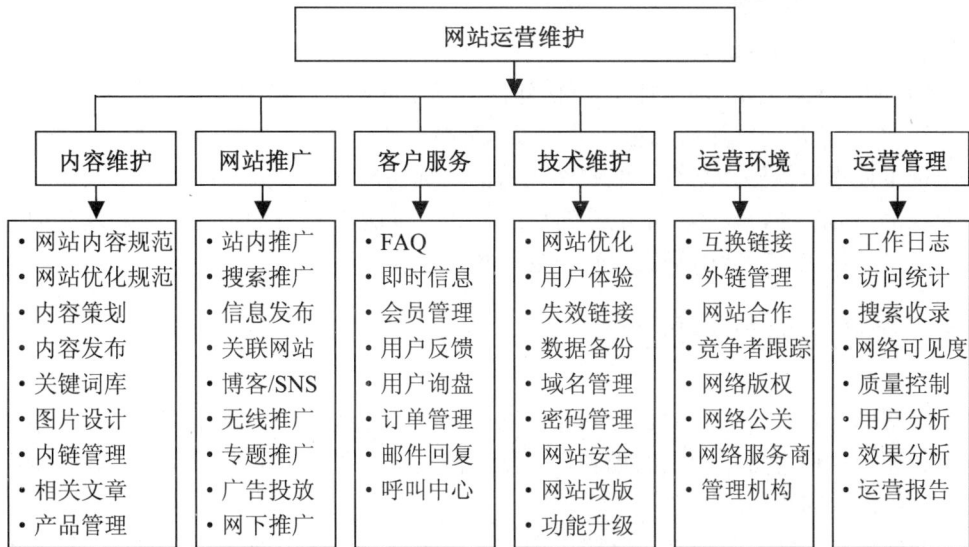

图 3-2　网站运营内容框架

由于网站运营维护包含的内容很多，无法在本节内逐一详细介绍，但本书后面各章节的内容大都与网站运营存在直接或间接的联系，如网站推广、网站访问统计分析等。

3.4　网站运营管理维护工作规范

网站运营是一项长期的、持续的工作，需要具有规范性和连续性，因此在实际工作中制定一套适合网站运营环境和运营目标的规范是非常重要的。

3.4.1　网站运营管理及维护的主要内容

中国互联网协会在 2009 年 7 月发布的《企业网站建设指导规范纲要》中指出，网站运营管理及维护相关的内容包括下列 7 个方面。

（1）建立网站内容发布审核机制，始终保持网站内容的合法性；

（2）保持合理的网站内容更新频率；

（3）保持网站服务器正常工作，对网站访问速度等进行日常跟踪管理；

（4）网站内容制作符合网站优化要求；

（5）网站安全管理，包括网站管理密码、BBS、留言板等，重要信息（如数据库、访问日志等）要定期备份；

（6）保持网站重要网页的持续可访问性，不受网站改版等因素的影响；

（7）对网站访问统计信息定期进行跟踪分析。

根据上述指导原则，结合企业网站运营的实际情况，本书列举网络营销工作中部分常用的规范作为参考，以达到示范性的目的，其中包括 3 个方面的内容，即网站内容维护规范、网站优化（搜索引擎优化）规范和网站运营管理规范。

3.4.2　网站内容维护规范

制定网站内容维护规范的目的是保持网站运营的连续性和协调性，使整个网站内容的定位和表现风格等遵循一定的规则，不至于因运营人员的变动及个人习惯等因素而影响整个网站内容的和谐。

下面内容摘自新竞争力网络营销管理顾问为某信息资讯类网站制定的《网站内容维护规范》，供读者参考。

1.《××网站内容维护规范》目录

（1）网页文件命名规范；

（2）网页标题设计规范；

（3）META 描述设计规范；

（4）META 关键词规范；

（5）TAG 设计规范；

（6）网页内容编辑规范；

（7）网页内容发布规范；

（8）网站内容更新周期。

2.网页文件命名规范

（1）文件夹和文件名一旦生成在后期运营中不能修改；

（2）文件名全部为小写字母（或者字母数字组合）；

（3）在中文网站中，如果该名词的英文名称是大家熟知的，可以用英文，例如internet、ec、book 等，否则可用汉语拼音（或者与数字的组合）；

（4）文件夹字符数不宜过长，最好不超过 10 个字符；

（5）尽量不要用汉语拼音首字母缩写作为网页文件名；

（6）文章内容页面，如果不是热门词汇，不必手工填写文件名，可自动生成编号，以数字作为内容页面的文件名。

3．网页标题设计规范

（1）网页标题字数 8～20 个字比较理想，最多不超过 25 字；

（2）标题含有至少 1 个重要关键词；

（3）标题中尽量不用标点符号，如果确实需要，可用英文标点；

（4）网页标题要适合完整地出现在正文中；

（5）尽量不用网上出现过很多次的网页标题，除非是概念定义等无法改变属性的标题。

由于完整的内容维护规范条目较多且涉及知识产权保护，在此不便于公开。如果需要制定某个网站的内容规范，运营人员可通过其他渠道收集相关信息并结合网站的具体情况进行整理，规范的项目可参考《××网站内容维护规范》目录进行调整。

3.4.3　网站优化规范

网站优化（含搜索引擎优化）是一项长期细致的工作，需要贯彻到网站运营过程的每个细节，如内容写作、关键词设计、网页 URL 定义、网站内部链接、网站外部链接等。下面是新竞争力网络营销管理顾问根据网站优化的一般原则和实践经验制定的《网站优化规范》摘要，供企业在制定网站优化等相关规范时参考。

1．搜索引擎优化的指导思想与一般原则

（1）搜索引擎优化的目的是为了方便用户通过搜索引擎获取信息，搜索引擎优化必须贯彻以用户优化为导向的网站优化设计思想，任何一个问题都要考虑是否有助于用户获取信息；

（2）重视每一个基本要素和每项指标的专业性，通过对网站各项基本要素的优化实现搜索引擎优化的目的；

（3）为搜索引擎抓取信息提供方便，不采用任何被搜索引擎视为垃圾信息的方法和欺骗搜索引擎的方式。

2．对用户获取信息的优化

（1）网站栏目结构完整且保持整个网站统一；

（2）网站导航系统清晰；

（3）首页含有有效文字信息；

（4）有合理的产品分类和产品目录，并链接到相应的栏目/页面；

（5）产品介绍信息全面；

（6）企业/网站介绍信息；

（7）从首页到详细内容页面的点击次数最多为 3 次；

（8）通过任何一个网页到达站内其他任何一个网页不超过 3 次点击；

（9）网站联系方式齐全。

3．网站结构与网页设计优化

（1）网站栏目结构合理；

（2）网站辅助导航设置清晰，通过任何一个网页可以逐级返回上一级栏目直到首页；

（3）每个网页有独立的 URL；

（4）首页 URL 为顶级域名而不是多层次结构；

（5）内容页面 URL 尽可能简短，对于静态网页最多 4 个层次；

（6）网站布局设计合理，保持每个网页有合理的文本信息区域并且重要文字信息在网页靠前位置；

（7）静态网页与动态网页的合理应用，至少保证重要页面（首页、栏目首页、主要内容页面等）为静态页面；

（8）有规范的网站地图。

4．网站内容优化

（1）首页、栏目页面、内容页面均有独立的网页标题设计；

（2）首页、栏目页面、内容页面均有独立的、合理的 META 标签设计；

（3）网页包含一定的含有网站核心关键词的文字信息并且保持相对稳定；

（4）重要栏目首页包含一定的含有该栏目核心关键词的文字信息并且保持相对稳定；

（5）信息内容页面含有该网页核心关键词的文字信息；

（6）信息内容页面网页标题、META 和网页主体内容保持相关性。

5．网站链接规范

（1）网站首页及主要栏目应设置有外部网站链接区域，为网站链接推广作准备；

（2）在同一个网页中同一关键词链接不得超过 3 次；

（3）网站不得与内容没有任何相关性的外部网站建立链接；

（4）网站不得链接低质量或者内容违反国家相关规定的网站，如色情网站、赌博网站，以及对用户没有实际价值的以骗取广告点击佣金为目的的网站等；

（5）禁止在低质量论坛、信息平台等网站发布网站链接；

（6）禁止用群发信息软件发布带有企业网址信息的内容；

（7）不与自动交换链接平台建立网站链接；

（8）不与垃圾 SEO 互换链接。

（9）不得购买付费链接。

从上述内容可以看出，网站运营中的规范有些具有一定的交叉性，在网站优化规范中，同样包含了网站内容规范方面的部分要点，不过对网站内容优化方面强调得比较简单，更详细的内容还是包含在《网站内容维护规范》中。

3.4.4　网站管理规范

对网站的管理，不同规模、不同类型的网站会有一定的差异。对于一般的小型网站来说，通常只有 1～2 个网站管理员，管理规范相应地也比较简单。下面有关内容选自某公司的网站管理规范，仅供参考。

1．密码设置

网站域名管理密码、主机 FTP 密码、网站后台管理员密码、公司邮箱密码等设置应遵循一定的原则，便于记忆但不能过于简单，应同时包含大写字母、小写字母、数字及至少一个特殊字符。

2．操作员管理

每个操作员自行管理自己的账户密码，不得将密码告诉任何第三方，密码设置遵照上述密码设置的原则，如因密码过于简单造成损失的应承担相应的责任。

3．密码传递与修改

密码应记录在不容易被他人发现的地方，不能通过 QQ、MSN、免费邮箱等公共通信工具发送包含完整信息的管理密码，前任管理员离职后应及时修改密码。

4．数据库备份

一般的信息数据库每周备份一次，业务数据库每天备份一次。

5．网站访问状况

每天至少 2 次检查网站访问是否正常，发现问题立即解决，如因客观原因无法在短时间内恢复正常访问，应启用应急机制，将网站域名解析到可访问的主机空间并发布故障修复通知。

6．有害信息

发现有害信息要立即删除，并暂时冻结信息发布者的账户。

在现实的网络营销工作中，相关的岗位规范还有很多，比如开展付费搜索引擎广告业务需要有相应的搜索引擎广告管理规范，即使企业作为阿里巴巴等大型 B2B 平台的付费会员，同样需要针对付费会员业务的管理制定相应的规范。这些运营管理规范，并没有固定的框架，都是在长期的工作中逐步总结和归纳出来的，是实践经验的积累。

3.5 常用网站运营管理工具和文档

网站运营管理离不开必要的工具，也需要各种管理表格，例如，网站推广报告、网站访问统计分析报告、搜索引擎收录报告、搜索引擎关键词可见度报告和网站运营效果报告等。每个具体的网站运营管理模式不同，管理方法和要求也有所区别，下面介绍部分常用的管理工具和管理文档（表格）供参考。

3.5.1 网站运营分析常用工具

1. Alexa 网站访问排名工具

Alexa 网站（www.alexa.com）目前归美国最大的购物网站 amazon.com 所有，提供全球网站访问量排名等信息。只要网站被该系统收录，输入网址即可看到该网站访问量在全球网站中的排名情况：排名越靠前，意味着访问量越大。例如，2009 年全球访问量排名第一的网站是 google.com。对于排名在 10 万以内的网站，还有更为详细的统计资料和访问量排名统计轨迹，如用户来源国家、各个二级域名网站的访问比例、网站外部链接数量等。

Alexa 网站排名数据的主要作用包括以下几个方面。

（1）了解同类网站访问量的相对高低；

（2）了解自己运营网站排名的变化情况；

（3）分析竞争者网站的基本状况，如外部链接数量、预估访问量等；

（4）研究某类网站的用户访问特征等。

获得 Alexa 网站统计信息的方式有两种：第一种是在自己电脑上安装 Alexa 工具条，安装成功后会显示在浏览器菜单上，当访问一个网站时，网站的排名信息会直接出现在工具条上；第二种方法是进入 www.alexa.com 网站，输入要查询网站的网址进行查询，可看到该网站的各项详细信息，如访问量排名、每个用户的平均访问量等。安装工具条的方式可以对每个正在访问的网站形成直观的印象，但安装工具条有时可能会遇到一些麻烦，例如，有些杀毒软件会将 Alexa 工具条程序当做病毒隔离，使其无法正常工作；有些浏览器则可能不支持 Alexa 工具条，同时 Alexa 工具条对网页浏览速度也会产生一定的影响，尤其在电脑配置不高的情况下表现更为明显。

Alexa 网站排名数据来源于安装 Alexa 工具条用户访问网站的数据收集，也就是说一个网站的访问者中安装工具条的比例越高，该网站的排名就会越靠前，这就是为什么有些网站为了获得较好的网站排名数据而鼓励用户尽可能多地安装 Alexa 工具条的原因。另外，有些网站为了获得好的排名可能采用作弊手段提高 Alexa 排名指标，例如，采用软件模拟用户客户端工具条的功能刷新网站访问量等，这些是不值得提倡的，对真正的网站运营没有任何价值。

这里要强调的是，Alexa 网站排名数据毕竟不是网站的真实访问量，而且各项指标与实际情况也并不一致，尤其对访问量很小的网站，几乎没有参考意义。所以，Alexa 网站排名信息仅可在一定范围内参考，不适合作为网站运营的考核指标。

【延伸阅读 3-1】

Alexa 工具条的详细介绍及应用请参考：Alexa 网站排名系统及其在网络营销中的应用 http://www.marketingman.net/tools/Alexa.htm

2. 网站历史档案查询工具

网站在运营中可能不断改版升级，经过几次变化之后，可能网站管理员都不记得自己的网站之前是什么样子了，那么如何才能了解一个多年前的网站面目呢？幸好，有一个叫做"网站时光倒流机器"（Wayback Machine）的工具帮我们解决了这个复杂的问题。

提供这项服务的网站是 The Internet Archive（www.archive.org），这里我们将其意译为"互联网档案馆"。通过这个网站历史档案，你甚至可以找到 1996 年的一些网站的信息！

互联网档案馆和 Alexa 网站排名信息有着密切的关系，因为互联网档案馆搜集的网站资源主要来自 Alexa 及部分其他网站，还有主动加入的网站。互联网档案馆位于美国旧金山，与 Alexa 一样诞生于 1996 年，是一家非营利性的信息资源数据库，面向全球用户，免费公开其收集的全部互联网信息资料。自 1996 年成立起，The Internet Archive 定期收录并永久保存全球网站上可以抓取的信息。对于不同的网站，其收录的网页数量和收集周期也不相同，一些大型网站可能每天都会被"备份"一次，每次可能收录数十个以上的网页，而一些小型网站可能每年收录几次，每次只有几个网页。

了解了互联网档案馆的起源及目的，也就不难分析这个工具可以为我们提供什么价值了。比如，要研究一个网站在不同时期首页的演变，只要在档案馆中找到该网站不同时期的信息即可。例如，您可以查看 1999 年 1 月 25 日搜狐网站首页的信息；您也可以查看 1999 年 11 月 27 日本书作者当时的个人网站（www.marketingman.net）的简陋网页；当然，您也可以对您希望研究的任何一个网站进行查询，尤其是 2005 年之前发布的网站，大多都被收录在这个互联网档案馆了。

从网站运营及网络营销研究的角度，可以把互联网档案馆的作用归纳为下列几个方面。

（1）收集某些网站早期的历史资料，尤其是当这些网站后来不再运行时，通过搜索引擎的方式已不可能再获取其相关信息；

（2）研究一个网站在不同时期的结构和内容的一般特征及其演变趋势；

（3）域名历史研究——如果是曾经被使用过后来废弃的域名，可以了解其历史变迁，在注册域名之前，不妨先查询一下这个域名之前是否被用过；

此外，这个公开的档案馆也给网站运营者一个提醒：发布网站的信息时要慎重！因为发布在网站上的信息是会被第三方记录下来的，即使删除了自己网站的内容，也仍然可以在互联网上找到证据。

3．搜索引擎收录及排名状况查询工具

搜索引擎是主要的用户来源渠道之一，因此网站运营应重视搜索引擎的收录及重要关键词搜索结果的排名情况。由于搜索引擎收录网站及搜索结果排名等信息处于动态变化之中，因此获取网站在搜索引擎中的表现的最直接的方法，就是到每个搜索引擎中查看搜索结果。

检查一个网站被搜索引擎的收录情况，通常可以通过在搜索引擎搜索框中键入"site：域名"的方式来查询，搜索结果中的数量即为被收录网页的数量。例如，海尔集团网站在百度或者 Google 中的收录情况，可以这样来查询：site:haier.com；而要检查该网站下某二级域名网站的收录情况，如手机频道，可以这样来查询：site:mobile.haier.com。

当然，经常到每个搜索引擎检索信息可能是比较麻烦的，因此有些网站将各种搜索引擎查询集成在一个页面上，在一定程度上提供了方便，减少了在各个搜索引擎之间切换的麻烦，不过仍然需要手动逐条获取信息。于是也曾出现过一些自动检索的软件来完成这些功能，但是利用软件自动从搜索引擎检索信息，增加了搜索引擎提供商网站服务器的压力，而且对搜索引擎来说是无益的请求，当自动检索的请求量较大时，通常会被搜索引擎拒绝。因此，了解网站被搜索引擎收录情况，一般是需要手动来操作的。此外，有些搜索引擎也可能并不提供类似的命令。

与查询搜索引擎收录网站情况类似的命令还有以下两个。

（1）查询网站外部链接命令：Link:yuming.com；

（2）查询内容相关或详细的网页命令：related: yuming.com。

说明：有些搜索引擎需要完整的网址形式 http://www.yuming.com，有些搜索引擎也可能不再提供这些功能。

4．Google PR 查询工具

网站的 PR 值（全称为 Page Rank），是 Google 网页搜索排名算法中的一个组成部分，

级别从 1 到 10 级，10 级为满分，PR 值越高说明该网页在搜索排名中的地位越重要，也就是说，在其他条件相同的情况下，PR 值高的网站在 Google 搜索结果的排名中有优先权。这是对 PR 值最基本的解释。

不过，在网站运营管理的实际工作中发现，网站的 PR 值并不是决定一个网站/网页在搜索结果中的排名的唯一因素，甚至不一定是主要因素。尽管如此，网站的 PR 值仍然受到网站运营人员的关注，成为网站诊断分析的指标之一，因为一个网站的 PR 值很低通常意味着网站存在一些基本问题，如网站栏目结构不合理、网站内容价值不高、网站外部链接过少等。

此外，有些浏览器如火狐浏览器（Mozilla Firefox）集成了 Google 工具栏的全部功能，利用这样的浏览器访问网站，可达到与在 IE 浏览器安装 Google 工具条获取 PR 信息同样的目的。

【实用知识 3-3】如何查询一个网站的 PR 值？

查询一个网站 PR 值的途径主要包括两种。

- 有很多网站提供的"搜索引擎优化工具"中可以查询网站的 PR 值，不过最基本的方式(也是所有其他方式的信息源)是安装 Google 免费提供的工具栏(toolbar，或称为"工具条"，也就是 Google 所说的"工具箱")。把这个工具栏嵌入到浏览器上，这样在访问一个网站时便可以直接看到该网站的 PR 值了。
- 如果考虑到系统资源和访问网站速度等因素，不想在自己的浏览器上安装 Google 工具条，下面介绍几个提供 PR 值查询的网站，在该网站中输入要查询的网址即可获得该网页的 PR 值，也可以获得有关信息：

http://www.top25web.com/pagerank.php　（英文网站）；

http://www.seochat.com/seo-tools/pagerank-lookup/（英文网站，其中这个工具还可以看出多个不同 IP 的 Google 服务器给出的网站 PR 值近期的升降趋势）；

国内也有一些提供站长工具的网站具有类似的功能。

资料来源：网络营销教学网站（www.wm23.com）

5. 网站错误链接检查工具

一个网站中有各种网页之间的超级链接，包括站内链接和站外链接，正是各种链接关系使得网站之间、网页之间可以方便地互相访问。显然，错误的链接影响用户获取信息，过多的错误链接将大大降低网站的专业水准，因此对网站的错误链接进行检查并及时改正是非常必要的。

检查错误链接除了手动逐个单击的方式之外，还可以借用一些在线监测工具。有些功能比较完善的企业网站，例如，新竞争力网络营销管理顾问开发的系列网站系统，在后台中已经包含了"错误链接报告"的功能，只要单击这项功能，即可对本网站的链接情况进行统计分析。大部分企业网站可能并不具备这些专业功能，这时就需要借助于一些第三方的在线检测工具来检查。例如，国际 W3C 组织的"W3C Link Checker"就是这样的一个工具。

W3C 组织是制定网络标准的一个非营利组织，W3C 是 World Wide Web Consortium（万维网联盟）的缩写，如 HTML、XHTML、CSS、XML 的标准就是由 W3C 来制定的。W3C 的官方网站网址为 http://www.w3c.org。

W3C Link Checker 的网址是：http://validator.w3c.org/checklink。

在该网页中输入自己希望监测的网址并点击 Check 按钮，过一段时间之后，网站的链接错误信息就出现在该页面的下方。在该测试工具页面，你也可以对一些选项进行设置，以便获得更准确的检查结果。

造成错误链接的可能原因包括：新网站中的一些不完整的测试内容、栏目设置或者内容编辑过程中的输入错误、有些网页因故被删除、链接到已经失效的外部网页地址等。错误链接难以完全避免，不过在网站运营中应尽量注意以便减少产生错误链接的可能，例如，不要链接到可信度不高的外部网页地址（如友情链接或者内容中的网页链接），删除内部网页之前先对相关链接进行处理等。

6. 网页相似度分析工具

我们知道，搜索引擎不欢迎大量复制的网页，这样的网页不能为用户带来价值，如果收录了复制网页，可能造成大量无效的信息，影响用户获取信息。因此可用网页相似度来判断网页之间是否属于复制网页的情况。

网页相似度是衡量两个网页内容及源代码差异性的一个度量指标。网页相似是指两个网页的内容比较接近，源代码的差异性较小，这种情况经常发生于同一模板生成的网页之间。当两个网页的内容都比较少的时候，相似网页就产生了。例如，在博客中，如果用户发布的两篇博客文章内容都只有几个字，那么这两篇博客文章网页的源代码相似度就比较高。同样的道理，在 B2B 网站平台的供求信息发布、企业网站的产品介绍等栏目中，由于不同网页内容除了产品名称和型号差异之外，大部分信息都是类似的，这样就很容易造成网页相似度高的问题。

一个网站中相似网页过多，会严重影响网站在搜索引擎中的表现，因此在网站内容维护中应尽量避免相似网页的产生。对于已经出现相似网页的情况应尽量给予处理，可以通过改变内容，以及减少模板公共代码比重等方式降低网页的相似度。一般来说，网页的相似度不宜超过 60%，如果只是少量网页存在相似问题，最大相似度也不宜超过 80%。

这里推荐一个测试网页相似度的在线工具：http://www.wgo.org.cn/Articles/143.htm。

7. 搜索引擎提供的网站管理员工具

主要的搜索引擎如百度、Google 等都为网站管理员提供了一系列常用的管理工具，用于网站诊断和优化，以不断提升网站的质量。这些工具对网站运营是非常重要的，有必要详细了解这些工具的作用和使用方法。

搜索引擎 Google 提供的对网站运营管理有帮助的管理工具包括以下几个。

（1）网站访问分析工具：http://www.google.com/analytics/；

（2）申请重新审核网站：http://www.google.com/webmasters/tools；

（3）网站优化实验工具：http://www.google.com/analytics/siteopt/?et=reset；

（4）关键字分析工具：https://adwords.google.com/select/KeywordToolExternal；

（5）Google 趋势：http://www.google.com/trends。

百度提供的网站运营管理工具包括以下 3 个。

（1）百度指数：http://index.baidu.com/；

（2）百度统计：http://tongji.baidu.com/；

（3）百度站长平台：http://sitemap.baidu.com/。

8. 网站运营管理平台

网络营销日常运营管理的工作很多很杂，难免形成杂乱的感觉，如果能把网站运营维护、推广管理和分析报告等各种管理功能集成在一个网站运营管理平台上，将对网站运营管理发挥很大的作用，从而提高管理效率和规范性。基于这一出发点，本书作者曾策划了这样一个网站运营管理平台，但由于种种原因并未完成开发，因此这里仅提供一个思路，如果您有兴趣在网络营销管理方面深入研究和发展，可以做一些更深入、更系统的工作。

9. 网站访问统计分析工具

借助于网站流量统计工具，可以获得对网站访问情况的详细数据，例如，每月、每天或每小时的用户访问量，用户 IP 地址来源，用户通过什么搜索引擎以及用什么关键词来到网站，每个用户停留了多长时间以及访问了哪些网页，哪些网页带来的访问量最高，哪些网页几乎无人访问等。基于网站访问统计报告对网站运营管理的重要性，本书将在第 5 章网站访问统计分析基础的相关内容中详细介绍。至于获得访问统计的工具，除了日志分析软件之外，常用的还有嵌入代码式的免费流量统计工具，例如：

（1）Google 提供的网站访问分析工具：http://www.google.com/analytics/；

（2）51yes 网站访问统计：http://count.51yes.com。

3.5.2　常用网站运营管理文档简介

网站运营维护是长期的、烦琐的工作，网站的价值也正是经过长期的积累才逐渐形成的。网站运营也是一项比较灵活的工作，尽管可以制定部分管理规范，但要形成完整的、规范的日常工作流程则并不容易，毕竟网站运营不是工厂装配线，很多情况下需要面对各种临时性的问题，还需要一定创造性的工作。尽管如此，我们仍然可以从各种琐碎的相关工作中将一些重要的内容进行归纳整理，设计为相对规范的管理表格。同时，在日常工作中坚持做好记录和汇总，对提高网站运营水平具有不可忽视的作用。

限于篇幅和表现形式，本书不介绍运营管理文档及表格的详细设计内容，仅列出部分重要的表格名称供中小型企业网站运营管理人员参考，表格的具体内容可根据实际工作需要自行设计，也可以参考有关网站的资料。

常用的网站运营管理文档及表格包括以下几种。

1．网站内容维护日志

网站内容维护日志主要记录网站新内容发布、修改和删除等工作，主要内容应包括时间、文章标题、文章 URL 等，网站运营期间发生的重要事件也应给予记录，如网站改版时间及主要变更情况等。

2．搜索引擎收录统计分析报告

搜索引擎收录统计分析报告主要对定期查询各大搜索引擎收录情况（如每周或者每月）进行记录，包括收录网页数量、已收录网页占总网页比例、未收录网页及未收录原因分析等。对于重要关键词在各搜索引擎搜索结果的情况也应定期进行统计，以掌握主要关键词排名的变化情况。这些信息是评价网站搜索引擎可见度的基础。

3．关键词库

通过对本网站重要关键词的分析，为每个关键词设定一个基准页（类似于关键词广告的着陆页），即每个关键词对应一个网页 URL，关键词库可以不断扩充和完善，成为网站建立内部链接和外部链接的基础数据库。

4．网站外部链接记录

网站外部链接记录包括本网站链接到其他网站的信息以及其他网站链接到本网站的信息，如时间、被链接网站名称（网页标题）及网址；其他网站链接本站的时间、网站名称及网址等。另外，对于网站外部链接情况应定期检查，剔除死链接网站以及内容不再适合链接的网站。

5．网站访问统计分析报告

根据网站流量统计数据，应定期提交网站访问统计分析报告，报告的主要内容将在本书第 5 章网站访问统计分析基础的相关内容中详细介绍。

6．竞争对手网站的网络可见度

通过搜索引擎检索、订阅快讯等方式，跟踪记录主要竞争者网站运营情况，如搜索引擎中的表现、网络新闻、关键词广告、网站外部链接等相关信息，为制定网络营销策略提供参考。

7．网站运营报告（月报）

根据上述各种数据及分析结果，每月提交网站运营报告，主要内容包括：本月网站运营推广的主要工作、网站访问量及变化情况、网站运营效果分析、存在的问题及接下来的重点工作计划等。

为了给网络营销教学提供方便，本书作者将陆续在网络营销教学网站（www.wm23.com）提供部分资源的免费下载或者在线试用。

3.6　网站改版的模式及原则

网络营销细节的完善工作永无止境，在网站日常运营中一些细节问题可以不断地优化改进，但当网站运营到一定阶段，运营环境和运营目标发生变化之后，对网站进行一定程度的改版是必要的。因此网站改版也属于网站运营的工作范畴。几乎可以说，运营多年的网站都经历过不同程度的改版，从不改版的网站几乎是没有的，除非网站的生命周期很短暂，在没来得及改版之前就已经消失了。

鉴于网站改版内容较多，且部分内容与新网站建设类似，本节对网站改版的详细流程等不作系统的介绍，仅对网站改版的常见模式及网站改版应注意的问题等给予简要说明。

3.6.1　网站改版的常见模式及特点

各种规模的网站都有改版的需要，大型网站改版通常较为复杂，除了网站布局和视觉效果之外，往往还涉及业务流程甚至商业模式的调整。相对而言，中小企业网站改版的模式更为灵活，改版的频率也会更高一些。从网络营销的角度来看，网站改版的目的是希望网站运营效果更好，也就是在满足用户价值方面做得更好一些。

根据网站改版的形式及复杂程度，可以将网站改版分为四种常见模式：网站外观更新模式、网站要素调整模式、网站重构模式、多网站并行模式等。各种改版模式的优缺点简要分析如下。

1. 网站外观更新模式

大部分网站尤其是中小企业网站的改版，实际上只是把网站外观重新设计一番，看起来面貌焕然一新，但实际上并不涉及栏目结构、网站功能和内容等基本要素的改变。这种网站改版对网络营销效果几乎不会有明显的提升，因此这种在企业网站中最为普遍的"网站改版"，实际上与网络营销策略的调整并没有直接的关系，仅在适应季节性特征、用户视觉效果等方面有一定的作用。

网站外观更新模式的特点是："改版"容易，不涉及网站运营策略和技术开发等工作，也不会对企业网络营销产生明显的价值。在外观更新中，应注意保持网站简洁大方的基本特点，不宜过于注重视觉冲击效果，尽量避免使用大量流媒体技术，以免影响用户获取信息。

现在大部分网站系统都采用了 DIV+CSS 的国际 Web 标准，通过对 CSS 设计的修改，可以比较简单地实现网站外观表现形式的改变，在一定程度上可以作为简单的"改版"。另外，考虑到一些网站对改变外观的需求，一些企业网站系统提供了比较方便的模板更换功能，通过选择不同的模板可以实现网站外观的改变。更换模板的功能普遍应用于自助建站系统中，将这项功能应用于独立网站系统同样可以发挥其作用，因此一些小型企业网站在建设中可提出更换模板功能的需求，以便于网站运营中进行网站外观的更新。

2. 网站要素调整模式

有些网站改版除了对网站外观更新之外，对网站基本要素如栏目结构、网站内容、功能和服务等也进行了较大调整。这种模式是常规的网站改版方式。从网络营销的角度看，可以被认为是实质性的网站改版，因为新的网站引入了适合当前网络营销需要的元素，更容易在网站推广中发挥作用。

网站要素调整模式的特点是：不改变原有网站的域名，保持了用户访问网站的连续性。应注意的问题在于网站要素的改变在新旧网站切换中将面临一系列关键事项的调整，对网站改版和运营人员的经验要求较高，如处理不当很可能产生原有网站资源的浪费、新网站运行不稳定，以及用户获取信息困难等问题。

网站要素调整模式的改版中应注意以下这些问题。

（1）原网站中废弃的内容应及时删除，以免影响整体内容质量；

（2）进行充分测试以免出现大量的死链接；

（3）尽量保持重要栏目及内容页面 URL 的可持续访问；

（4）设置 404 错误信息说明页面，当用户访问已失效网页时可获得相关说明和引导。

案例分析 3-1

404 信息页面设计案例

苹果公司网站：http://www.apple.com/oops。
淘宝网：http://www.taobao.com/home/error.php，

3．网站重构模式

相当数量的企业网站，由于缺乏有效的运营维护，建成很久可能都很少有用户访问，网站的营销价值几乎没有发挥作用，网站实际上处于休眠状态，这样的网站往往需要进行重新规划设计。另一种情形可能是，经过一段时间后发现，当初建设的网站无论在栏目设计还是功能、内容等方面都已经不能适应企业对网络营销的要求，这样的情况也需要进行网站重构。

网站重构的思路是，原有网站几乎完全放弃，不再受原来网站框架、技术功能和内容等方面的影响，重新设计开发一个全新的网站。对于一些技术落后，缺乏网络营销导向的企业网站，采取网站重构模式比网站要素调整更为直接，从一个更高的起点重新开始，更有利于网站的运营推广。因此，这种更新换代式的"网站改版"具有较广泛的需求。

4．多网站并行模式

一个企业至少需要一个网站，但并不是说只能有一个网站，实际上很多大型企业早就建立了关联网站（有些称之为子站），如联想集团、中兴通讯公司等针对某些专项产品和服务都建立了相应的独立网站。在关联网站营销的相关内容中对此已经有所介绍。

在企业官方网站改版时，同时引入关联网站营销模式，根据企业产品特点建设若干关联网站，也是比较合理的时机。这种方式可称为多网站并行模式。

多网站并行模式作为传统意义上网站改版的扩展，尤其适合于对网络营销效果期望较高而现有网站水平不高的企业。

多网站并行模式的特点是：对原有网站的运营状态可以暂时不作大的调整，把可能作为关联网站的内容独立出来以新的网站形式来运营，在关联网站中把原网站中没有得到充分体现的要素进行针对性的重点推广，同时也可以充分发挥各个关联网站之间的关联作用，以对原有网站形成明显的链接推广效果。

在企业网络营销过程中，对于什么时候需要进行网站改版实际上很难确定一个合理的评估指标，一般来说，当目前的网站对市场推广无法带来有效支持的时候，往往就需要对企业的网络营销现状进行一系列的调研，如果自己的网站已经和竞争者之间有明显的差距，这时候就需要考虑改版了。至于选择哪种网站改版的模式，则需要对现有网站进行分析，在尽可能保留有价值的功能和内容，保持网站有一定的连续性的基础上，同时对网站的网络营销功能以及对运营维护的支持等方面提出更高的要求，让改版后的网站能满足一定时期内的网络营销需求。

3.6.2 企业网站改版的一般原则

网站改版几乎是每个网站运营都要面对的问题，无论是企业网站还是电子商务网站、内容资讯网站甚至个人网站，经过一段时间运营之后，当企业网络营销策略、网站运营思路或者用户需求行为发生变化时，都有网站改版的必要。从前述网站改版的常见模式中可以看出，网站改版所涉及的改变程度、表现形式等有所不同，每个网站、每次改版面临的问题也有显著差异。但是，网站改版中有一些问题可能是普遍存在的，有一些规律也是具有一般指导意义的，我们将这些问题和规律归纳为企业网站改版的一般原则，供读者在实际工作中参考。

企业网站改版应遵循以下五项基本原则。

1. 去旧存新原则

网站完成改版之后，如果同样的网页内容重新发布，即生成了一个新的网页 URL，但原来的网页仍然存在，那么应将旧版同样内容的网页及时删除，否则同样的内容出现在新旧两个版本网站中就形成了复制网页，这是不符合搜索引擎规范的，同时也容易给用户获取信息带来混乱。删除旧的网页应遵照可持续访问原则。

2. 可持续访问原则

网站栏目结构的改变，以及删除旧的网页将造成原网页网址及链接关系的错误，除了对新版链接关系进行充分的测试之外，还需要对不能正常访问的网页进行必要的技术处理，即在"网站要素调整模式"中提到的，采用设置 404 错误信息说明页面，将无法访问的页面统一转到一个说明性网页，引导用户通过新的网站栏目结构及链接关系获取他所需要的信息。这样可以保持失效网页的可访问，避免出现"网页无法打开"的情况。

3. 用户信息稳定性原则

无论网站如何改版，都应该保持用户信息的稳定，不得因网站改版造成用户无法登录或者用户信息混乱，否则将对网站运营造成严重影响。用户信息包括：个人资料、用户名、登录密码、登录网址、个人信息页面首页 URL 等。另外，如果网站提供用户代码，应保持这些代码的可持续性，例如，一些网站联盟提供者，联盟程序代码失效将为会员带来极大的麻烦。

4. 多域名协调一致原则

网站改版之后可能更换新的域名，也可能增加新的域名，这时就需要保持多域名的一致性原则，即应该有一个主域名（通常用于企业官方网站），其他的则作为辅助域名或者关联网站域名。辅助域名可指向到主域名，关联网站则可通过合理的规划链接到主网站。这里特别需要注意的是，如果企业官方网站进行了全新重构并且启用了新的域名，原来的官方网站如果继续存在的话，很容易使用户产生困惑，例如，有些企业官方网站忘记了原来网站和域名的管理密码，导致原来的官方网站信息还继续存在并且历史比较长，这时原官方网站就很容易成为干扰信息。

5. 新旧网站架构兼容原则

许多网站（尤其是规模较大、结构较为复杂的网站）的改版可能是局部的调整，例如只是对前台栏目结构和网页布局的改变，而用户后台暂时没有大的改变，或者只是就某些栏目/频道进行了改变而网站整体结构并未变化，这时候需要注意局部与整体协调、新旧架构兼容方面的问题。"不要把婴儿和洗澡水一起倒掉"，这句外国谚语很形象地表达了新旧兼容的重要性。

最后需要强调的是，除了一些具体问题之外，不要忘记网站改版最重要的一点是：网站改版应该从企业营销战略层面来考虑，必须与企业网络营销策略相适应。因为网站改版与网站建设一样，都是企业网络营销活动的一部分，而不是一项独立的工作。

案例分析 3-2

戴尔公司网站功能的发展演变

创立于 1984 年的戴尔计算机公司，首创了具有革命性的"直线订购模式"。直线订购模式使戴尔公司能够提供最佳价值的技术方案，与大型跨国企业、政府部门、教育机构、中小型企业以及个人消费者建立直接联系。在美国，戴尔公司已经成为占这些领域市场份额最大的个人计算机供应商。戴尔在 1994 年就建立了自己的企业网站 www.dell.com，并在 1996 年加入了电子商务功能，第一年在线销售额就达到 100 万美元。现在该网站覆盖全球 86 个国家的站点，提供 28 种语言或方言、29 种不同的货币报价，目前每季度有超过 10 亿人次浏览，互联网成为其最主要的销售渠道。

根据戴尔公司网站上的介绍，"戴尔公司日益认识到互联网的重要作用贯穿于整个业务之中，包括获取信息、客户支持和客户关系的管理。在 www.dell.com 网站上，用户可以对戴尔公司的全系列产品进行评比、配置、并获知相应的报价。用户也可以在线订购，并且随时监测产品制造及送货过程。在 valuechain.dell.com 网站上，戴尔公司和供应商共享包括产品质量和库存清单在内的一整套信息。戴尔公司利用互联网将其业内领先的服务带给广大客户。全球数十万个商业和机构客户通过戴尔公司先进的网站 Dell.com 与戴尔公司进行商务往来。"

可见，戴尔公司的网站也是从最初的信息发布功能为主，到 1996 年实现在线销售功能，逐步发展到目前网站覆盖了公司整个业务流程。许多公司的电子商务发展进程都将经历过类似戴尔公司的网站演变历程。

资料来源：戴尔公司网站中国站点（www.dell.com.cn）

本章小结

符合网络营销导向的企业网站是开展网络营销的基础，是企业网站运营取得效果的基础保证，网站运营维护则是网站发挥其网络营销价值的必要手段。

以企业网站建设指导规范为参照，我们可以把网站建设的一般流程归纳为四个阶段：准备阶段、开发设计阶段、测试阶段和运营阶段。

网站建设准备阶段的主要工作内容为域名注册和域名备案。网站开发设计阶段主要是技术人员及网页设计人员的工作。当网站基本功能完成可进行本地测试之后，应根据网站策划方案的要求进行全面的测试，测试内容包括用户前台访问流程测试、浏览器兼容性测试、用户体验测试、网站管理员后台功能测试、手机浏览效果测试以及其他技术测试等六项测试。

企业网站内容不仅是企业网站的基本要素之一，也是网站运营维护的基本工作内容。企业网站的基本内容包括企业信息、产品信息、用户服务信息、促销信息、销售信息、公众信息以及其他信息七个部分。

企业网站建设完成并发布之后，接下来最重要的工作就是网站运营维护。通常网站运营维护包括六个方面的工作：网站内容维护、网站推广、在线客户服务、网站技术维护、网站外部运营环境维护、运营管理记录及分析报告。

网站运营是一项长期的、持续的工作，需要具有规范性和连续性，网站运营维护工作规范通常包括网站内容维护规范、网站优化（搜索引擎优化）规范以及网站运营管理规范三个方面。

网站运营管理离不开必要的工具以及各种管理文档。网站运营分析常用工具包括 Alexa 网站访问排名工具、网站历史档案查询工具、搜索引擎收录及排名状况查询工具、Google PR 查询工具、网站错误链接检查工具、网页相似度分析工具、搜索引擎提供的网站管理员工具、网站运营管理平台以及网站访问统计分析工具。常用网站运营管理文档包括网站内容维护日志、搜索引擎收录统计分析报告、关键词库、网站外部链接记录、网站访问统计分析报告、竞争对手网站的网络可见度以及网站运营报告（月报）等。

网站改版也属于网站运营的工作范畴。网站改版分为网站外观更新模式、网站要素调整模式、网站重构模式和多网站并行模式四种常见模式。企业网站改版的五项基本原则分别是：去旧存新原则、可持续访问原则、用户信息稳定性原则、多域名协调一致原则以及新旧网站架构兼容原则。

思考与讨论

1. 本章在介绍网站测试的内容时，提到对手机和平板电脑上网的适应性问题。对于一个正在建设或者改版中的企业网站，应如何兼顾手机上网的浏览？请列出一些可能的手段，并分析其可行性。

2. 在您对一些网站进行分析时，有没有遇到这样的情形：有些网站访问很慢，有些网站根本打不开任何网页。造成这种现象的原因有哪些（请尽可能多地列出）？在实际工作中应如何尽量避免这些问题的发生？

实训题

1. 对机械企业网站的内容进行分析：机械企业是传统企业的典型代表，新竞争力网络营销管理顾问在《机械企业网络营销策略研究报告》中通过对 110 个样本企业网站的基本要素进行了详细的调查分析，以下企业网站在内容的完整性和规范性方面具有一定的领先优势。可选择部分样本企业网站，分析其网站内容在哪些方面比较合理，还存在哪些不足之处。

- 中山丰源塑料机械制品有限公司（www.fengyuanco.com）
- 南京五洲制冷集团有限公司（www.wuzhou-ref.com）
- 济南海德热工有限公司（www.jnhaide.com）
- 南京捷登流体设备有限公司（www.njjiedeng.com）
- 烟台海港机械厂（www.ytpmc.com）
- 江苏靖江市志诚计量仪器有限公司（www.cn-zhicheng.com）
- 北京宏达路业商贸有限公司（www.hdlyyq.com）

⬂ 虹润精密仪器有限公司（www.fjhongrun.com.cn）

资料来源：http://www.jingzhengli.cn/baogao/jixie.html，新竞争力，2010 年 9 月

2．检查上述 8 个公司网站被搜索引擎收录的情况，按照被收录网页的数量多少排名。

3．用百度指数查询 "网络营销" 的相关检索词，并按照检索量的大小列出前 5 名相关检索词。

第4章 网络推广方法及应用

【学习目标】

① 了解常用网络推广方法的分类及其主要模式、适用范围和特点；

② 了解网站内部推广的资源、方法及注意事项；

③ 了解搜索引擎优化的意义，掌握搜索引擎优化流程、注意事项以及优化指南等；

④ 了解企业网站交换链接的形式和营销作用，掌握企业网站交换链接的基本流程和操作要点；

⑤ 了解许可 E-mail 营销的基本原理，掌握许可 E-mail 营销的实操要点及其内容策略；

⑥ 了解关联网站的定义、表现形式及营销功能，掌握影响关联网站成功的因素；

⑦ 了解病毒性营销方法基本原理和常见类型，掌握病毒性营销的一般规律；

⑧ 了解网络会员制营销的模式及基本功能；

⑨ 了解基于第三方网站平台推广的各种方式，掌握基于百度百科平台、专业市场电子商务平台以及网上商店平台的实操推广方法。

网站运营的目的是获得有效用户的访问并使之转化为真正的顾客，网络推广是实现这一网站运营目标的基本工作，也是贯穿网络营销活动的长期工作。无论是新建成的网站还是正在运营中的网站，都需要进行持续的、系统的推广，否则网站的营销价值将逐渐下降，网站最终将陷入无人访问的状态，也就失去了存在的意义。

在实际网络营销工作中，并不仅仅限于对网站本身的推广，有些推广方式即使用户并没有来到企业官方网站，也可以实现网络推广的目的，例如，通过展示类网络广告实现企业品牌传播、通过迷你网站（关联网站）或专题活动实现产品的网络推广等。因此，实际上网络推广比网站推广的范围更为广泛。为了描述简单起见，这里并不严格区分网站推广和网络推广的概念差异，均笼统地理解为基于互联网对企业品牌、产品等信息的推广。

4.1 网络推广方法概述

网络推广，就是通过分析用户获取信息的渠道，让用户通过常用的网络渠道方便地获取企业的信息。在网站运营数据方面，表现为从各个网站、搜索引擎、信息平台等来到企业网站的访问者的数量，可通过访问者的 IP 数量、PV 数量等指标进行统计（有关网站流量统计分析见本书第 5 章详细介绍）。

根据相关的研究及实践经验可知，目前用户获取信息的主要渠道包括：搜索引擎、网站链接、网络新闻、网络社区、电子邮件、网络广告等方式。每种网络推广方式都需要相应的网络工具或推广资源，如搜索引擎、B2B 信息平台和博客平台等。

我们可以用不同的方式对网络推广方法进行分类，例如，根据所采用的网络工具分类、根据是否需要付费分类以及根据信息传递特征分类等。

根据网络推广所采用的网络工具，可将网络推广分为：搜索引擎推广、电子邮件推广、博客推广、B2B 平台推广、即时信息推广等。

根据收费模式的不同，可将网络推广分为：免费网站推广、根据点击次数付费的推广（搜索引擎关键词广告）、按显示时间或者每千次展示付费模式的网页展示广告、根据邮件发送数量付费的电子邮件广告、按年度收费的会员制模式（B2B 信息平台）推广等。

根据网络营销信息传递的方式，可以把网络推广分为：站内信息源优化及第三方平台信息发布、信息传递渠道挖掘及管理、基于用户获取信息方式的直接信息传播等。

实际上，网络推广往往是综合性的，各种推广方法之间并不是相互独立的，这就决定了很难用完全合理的方式将各种方法完整地区分开来。因此在实际工作中可将一系列推广方法组合同时使用，而不仅仅是单独采用一种方法。例如，基于搜索引擎自然检索的推广方法要涉及网站信息源优化、站内推广、外部链接和博客营销等。

为了简化各种网络推广方法之间的关系，同时便于对常用网络营销方法有个总体的认识，本书以目前常用的网络推广工具/资源为主线，将实践中应用较多的网络推广方法进行归纳，其中有些介绍和应用可能出现在其他相关章节中。因为网络推广毕竟不是网络营销中的独立工作，而是贯穿到网络营销的各个环节之中，所以存在内容的交叉。

常用的网络推广方法的主要模式及相关网络工具、使用范围及特点等如表 4-1 所示。

表4-1 常用网络推广方法、模式及适用范围

网络推广方法	主要模式/内容/工具	适用范围及特点
网站内部推广（详见 4.2 节）	站内广告；页面推广专区；正文下面的相关链接；正文中的关键词链接	拥有独立的企业网站，网站专业水平较高，有常用的运营支持功能，有专业人员运营（或者外包给专业机构维护）
搜索引擎推广（详见 4.3 节）	登录分类目录；搜索引擎自然检索；付费搜索引擎广告	应用最广泛也是目前最主要的网络推广方法，可长期利用搜索引擎带来访问者，搜索广告则可根据需要灵活采用

网络推广方法	主要模式/内容/工具	适用范围及特点
资源合作推广 （详见 4.4 节）	网站互换链接；网站互换广告	有独立的网站，并且具有一定的可信度及访问量，与内容有一定相关性的网站合作
电子邮件推广 （详见 4.5 节）	会员邮件列表及邮件发送管理系统；专业服务商的电子邮件广告	拥有潜在用户的电子邮件地址，适合于注册用户较多并且有长期内容更新或促销活动的网站，通常 B2C 电子商务网站应用较多
关联网站推广 （详见 4.6 节）	与官方网站及核心产品相关的一系列独立网站组成的网站集群	适合产品类别较多、网络营销竞争激烈的企业，用关联网站形成的分布式信息传递模式获得更多被用户关注的机会
病毒性营销 （详见 4.7 节）	免费电子书；免费电子邮箱；免费软件；免费贺卡；免费游戏；网络聊天工具等	以为用户提供有价值的免费服务为基础，需要掌握用户需求热点，实现用户之间的主动传播。对信息源的创造有较高要求，需要相应的资源投入
网络联盟（网络会员制营销节） （详见 4.8 节）	按效果付费模式，包括销售额佣金、每次点击广告佣金、每个注册用户佣金等形式	适合具有较高品牌知名度的网站、大型电子商务网站等，通过网络联盟将网络推广信息在很短时间内发布在众多加盟网站上
Web 2.0 （详见 4.9 节）	各类贴吧；在线问答；网络社区等	适合所有企业网站推广，在操作模式上与信息发布模式有一定差异，主要特点在于将含有适量企业推广的信息以第三方的方式发布，成为对公众有价值的公共信息，从而获得关注
信息发布 （详见 4.9 节）	行业信息网站；B2B 电子商务平台	无论是否建立网站都可以注册会员发布信息，在同一平台上通常有大量的同类信息，有些平台需要付费才能发布信息
社会化媒体营销（SNS） （详见第 7 章）	企业博客；个人博客；第三方博客、微博客平台；在线百科 Wiki	通过 SNS 人际关系网络，使信息在很大范围内快速传播，并且具有在线客服、顾客关系等其他信息传播手段所不具备的功能

通过表 4-1 可以看出，网络推广的基本工具和资源都是一些常规的互联网应用内容，但由于每种工具在不同的应用环境中都会有多种表现形式，因此建立在这些工具基础上的网络推广方法及其组合相当繁多，这就大大增加了用户了解网站信息的渠道，也为网站推广提供了更多的机会。

除了这些常规网络推广方法之外，一些网站（通常是非传统企业网站，如软件下载、交友社区、电子商务等类别网站）也采用一些非常规的手段，如大量的弹出广告、浏览器插件、更改用户浏览器默认主页、强制性安装的软件（2005 年之后受到舆论指责，被称为流氓软件或者恶意软件）、未经收件人许可的垃圾邮件、通过软件在其他网站平台如博客和 B2B 网站等群发信息、不规范的网站联盟等。这些方式对网站访问量的增长虽然在一定时期具有拉动作用，但由于对用户正常上网产生一定的影响甚至危害，对被推广企业的品牌也会产生负面影响，因此在正规的网络营销中并不提倡这些方法。

4.2　网站内部资源推广方法

网站内部推广是基于站内资源的网络推广方式。站内推广有三个方面的含义：第一，充分利用内部资源，让来到网站的访问者获得尽可能多的有效信息，并为销售提供尽可能多的支持；第二，创建对用户有价值的网页内容，并通过搜索引擎、网站链接等常规推广方式获得尽可能多的潜在用户资源；第三，为其他网络推广方法奠定基础，如搜索引擎优化，依赖于网站内部合理的网络链接及整个网站内容的优化。

4.2.1　网站内部推广资源的表现形式

企业网站是企业的网络营销综合工具，是最重要的企业网络信息源，潜在用户通过各种信息传递渠道获取不完全的企业信息之后（例如通过搜索引擎检索结果获得的是企业网站某个网页的摘要信息，通过网络广告获得是图片/文字推广信息），通常还需要来到企业网站了解更多的信息，于是网站内部推广的价值就体现出来了。

从企业网站内部推广的表现形式划分，内部推广资源可分为三类：网站内容资源、站内广告资源和站内链接资源。它们有各自的网络推广价值和特点。

1. 网站内容资源推广

网站内容表现为一个个网页，可以说网站内容是网站的血肉。一个网站中可能含有众多网页，其中有些网页可能是最重要的，比如当前重点推广的产品、最重要的企业新闻等，对这些内容页面则应该比普通网页内容更为重视，在网页标题策划、内容摘要、关键词设计、内容写作及版面设计等方面应该更加专业，能为用户提供更有价值的信息。同时对于重要内容页面，可作为重要关键词词库的"着陆页"，在下面介绍的"页面推广专区"及"站内链接"中给予重点体现。

除了"重点网页"之外，还可以根据需要开设"专题"，将一系列相关话题的页面组成一个专题页面，其表现形式类似于新闻网站中的专题新闻。比如一些旅行社网站通常会将"十一黄金周旅游"、"春天"等制作为专题来重点介绍当前的热点旅游产品。

案例分析 4-1

阿联酋旅游网

在 2009 年秋季网络营销能力秀（官方网站 http://abc.wm23.com）活动中，阿联酋旅游商务网（www.db1001.cn）是网络推广实践的对象之一，该网站通过主推"迪拜旅游"、"迪拜签证"、"迪拜旅游"、"阿联酋旅行"和"阿联酋旅游服务"等为网站带来大量高质量流量。同时在已经具备较好网站优化效果的基础上，很多同学选择为该网站撰写内容、编写 Wiki 词条，以及增加外部链接等，经过不断完善，该网站在搜索引擎优化方面表现更加出色。

2．站内广告资源

每个网页都是一个网络广告资源，可以合理利用网页的广告区域为自己的企业/产品进行重点推广。站内广告以网页顶端 banner、右侧图片或者文字广告等形式最为常见。有些资讯类网站，在内容文字区域中间往往也会放置一个 250 甚至 300 像素以上的方形广告。这些都是可以利用的站内广告资源。

在浏览门户网站新闻内容网页时，如果留意一下就会发现，除了正文区域之外，通常在右侧、下方还有一些相关的图片或者文字链接，其中主要是广告内容。事实上一般商业网站模板设计中，通常将正文区域、网页模板顶部和导航等公共区域之外的位置称为"推广区"，以明确这些属于内容页面的推广专区。页面推广区主要通过文字、尺寸较小的图片（按钮广告）、摩天柱式广告等方式来进行重要产品、服务、或者专题报道的推广。

网页模板中的推广区域，也是实现站内关键词链接的常用方式，"站内链接"是搜索引擎优化中链接策略的基本组成部分。

3．网站链接推广资源

网站链接包括站内链接和站外链接。

站内链接的主要形式比较广泛，导航菜单、站内文章列表等所包含的超级链接都可以认为是内部链接，不过作为网站内部推广形式的站内链接，特指为了达到推广的目的而专门建立的链接。这种狭义的站内链接的主要形式包括：网站首页或者栏目首页的重点推荐（如热门产品推荐等）、网页正文内容中的关键词链接、内容页面推广专区的推荐内容等。站内关键词链接在为用户提供站内信息引导的同时，也对网站的搜索引擎优化发挥了明显的作用。例如，梧桐子网站的专题文章（http://www.wutongzi.com/zt/xuejv.html）及网页右侧部分的文章标题链接，都属于站内链接的表现形式。

站外链接，即链接到其他网站，主要形式包括：网站首页专门规划的互换链接（友情链接）区域、网页内容正文中的相关关键词链接、内容页面推广区的文字链接等。其中互换链接是为了采用互换资源推广而设计的，用于与其他网站进行链接；正文中的链接通常是把相关内容链接到可靠的信息源网站，或者本公司相关业务的网站/网页；内容页面推广区的外部链接则用于对本企业的其他相关业务进行推广，这是关联网站推广常用的形式之一。例如，http://www.jingzhengli.cn/sixiang.htm 网页右侧链接了若干个同属于新竞争力网络营销管理顾问的关联网站，就属于站外链接的一种表现形式。

提示：为了避免对用户造成导航迷失，减少跳出比例，外部链接应该适量，尤其是不采用在主导航直接链接到其他网站的外部链接方式的网站。

4.2.2　网站内部资源推广方法及注意事项

大部分中小网站，尤其是企业网站，对内部推广资源的利用水平都非常有限，主要有两种表现形式：一种表现是对站内资源的网络营销价值认识不高，没有充分利用站内推广，在一定程度上影响了网络营销的效果；另一种则表现在对站内推广一知半解，过度利用站内资源，甚至影响了用户获取有价值的信息。这两种状况都体现出网站运营管理专业水平的欠缺。

为合理利用站内网络推广资源的网络营销价值，对下列几个方面应引起重视。

1. 网络营销策略指导下的网站规划

本书前面的内容一直强调，网络营销是个系统工程，网站规划和建设应该在企业总体网络营销策略指导下进行，如果把网站建设作为一项独立的工作，必将为网站运营带来不必要的麻烦。实际上很多网站都是在运营一段时间之后发现效果不好才考虑专门进行"网站优化"的，这样不仅浪费了资源，也浪费了经营时间，造成网络营销中的多重浪费。

要采用网站内部资源推广，需要在网站规划中提供的支持功能包括：站内广告管理、专题内容管理、页面推广区管理、网页内容关键词链接、网站首页友情链接区域及链接管理等。

2. 网站内容推广的价值导向

或许我们会看到类似于"面向搜索引擎的内容策略"之类的文章标题，显然，这样的内容是为了获取搜索引擎的关注，从而通过搜索引擎带来访问者。实际上这种网站内容推广的指导思想是不正确的，因为真正的搜索引擎营销是基于为用户提供有价值的内容，而不仅仅是关注用户的注意力。与网站主题无关的内容，或者对潜在用户没有价值的内容，即使能带来较大访问量，也并不能视为有效的网站内容。

3．避免过多的站内链接和交换链接

一些网站过于考虑"搜索引擎优化"的因素，在网站首页及各内容页均设置大量的文本链接，对用户浏览体验产生一定的影响，这样的网站运营指导思想也是不可取的。与网站内容要以用户价值为导向的原则一样，网站链接也应该以帮助用户方便获取相关信息为基本出发点，并且建议网站链接数量控制在一定范围之内：首页互换链接在 10 个以内，文章内容中的链接不超过 5 个。

4．网站内部推广并非立竿见影的推广方法

网站内部推广是一项基础工作，体现了网站运营专业性的一个方面，所发挥的作用是长期的、持久的，但并不像搜索引擎广告那样立竿见影，而是随着时间的推移逐渐体现出来。因此对网站内部推广不能抱以急功近利的心态，甚至难以用量化的数据来衡量这项工作的价值。

借助于网站内容进行推广的案例很多，其中不仅有各类商务网站，也包括许多以新闻内容服务为主的媒体网站，如华盛顿邮报网站（WashingtonPost.com）就是内容推广策略的获益者。

案例分析 4-2

华盛顿邮报网站的内容推广策略

华盛顿邮报网站（WashingtonPost.com）上的文章一般是免费展示 2 周时间，2 周之后就进入历史档案文库，访问者需要注册登录后才能访问。现在，为了增加网站访问量和获得更多网络广告收入，WashingtonPost.com 改变经营策略，将网站上的文章免费展示时间从过去的 2 周时间延长到 60 天。

这一转变是考虑到博客、搜索引擎抓取数据和 RSS 普及的特点，这些当前流行的新型网络应用都要求网站上的新信息长时间公之于众，这样才能充分发挥这些新技术的优势。WashingtonPost.com 网站的执行编辑 Jim Brady 说："过去，网站文章在发布 14 天之后就不能公开访问的确给我们造成很多麻烦。"

现在，WashingtonPost.com 网站上的博客文章、RSS 订阅和搜索引擎检索结果都直接为网站带来更多直达文章页面的访问量，而不是到网站首页。

Washington Post 网站上大约一半的流量直接来自内容文章页面浏览。Jim Brady 说："无论访问者通过首页还是内容页面造访，我们都很高兴，毕竟网站的访问量增长模式已经变了。"实际上，Washington Post.com 网站开放文章这一策略是在大环境影响下的必

然选择。当前，传统印刷媒体的广告正在被网络媒体瓜分并且这一趋势呈增长态势，这就要求网络媒体在内容量上必须保持跟进以适应网络广告发布的需求。很多大型网站发布商如 Houston Chronicle 的 Chron.com 和 Toronto Star 的 TheStar.com 都已经积极采用网站内容推广策略，顺应潮流取消或降低了注册才能获取网站内容的人为障碍，因为这会严重降低网站访问量。

新竞争力网络营销管理顾问（www.jingzhengli.cn）注意到，目前许多以高质量内容见长的网站如市场调研公司 eMarketer 等纷纷延长用户免费阅读文章内容的时间，甚至完全取消阅读权限的限制，可以看出很多网站已经认识到了网站信息公众化对网站推广运营的价值。不过，目前仍然有网站做法与这一趋势相左，如 New York Times 就对更多文章进行设置需要注册才能获取，不知道这些网站是对用户获取网站内容的需求和内容推广策略不了解，还是对自己的做法有其他更值得自信的理由。

资料来源：新竞争力，http://www.jingzhengli.cn/baogao/f20051220.htm，2005 年 12 月

4.3　搜索引擎推广

搜索引擎推广，就是利用用户通过搜索引擎检索时在检索结果中发现自己网站的信息的机会，来获得潜在用户的访问，从而达到网站推广的目的的推广方式。一个结构设计合理、内容丰富且对潜在用户有价值的网站，经过适当的搜索引擎推广，就可获得较大的访问量。通过搜索引擎带来的访问量通常占总访问量较大的比重，而且，通过搜索引擎检索来到网站的访问者往往更具商业价值。因此，搜索引擎是目前企业网站最常见的网络推广方式之一。网络营销人员对搜索引擎营销往往比较重视，一些人员甚至不惜采取一些不合理的手段来提高网站在搜索引擎检索结果中的排名。

本节对基于搜索引擎自然检索进行推广的基本方法给予系统介绍，而有关搜索引擎付费广告的介绍请参考本书后面的内容（详见 6.2.3 节）。

4.3.1　利用搜索引擎推广网站的条件

当我们通过搜索引擎检索信息时可以发现，搜索引擎往往会在 0.05 秒甚至更短的时间之内反馈出数以十万计的搜索结果，尽管信息量很大，但获得用户关注的往往只是搜索结果中排名靠前的部分信息，也就是说，网站的信息只有占据搜索结果的有利位置才能获得网站推广的效果。从用户搜索的流程中我们可以分析出搜索引擎推广的关键点所在。

一个典型的用户搜索流程主要有以下几个步骤。

（1）选择搜索引擎；

（2）设定关键词或者关键词组合进行检索；

（3）对搜索结果进行筛选并点击符合期望的信息；

（4）进入信息源网站获得详细的信息。

如果用户获得满意结果，本次搜索结束；否则更换关键词重新搜索。如果在更换关键词后仍然没有得到合适的信息，可能放弃搜索或者更换其他搜索引擎进行搜索，并重复上面搜索过程。用户通过搜索引擎获取信息的过程如图 4-1 所示。

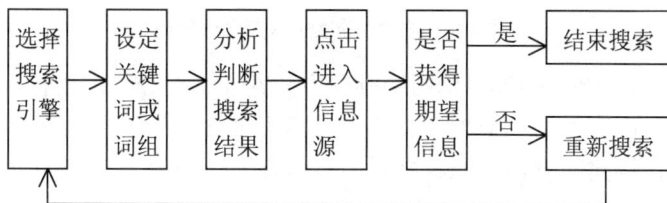

图 4-1　用户通过搜索引擎获取信息的过程

在这个看似简单的过程中，实际上包含了用户通过搜索引擎获取信息的行为以及通过检索获得信息的价值实现过程。表面来看，整个过程都是由用户的搜索行为以及搜索引擎决定的，但实际上，只要理解并运用用户获取信息的行为以及搜索引擎检索信息的规律，每个环节都可以进行有效的设计，并最终获得潜在用户的关注和访问。这就是搜索引擎营销的任务，也是开展搜索引擎营销必备的条件。

总的来说，这些条件包括：第一，对用户获取信息的行为进行分析，并以此为基础向用户提供有价值的网站内容；第二，要充分了解搜索引擎收录信息的规律，使网站设计适应搜索引擎的检索规律，从而使用户获得理想的搜索结果。

关于用户的搜索行为，我们需要了解的基本问题包括：用户一般使用哪些搜索引擎；用户检索使用哪些关键词；搜索结果中什么样的信息容易受到关注。这些其实都不过是基本的常识问题，稍微具备互联网应用知识并简单观察分析即可得到结论。至于搜索引擎收录网页的规律，需要多了解一些专业的知识并且经过不断地实践和总结才能逐渐掌握。下文将对此给予详细的介绍。

4.3.2　搜索引擎推广的五个基本要素

当了解了用户使用什么搜索引擎以及什么关键词检索之后，接下来考虑的问题就是，什么因素决定自己的网站信息是否容易引起用户的关注，以及如何通过搜索引擎实现网站推广的目的。图 4-2 对搜索引擎推广的五个要素给出了直观的说明。

基本要素	① 选择符合网站建设规范的网站平台	→	② 符合用户需求及搜索规律的信息源	→	③ 网页内容获得主要搜索引擎收录	→	④ 在搜索结果有利位置并获得用户关注	→	⑤ 进入信息源网站并获得有价值的信息
要点	网站整体优化设计		网站内容优化策略		搜索引擎登录方法		搜索引擎优化技巧		实现网站推广目标

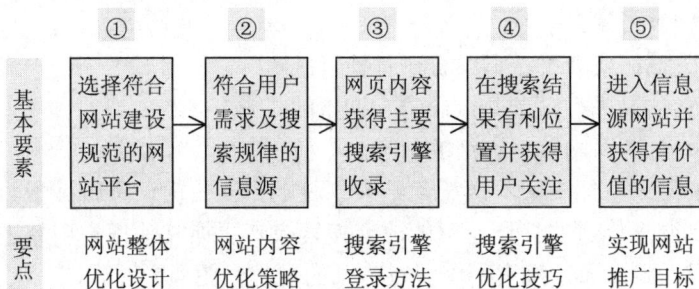

图 4-2　搜索引擎推广的五个要素

从图 4-2 中可以看出，搜索引擎网络推广方法并非一个独立的过程，而是与专业的网站平台建设、网站内容策略等密切相关的，搜索引擎推广的过程包含了五个基本要素：专业的网站平台、构建网页信息源、网页内容被搜索引擎收录、获得有利的搜索结果排名位置、实现顾客价值。

下面简要描述搜索引擎推广的五个基本要素。

1．选择专业的网站平台

网站平台是发布信息的载体，应该注意的是并非任何一个网站平台的信息都会被搜索引擎收录并且将搜索结果呈现给潜在用户，只有经过整体优化，符合网站建设规范的网站平台才适合作为网络信息源的载体。这里说的网站平台，包括企业网站等自行运营的网站，也包括可以免费发布信息的平台如 B2B 网站和博客网站等。也就是说，搜索引擎推广不仅限于独立网站，也可以对发布在第三方网站平台的信息进行推广，不过为了理解简单，通常所讲的搜索引擎推广，以基于独立企业网站信息的推广为主。

搜索引擎推广网站的基本要素之一是：必须有发布信息的网站载体。即在网站结构、网页布局、网站技术等方面符合搜索引擎的检索规律，让搜索引擎可以发现网页并抓取相应的信息。

2．构建网页信息源

搜索引擎的搜索结果来源于所收录的网站信息，每个网页均构成了搜索引擎的信息源，但并不是任何一个网页都会被搜索引擎收录，只有符合搜索引擎收录规则的网页才能被收录。如网页含有一定的文字信息量、网页标题与网页内容有一定的相关性、网页 URL 层次比较合理、网站内部链接关系适当等。这些都是在制定网站内容策略时需要考虑的问题。

3．网页内容被搜索引擎收录

符合前述条件的网站，在向搜索引擎提交之后，通常可以获得搜索引擎自动收录，而提交新网站的方法包括直接向搜索引擎提交网站首页地址，以及通过其他网站（已被搜索引擎收录）的链接等方式。有些网站包含大量的网页内容，但并非每个网页都可以被搜索引擎收录，为了实现最佳的搜索引擎推广效果，还需要设计合理的网站地图、产品分类目录、网站内容列表等。

4. 获得有利的搜索结果排名位置

用户通常只关注搜索结果中排名前 3 页的信息，尤其首页前几位的内容，这就意味着仅仅获得搜索引擎收录是不够的，还需要使自己网站的信息比同类信息更有优势，在大量的信息中占据有利的位置。这就是搜索引擎优化所关注的主要内容。而搜索引擎优化是前述各项要素结果的体现，并非简单地针对搜索引擎设计内容或者增加外部链接。在有些文章或者网站中所描述的"面向搜索引擎的网站内容设计"、"针对搜索引擎排名的网站推广策略"等都是错误的认识。只有为用户提供有价值的信息，并且使用户方便地获取信息，才是搜索引擎优化的根本。

5. 实现顾客价值

通过点击搜索结果中的网页标题链接，用户来到网站获取详细的信息。而将潜在客户带入网站，只是实现了网站推广的第一步，网站是否能将访问者转化为最终的用户，还取决于网站是否为用户提供他所需要的价值，如有效的内容、服务、产品等。因此，企业的搜索引擎营销策略必须以实现顾客价值为前提，实现顾客价值是实现搜索引擎推广的根本目标。

4.3.3　搜索引擎优化概述

搜索引擎推广是以实现顾客价值为基础的网站整体优化的必然结果，同时搜索引擎推广也包含一定的操作技巧，在其他因素相近的情况下，一些细微的技巧可能成为影响一个网站搜索引擎推广效果的关键，因此有必要对搜索引擎优化的概念及操作技巧进行系统的介绍。

搜索引擎优化（Search Engine Optimization，SEO），从表面的含义来看，就是让网站更容易被搜索引擎收录，并且当用户通过搜索引擎进行检索时在检索结果中获得好的排名位置，从而达到网站推广的目的。在有关网站推广的内容中已经多次出现过搜索引擎优化的概念，这里给出一个比较完整的定义：

搜索引擎优化，即通过对网站栏目结构和网站内容等基本要素的优化设计，提高网站对搜索引擎的友好性，使得网站中尽可能多的网页被搜索引擎收录，并且在搜索结果中获得好的排名效果，从而实现通过搜索引擎推广网站的目的。

4.3.3.1　搜索引擎优化的意义

通过搜索引擎优化，可以无须向搜索引擎提供商支付费用而达到网站推广的目的，这看起来与搜索引擎的商业目的是不一致的。作为商业网站，为什么还允许搜索引擎优化的存在呢？对于搜索引擎优化的意义，我们需要从两个方面来分析：一方面是对搜索引擎服务商的意义，另一方面是对实施搜索引擎优化的企业网站的意义。

1. 搜索引擎优化对于搜索引擎服务商的意义

（1）有利于提高搜索引擎的用户体验。搜索引擎得以存在的基础是为用户提供有价值的信息，搜索结果的质量在一定程度上决定了搜索引擎的价值。从提高搜索结果相关性的角度考虑，仅靠搜索引擎本身是不够的，需要网站内容（即信息源）本身有合理的展示形式（如网页标题及网页内容中的关键词等）。通过合理的搜索引擎优化，才能使得网页的内容更专业，相应地搜索引擎才能把可信度高的网站及搜索相关性最高的内容呈现给用户。网站内容的专业性有助于搜索引擎内容质量的提升，从而进一步提高搜索引擎的质量。

（2）有利于搜索引擎抓取信息。搜索引擎收录的网页数量多少，也是判断搜索引擎价值大小的重要因素之一，如果大量网站设计都不符合搜索引擎收录规则，就会影响搜索引擎及时收录最新的网页信息。对网站进行合理的搜索引擎优化设计，例如站内资源分类目录、网站导航、网站地图、动态网页静态化、合理的 URL 层次等，对于搜索引擎抓取信息是有很大帮助的。

所以，从搜索引擎服务商的角度来说，同样希望网站的内容对用户有价值，并且网页对搜索引擎友好。不过，为了网站在搜索结果中的排名而进行过度的"优化"，甚至针对搜索引擎而采取欺骗行为的网站是不受搜索引擎欢迎的，还有可能被搜索引擎拒绝收录。实际上，如果离开"一切为了用户获取有价值信息"这一基本思想，必然偏离搜索引擎优化的方向。有关搜索引擎优化中的作弊问题，将在本节后面给予介绍。

2. 搜索引擎优化对于企业网站的意义

搜索引擎是最常用的网络推广方式之一，是网站运营不可缺少的互联网工具之一，可以从几个方面来说明搜索引擎优化对于网站推广运营的意义。

（1）网站推广价值。通过合理的搜索引擎优化，可以为网站带来潜在用户的访问，显著提高网站的有效访问量，一个搜索引擎优化较好的网站，可能有 60%以上的访问者都来自搜索引擎。

（2）创建和提升企业网络品牌。企业网站通过搜索引擎优化，可以最大限度地获得搜索引擎收录，有效增加企业的网络可见度，这也是实施网络品牌策略必不可少的措施之一。

（3）增加潜在用户信任度。通过合理优化的网站，搜索结果的摘要信息即可向用户提供丰富的信息量，如有吸引力的网页标题、恰如其分的摘要信息、便于记忆的网页 URL 等，从而提高用户对网站的信任度，更有利于获得用户点击进入网站的机会。

（4）对竞争者施加营销壁垒。搜索引擎可见度的竞争，是与竞争者争夺搜索结果中有限的获得用户关注的位置。经过搜索引擎优化，在搜索结果中占据有利位置，在为自己带来潜在用户的同时，也对竞争者施加了营销壁垒，减少了竞争对手的网络推广机会。

通过对搜索引擎优化价值的分析，我们可以得出这样一个结论：要保持搜索引擎优化对搜索引擎服务商及企业网站两方面价值的一致性。如果只从企业网站推广的角度去做过度的优化可能会伤害搜索引擎服务商的利益，这样的搜索引擎优化也将无法获得持久的效果。

4.3.3.2　网站对搜索引擎优化的表现

一个搜索引擎友好的网站，不仅应该便于搜索引擎获取信息，更应该方便用户通过网站获取信息。一个网站的用户易用性和搜索引擎友好性实际上是一个问题的两个角度，两者是完全一致的，毕竟搜索引擎也是技术人员按照便于人们获取信息的思维模式设计的。所以，可以这么说：符合企业网站规范的网站，也就是对搜索引擎友好的网站。

下面列举网站对搜索引擎友好的一部分表现。

（1）网站栏目结构合理，网站导航清晰且全站统一，通过任何一个网页可以逐级返回上一级栏目直到首页；

（2）网页布局设计合理，网站设计符合用户浏览习惯；

（3）每个网页有独立的网页标题，网页标题含有该网页核心关键词；

（4）每个网页有独立的、与该网页内容相关的 META 标签设计；

（5）每个网页有独立的 URL，同时 URL 层次比较合理；

（6）每个网页中都含有一定量的、包含与网页标题相关的文本信息；

（7）网页代码简介，没有前台不可见的关键词堆砌等；

（8）网站尽可能使用静态网页；

（9）网站中没有大量复制的或者相近的网页内容；

（10）没有采用过渡页、桥页等欺骗搜索引擎的方法；

（11）网站内部很少链接错误；

（12）网站有丰富的来自高质量相关网站的链接；

（13）网站及时更新、发布原创内容。

看到这些被称为"搜索引擎优化的元素"，是不是感觉有些似曾相识？在企业网站建设指导规范、网站运营规范等内容中，都多次强调过这些看似简单的问题。可见，搜索引擎优化是专业网站运营的必然结果，不是为了搜索引擎而优化，而是通过网站设计及运营，为了给用户提供可以方便获取的、有价值的信息而优化，搜索引擎在其中发挥的作用同样是帮助用户更有效地获取信息。

4.3.3.3 搜索引擎优化的流程

一个网站，如果在策划和建设阶段就融入搜索引擎优化的思想，将网站建设与运营作为一个整体来考虑是比较理想的模式。但实际工作中很多网站往往是在运营一段时间之后才意识到搜索引擎优化的重要性，这样就要回过头来重新对网站各项要素进行基础优化。因此，很多搜索引擎优化的介绍，往往是针对正在运营中的网站的。

对于运营中的网站进行搜索引擎优化，大致要经过下列流程。

（1）网站运营状况总体诊断；

（2）网站搜索引擎优化状况诊断分析，如主要搜索引擎收录网页数量及质量、网站结构及内容的规范性、网站内部及外部链接等；

（3）网站关键词组合分析；

（4）网站访问者来源分析；

（5）同类网站搜索引擎优化分析；

（6）付费关键词广告竞争状况；

（7）影响搜索引擎优化的主要因素分析；

（8）搜索引擎优化方案写作；

（9）搜索引擎优化实施；

（10）搜索引擎优化实施效果验收报告。

由于每个搜索引擎优化的每个环节都需要以现实的网站分析为基础，并且涉及较多的操作方法，在这里暂不详细介绍，将穿插在本节相关内容中给予解释。

4.3.4 影响搜索引擎搜索结果排名的主要因素

实现搜索引擎优化，首先应该对搜索引擎的搜索结果的排名机制有一定的了解，从中发现影响搜索引擎搜索结果排名的主要因素，并采取合理的措施给予解决。搜索引擎结果排名，从搜索引擎角度来说，就是搜索引擎的排名算法，算法将各种因素按照一定的数学模型进行分析，将网页的搜索结果按照评分高低进行排序，这就形成了搜索结果的排列顺序。

目前主流搜索引擎如百度、Google 等都是基于超级链接分析的技术型搜索引擎，不同的搜索引擎在网页排名算法方面存在一定差异，但在一些基础要素方面也存在较多的共性。这里以搜索引擎 Google 的网页排名 PR 值（见 3.5.1 节）为例，对搜索引擎排名算法及其对搜索引擎优化的意义给予简单介绍。

网站的 PR 值是 Google 网页搜索排名算法中的一个组成部分，通常来说，在其他条件相同的情况下，PR 值高的网站在 Google 搜索结果的排名中有优先权。通过对 Google 搜索结果进行认真的观察和分析就不难发现，并不是 PR 值高的网站一定就排名靠前。这是因为，搜索引擎更加重视的是网站的内容、关键词的相关性等基本问题，在用同一个关键词进行检索时，只有在这些条件相同的情况下，PR 值高的网站排名才会表现出优势。在很多情况下，通过网站的结构、网页标题、网页内容等方面的设计，很容易和竞争者网站的优化情况区分开来，因此 PR 值的高低很可能发挥不了多少实际作用。

搜索引擎一般更倾向于把内容质量最高的网页信息呈现在搜索结果的前面，而不仅仅是看该网站的 PR 值。所谓内容质量，包括网页内容与被检索关键词的相关性、内容原创性、关键词出现的位置和频度、网站更新频率等。之所以一些 PR 值较高的大型网站的内容在搜索结果中经常靠前，是因为这些大型网站经过多年的运营，在网站整体优化方面已经比较完善，网站的可信度高，网站内容质量相应也较高，而不仅仅是因为 PR 值这一个因素。

实际上，PR 值是网站优化效果的体现，而不是搜索结果排名靠前的原因。尽管如此，网站运营人员还是希望网站能有较高的 PR 值，毕竟 PR 值较高在某些方面具有一定的优势，而且容易使专业人士产生信任感，因为在一定程度上，PR 值可以反映一个网站的专业水平。

从 PR 值对搜索结果的影响，我们也可以对搜索引擎的排名算法进行合理的推测。

（1）网站具备的专业性和可信度，包括网站结构及内容规范程度、网站的内容的原创及专业性等。

（2）网页内容与被检索关键词的相关性。在网页标题、网页摘要描述、网页内容正文中含有被检索关键词，并且保持一定的比例，即所谓的"关键词相关性及关键词密度"。

（3）网页内容文字数量。基于网页搜索的搜索引擎是对文字内容的搜索，搜索引擎通常喜欢文字信息丰富的网页，仅有图片或者其他多媒体文件而没有文字信息的网页很难被检索出来，这也就是为什么一些网站的文章内容页面规定不少于 300 字才能发布的原因（如网络营销能力秀学生站内观点）。

（4）网页的层次及站内链接。被链接在网站首页或者主要栏目首页的网页（网页层次较浅），以及被站内多个栏目页面链接的网页往往更有优势。

（5）网站内容更新频率。一般来说，经常更新内容的网站搜索引擎排名优势较高。

（6）网页被链接数量。被其他网站尤其是权重较高的网站链接的网页，在搜索结构中的排名靠前的机会更大。

（7）站内链接。站内链接对增加关键词搜索权重有一定的影响，这就解释了为什么一个网站的首页以及被每个网站都链接的网页相对站内其他网页具有较高的权重。

（8）网页格式。静态网页通常比动态网页更容易被搜索引擎收录并在搜索结果中获得领先优势。

上面只是搜索引擎排名算法中的几个方面，每个方面都可能细化为多项具体的指标，全部指标可能多达数百个。搜索引擎排名计算方法是搜索引擎的技术机密，作为一般的网络营销工作人员，不可能、也没必要成为搜索引擎算法专家，实际上只要把握网站建设规范的要点，并注意网站运营中的一些技巧，就能很容易达到搜索引擎优化的效果。

【延伸阅读 4-1】

➥ 网页标题设计原则与一般规律 http://www.marketingman.net/wmtips/p156.htm
➥ 再谈网页标题设计的意义及问题分析 http://www.marketingman.net/lecture/site_051008.htm

4.3.5 搜索引擎优化的作弊行为

搜索引擎服务商自然不喜欢针对搜索引擎本身进行"优化"，规范的搜索引擎优化工作也不会采取作弊的行为，但不能排除有些急功近利或者对正确搜索引擎优化方法不了解的人员会采取各种被认为是针对搜索引擎作弊的行为。事实上，由于利益驱动，一直都有很多人不断用各种不适当的方式试图影响搜索引擎收录和排名，这些人通常被称为"垃圾 SEO"。

在早期的以 META 标签检索为主的搜索引擎中，通过一定的"技术手段"，也就是用误导的方式获得在搜索引擎中好的排名有时是比较容易做到的，搜索引擎对此也没有足够的重视，因此这种"网络营销技巧"也曾被广为流传。尽管现在搜索引擎对通过作弊手段提高"搜索引擎排名"的做法已经制定了严厉的处罚措施，但仍不能完全杜绝这种作弊行为。

因此，在研究搜索引擎优化时，很有必要对搜索引擎垃圾（Spam）及搜索引擎作弊行为等问题作一些必要的说明，避免因为盲目的"优化"而陷入误区，不仅对搜索引擎的正常工作带来麻烦，而且对自己或者客户的网站运营也会造成损失，同时也影响了个人的专业形象。

4.3.5.1 什么是搜索引擎垃圾

搜索引擎垃圾是指为了进行"搜索引擎优化"而有意设计便于被搜索引擎发现的信息，如大量重复的关键词、用户不可看到的文字等。如果网站被发现采用了搜索引擎垃圾的方式进行优化，将受到搜索引擎的处罚。

不同搜索引擎对垃圾信息的定义也有一定差别，例如，Google 在举报的垃圾信息的表单中列出了下列几项内容。

（1）隐藏的文字或链接；

（2）容易误解或堆积的词汇；

（3）与 Google 检索不匹配的网页；

（4）伪装的网页；

（5）欺骗性的网址重新指向；

（6）专门针对搜索引擎的入门网页；

（7）复制的网站或网页。

此外，Google 认为是垃圾信息的也包括其他一些方面，如用图片和无关的词汇填充网页、同样的内容出现在多个域名或次级域名的网页、链接了被认为是低质量的网站，以及容易与知名网站相混的网址（如 www.yahhoo.com、www.googlc.com ）等。

搜索引擎 Inktomi 认为是垃圾信息的主要内容为以下几个方面。

（1）隐藏的、欺骗性的，以及与网页内容不相关的文字；

（2）META 标签中的内容并非网页内容的真实描述；

（3）没有明确的目的、有意设计重新指向的 URL；

（4）利用程序使得在搜索结果中出现大量同样的网页；

（5）有意设置让人误解的链接；

（6）并不反映网站真实内容的入门网页或者隐藏的网页；

（7）自动产生大量无关的垃圾链接。

从 Google 和 Inktomi 两个搜索引擎对垃圾信息的定义可以看出，搜索引擎服务商对那些利用搜索引擎特点而设计的"技巧"都是非常关注的，而且各个搜索引擎对垃圾信息的基本准则并没有太大差异。由此也说明，搜索引擎营销现在进入了"实事求是、脚踏实地"的时代，采用欺骗搜索引擎的方式实际上也没有多大价值，某些手段即使暂时没有被识破，但随着搜索引擎技术的发展，很快就会受到惩罚。

现在，即使在免费的搜索引擎中如 Google 等，也很难利用 Spam 的方式获得好的排名，在收费登录的搜索引擎和分类目录中，这种 Spam 更加没有意义。利用搜索引擎开展营销的基础是建设专业的网络营销导向的网站，没有这种基本功，即使购买了最热门的关键词、即使在所有搜索引擎中排名第一，也一样不会有多大价值。

4.3.5.2　搜索引擎优化应该注意的问题

据媒体报道，2006 年 2 月初，德国著名汽车制造商宝马公司的德国网站 BMW.de 已从 Google 的搜索索引中"消失",专业人士分析认为,导致此现象的原因可能是宝马使用了提升搜索排名的"过渡页"(doorway Pages)搜索引擎优化方法。

后来,由于宝马德国网站的积极努力,及时清理了被搜索引擎认为是作弊的内容,并与 Google 进行沟通,最终恢复了网站在搜索引擎中的正常地位。即使如此,宝马网站因为这一事件也成为搜索引擎营销领域的一个笑柄。另外,不能忽视的一个重要的事实是,宝马德国网站被迅速重新收录是因为它是宝马德国网站,并非意味着其他网站也有这样的特殊优待。实际上大部分网站被删除以后实难重获收录机会,或者在更改错误以后要经历至少好几个月甚至一年以上的漫长等待时间。

事实上,诸如宝马网站这样因不适当的搜索引擎优化而被搜索引擎除名的网站数量不在少数。

那么,在搜索引擎优化中应该注意哪些问题呢?美国搜索引擎优化专家 Jennifer Horowitz 总结 2006 年的搜索引擎优化(SEO)时提出,2005 年如果你还没有投入于搜索引擎营销,现在立即投入还不算太晚。同时,Jennifer 提出一些"SEO 有所为有所不为"的建议,新竞争力网络营销管理顾问以 Jennifer 的建议为基础,归纳为"搜索引擎优化(SEO)五要五不要"。

1. 搜索引擎优化(SEO)"五要"

(1)要按照搜索引擎给网站管理员的建站指南行事,不要自作聪明去"引导"搜索引擎抓取网站信息(如 Google 向网站管理员提供的信息)。

(2)要始终坚守用户导向的规范的网站优化思想原则,勿过度使用任何伎俩;

(3)为网站增加与关键词有关的丰富内容,因为"搜索引擎营销的核心思想是基于网站文字内容的推广",并牢记"原创和高质量网站内容最重要"。

(4)要听取那些愿意与你分享搜索引擎优化专业知识的专家提供的搜索引擎优化建议,而不是那些对你隐藏其"技术"和"秘诀"的 SEO 的建议,因为搜索引擎优化实际上一点也不神秘,甚至可以说没有什么技术含量,只要了解规范的搜索引擎优化的基本原则和方法,每个人都可以成为搜索引擎优化高手,当然搜索引擎优化重要的是实践经验,委托专业的服务商效率更高,效果更有保证。

(5)要经常提醒自己,牢记 Google 写给"搜索引擎优化服务商"的信息:没有人能担保您在 Google 上排名第一!尤其是有人向您承诺"保证在 Google 排名第一"时,更要保持高度警惕。

2. 搜索引擎优化(SEO)"五不要"

(1)不要在网页中夹带隐藏文本,尤其是隐藏于不可见的 CSS 层,时刻记着,网页内容是给用户看的,不是为搜索引擎检索准备的,用户不可见的信息更容易引起搜索引擎的警惕。

（2）不要在网站内设置那些违反"Google 网站管理员指南"的网站链接，否则您的网站很可能会被搜索引擎永久性删除。

（3）不要过度运用内部链接和锚文本链接，这对搜索引擎优化没有多大意义，反而可能让来到网站的访问者直接走掉。

（4）不要大量复制其他网站内容，这样不仅侵犯他人的著作权，也影响自己网站的形象，而且搜索引擎对原始内容与偷窃内容的判断很准确，会采取合理的手段避免让内容偷窃者获利。

（5）不要自己随意对网站进行"搜索引擎优化"，除非你确信自己 100%明白搜索引擎优化专业知识和优化步骤及优化技巧，并且有大把时间去投入，否则还是委托专业网站优化公司彻底优化网站，以免浪费时间及影响成效。

"搜索引擎优化五要五不要"并非搜索引擎优化思想和搜索引擎优化方法的全部内容，不过这些基本原则为实施网站的搜索引擎优化提供了基本思路，无论是自行对网站进行优化，还是委托服务商实施搜索引擎优化，您都可以参考"搜索引擎优化五要五不要"中的相关条款。

4.3.6 搜索引擎优化指南

在"搜索引擎优化五要五不要"的建议中，多次提到"Google 网站管理员指南"，因为它明确指出哪些是合理的优化措施，哪些是严格禁止的行为。只有采用正常的搜索引擎优化，才能获得搜索引擎的认可，并且呈现给用户。

下面内容摘选自 Google 网站管理员指南，每一个网站管理员、网页设计师、搜索引擎营销人员都应该对相关内容了如指掌，并且将指南中的原则应用于网站优化工作中。

请牢记 Goole 在网站管理员指南中的一句话："请扪心自问：我这样做能否帮助我的用户？如果不存在搜索引擎，我是否还会这样做？"

【实用知识 4-1】Google 的网站管理员指南（节选）

遵循这些指南将有助于 Google 查找、索引并对您的网站进行排名。即使您选择不采纳这些建议，我们也强烈建议您对"质量指南"多加留意，其中简要说明了一些可能造成网站从 Google 索引中被彻底删除的违禁行为。网站被删除之后，Google.com 或 Google 所有合作伙伴网站的搜索结果中都不会再显示该网站。

➤ 设计与内容指南

网站应具有清晰的层次结构和文本链接。每个网页应至少可以通过一个静态文本链接打开。

为用户提供一个网站地图，列出指向网站重要位置的链接。如果网站地图上的链接超过或大约为 100 个，则需要将网站地图拆分为多个网页。

网站应具有实用性且信息丰富，网页文字应清晰、准确地表述要传达的内容。

要考虑到用户会使用哪些字词来查找您的网页，确保网站上确实包含了这些文字。

尽量使用文字而不是图像来显示重要的名称、内容或链接，因为 Google 抓取工具无法识别图像中所含的文字。

确保 TITLE 和 ALT 标记具有说明性且表达精准无误。

检查链接是否损坏，并确保 HTML 格式正确。

如果采用动态网页（即网址中包含"?"字符），请注意并非每一个搜索引擎 Spider 都能像抓取静态网页一样抓取动态网页。动态网页有助于缩短参数长度并减少参数数目。

将给定网页上的链接限制在合理的数量内（少于 100 个）。

➤ 质量指南——基本原则

设计网页时该考虑的是用户，而不是搜索引擎。不要欺骗用户，或提交给搜索引擎一种内容，而显示给用户另一种。这种做法通常称为"隐藏"。

请不要为了提高搜索引擎排名而弄虚作假。一个简单分辨是非的方法是：您是否可以坦然地跟竞争对手网站解释您对网站所做的事情。另一个有用的测试即扪心自问："这能否给我的用户带来帮助？如果不存在搜索引擎，我是否还会这样做？"

请不要参与旨在提高您的网站排名或 PageRank 的链接方案。尤其要避免链接到违禁的网站或"恶邻"，因为您自身的排名可能受到这些链接的负面影响。

请不要使用未授权的计算机程序提交网页、检查排名等。这些程序会耗用计算机资源并违反我们的服务条款。Google 不建议使用 WebPosition Gold 这类产品向 Google 发送自动查询或用程序编写的查询。

➤ 质量指南——具体指南

请不要使用隐藏文本或隐藏链接。

请不要采用隐藏真实内容或欺骗性重定向手段。

请不要向 Google 发送自动查询。

请不要使用无关用语加载网页。

请不要创建包含大量重复内容的多个网页、子域或域。

请不要创建安装病毒（如特洛伊木马）或其他有害软件的网页。

　　请不要采用专门针对搜索引擎制作的"桥页"，也不要采用如联属计划这类原创内容很少或几乎没有原创内容的"俗套"（Cookie Cutter)方式。

　　如果您的网站参加联属计划，请确保您的网站可为其增添价值。请提供独特而相关的内容，使用户有理由首先访问您的网站。

　　资料来源：http://www.google.com/support/webmasters/bin/answer.py?hl=cn&answer=35769

　　与 Google 向网站管理员提供的信息类似，国内著名中文搜索引擎百度对网站站长也提供了一份详尽的建站指南，告诉网站建设人员，什么样的优化方法是合理的，什么样的伎俩是应该避免的，不遵守指南将面临搜索引擎的惩罚。至于其他的搜索引擎，大体也都有类似的规定和帮助，网络营销人员有必要认真对待每个主流搜索引擎的建议，以免在搜索引擎优化中出现无法挽回的损失。

【实用知识 4-2】百度给站长的建站指南（节选）

　　↘　如何使您的站点被百度有效收录

　　给每个网页加上与正文相关的标题。如果是网站首页，则标题建议使用站点名称或者站点代表的公司/机构名称；其余内容页面，标题建议做成正文内容的提炼和概括。这可以让您的潜在用户快速地访问到您的页面。

　　请不要在标题中堆积与正文无关的关键词。

　　确保每个页面都可以通过一个文本链接到达。百度无法识别 Flash 中的链接，这些单元上的链接所指向的网页，百度就无法收录了。

　　页面间的链接，尽量使用平实的超链，而不是重定向跳转。使用自动跳转的页面，可能会被百度丢弃。

　　尽量少使用 Frame 和 iFrame 框架结构。

　　如果是动态网页，请控制一下参数的数量和 URL 的长度。百度更偏好收录静态网页。

　　在同一个页面上，不要有过多链接。在那些站点地图类型的页面上，请把重要的内容给出链接，而不是所有细枝末节。链接太多，也可能会导致无法被百度收录。

　　↘　什么样的站点会受到百度欢迎

　　站点应该是面向用户的，而不是面向搜索引擎的。一个受到用户欢迎的站点，最终也会受到搜索引擎欢迎；反过来，如果您的站点做了很多针对百度的优化，但却给用户带来大量负面体验，那么，您的站点最终可能还是会受到百度的冷落。

　　百度更喜欢有独特内容的网页，而不是简单抄袭和重复互联网上已有内容的网页。对于已经被重复了千百遍的内容，百度可能会不予收录。

请谨慎使用您的站点链接。与一些垃圾站点做友情链接，很可能会使您的网站受到负面影响。因此，当有人很热情地要求您为他的站点提供友情链接时，请审视以下两点：

一、对方的站点在他那个领域是否是高质量的？站长间所谓的流量以及排名，很多都是用欺骗手段获取的，无法保持长久。

二、对方要求的链接名称是否和对方网站地位相称？用一个涵盖范围广泛的关键词来作一个内容非常局限的网站的链接名称，很可能会使您的网站受到负面影响。

经常保持内容更新。经常有新内容产生的站点，百度是会注意到，并且大力欢迎，而且会频繁造访。

➲ 百度关于垃圾网站的处理

如果您的站点中的网页，做了很多针对搜索引擎而非用户的处理，使得用户从搜索结果中看到的内容与页面实际内容完全不同，或者站点质量与站点在搜索结果中的排名极不相称，从而导致用户产生受欺骗感觉，那么，您的网站就有可能被百度丢弃。

如果您的站点上的网页，大量都是复制自互联网上的高度重复性的内容，那么，您的站点也有可能被百度丢弃。

资料来源：http://www.baidu.com/search/guide.html

4.3.7 企业网站搜索引擎优化实施问题分析

理想的情况下，在网站策划建设阶段就应该做到优化设计，而实际情况是，大多数网站都是在运营一段时间之后才开始考虑搜索引擎优化的问题，因此普遍的现象是，搜索引擎优化实际上是对现有网站进行优化改造。如果企业拥有专业的网络营销专业人员，自行实施网站优化是完全可以做到的。事实上，现在很多大型网站（目前主要是大型电子商务网站和多产品系列的外贸出口型企业）都拥有专业的网络营销队伍，甚至有专业的搜索引擎优化团队。

下面简要分析影响搜索引擎优化方案实施的因素，并归纳出搜索引擎优化方案实施的主要问题。

4.3.7.1 影响搜索引擎优化方案实施的因素分析

通过对企业搜索引擎优化应用状况的了解发现，一般公司/网站的技术人员工作重点在网站开发、运营和维护方面，只有一些大型的电子商务网站才可能拥有自己常设的搜索引擎优化专业部门，因此大部分企业的搜索引擎优化工作都是外包给专业顾问机构来进行的。

对于有一定技术能力的企业来说，由第三方顾问机构提供搜索引擎优化方案，企业自行实施是一种常见的模式，既弥补了企业对搜索优化专业知识了解不够系统的弱点，又可以节约资金，并且在项目进度和质量方面更容易得到控制。

那么由专业机构提供的搜索引擎优化方案在实施中存在哪些问题呢？为了研究企业网站实施搜索引擎优化的限制因素，美国知名的搜索引擎营销服务商 iProspect 和市场研究公司 JupiterResearch 在 2005 年 8 月进行了一次关于企业委托搜索引擎营销公司实施搜索引擎优化的联合调查（Natural SEO Sourcing Study），调查了 626 个企业从事搜索引擎营销的人员和 224 个搜索引擎营销服务公司。

调查结果发现，64%的被调查企业没有充分按照搜索引擎优化专业公司提出的建议和要求去实施搜索引擎优化，其主要原因在于企业缺乏相关的专业人员执行搜索引擎优化建议、没有实施搜索引擎优化的预算等。该调查同时还认为，SEO 服务商需要在培训客户方面尽到更多责任。如表 4-2 所示是有关调查的详细结果。

表4-2　企业没有实施搜索引擎优化服务商提出的建议方案的原因

没有实施服务商建议方案的原因	被调查者百分比
缺乏相关的专业人员执行搜索引擎优化建议	33.6%
没有实施搜索引擎优化的预算	16.8%
对网站或文件更新要花太多时间	15.4%
上层领导不执行这些方案	9.4%
SEO 公司对建议没有给出优先执行方案	8.7%
SEO 公司没有对公司执行提供任何支持	8.7%
品牌制约	8.1%
执行这些建议方案无法预测投资收益结果	8.1%
其他原因	6.7%
估计执行改进后投资收益不划算	6%
SEO 公司没有对公司相关人员针对改进方案作必要的培训	3.4%

IProspect 的调查结果对于中国企业的搜索引擎优化策略同样有参考价值。根据新竞争力网络营销顾问与部分企业访谈获得的信息，尽管大部分企业对于网站优化/搜索引擎优化非常重视，很希望通过网站优化方面获得好的网站运营效果，但面临着一系列困难。

首先，与 iProspect 的调查结果类似，企业没有专业网络营销人员实施搜索引擎优化方案是最大的障碍之一。其次，真正专业的网站优化费用相对于网站建设的投入来说可能要高得多，这也让一些企业对如此"高昂"的网站优化费用有些难以接受。造成网站建设费用较低而优化费用相对较高的主要原因在于，网站建设服务市场竞争非常激烈，一些网络营销服务商往往采用低价竞争策略获得客户，因而将企业网站建设的费用一再降低，低价格建设的网站，自然不可能考虑什么优化思想，只能满足用户的一般需求。正是由于这些网站建设的先天不足，在进行优化时往往需要对网站结构问题等基本要素方面作大的调整，结果费用远比建设网站更高，甚至不如重新设计一个网站合算。

根据 iProspect 的观点，一般来说，SEO 服务商在评估网站达到一定效果需要的时间和资金的时候，总是根据他们自己的时间计划和工作量标准，但企业往往总是缺乏足够的时间和资金来优化和维护网站，因此这是双方产生分歧的一方面。这些问题往往导致一些搜索引擎优化方案无法按时完成，因此，企业搜索引擎优化实施人员第一次和 SEO 服务商打交道往往产生很多摩擦。这些企业的 IT 部门人员工作量往往已经非常多，再加上搜索引擎优化工作，势必每月都要增加工作量，因此很容易引起网站工作人员的抵触。

对于搜索引擎优化工作，目前还存在太多认识方面的误区，而操作层面的误区就更多了。比如还有很多企业，甚至不少电子商务网站，最初都低估了做好搜索引擎优化工作要投入的时间、资金和资源，他们希望搜索引擎优化一旦做好就无须再做跟进和维护，而经常更新网站的做法对于他们来说似乎是非常麻烦的事情。这种意识势必影响搜索引擎优化工作的实际效果。

另外，有些 SEO 公司给客户低估了产生效果所需要的时间，结果当预计时间已到但效果依然未表现出来时，客户就对搜索引擎优化公司失去信任，不再采纳他们的建议。iProspect 认为，专业 SEO 公司和企业客户之间的知识和技能差距太大，虽然很多网站管理员都了解一些基本的搜索引擎优化常识，但对大量关键性或细节性的知识和技巧的了解并不透彻，因此一些看似简单的建议往往得不到企业技术人员足够的重视，或者企业技术人员缺乏足够的经验来处理这些问题。

4.3.7.2 给企业实施搜索引擎优化主要的建议

综合搜索引擎优化方案实施中的各种因素，对于计划或者正在实施搜索引擎优化的网站简要提出下列问题和建议。

（1）确认本公司的专业人员是否真正理解搜索引擎优化方案的意义，不要因为看起来不重要而忽视任何要素的改进。

（2）搜索引擎优化工作是一个逐步完善的过程，需要一定的时间来检验效果，急于求成往往无法实现真正的优化。

（3）一个真正优化的网站，投入的费用可能比建设一个新网站更多，这一点也不奇怪，因为建设网站可能有通用的模板，而搜索优化则需要针对每个网站的具体情况进行专门设计。

（4）对原有已经发布的信息资源（包括企业新闻和产品信息等）重新发布是一项艰

巨的工作，尤其当网站原来的内容资源比较多时，往往成为重要的阻碍因素。

（5）来自第三方的搜索引擎优化方案往往会让内部技术人员产生抵触情绪，或者在实施过程中对某些自己不容易解决的问题采取回避的方式，因此没有高层管理人员直接领导的搜索引擎优化工作通常难以保证效果。

（6）专业顾问机构对企业网络营销人员的培训是必要的，但通过一两次培训并不足以让每个人都成为搜索引擎营销专家，因此在方案实施过程中出现一定偏差，或者达不到方案期望的目标是难免的。

另外还有一个不容忽视的现实情况是，许多所谓的专业搜索引擎优化服务商实际上并不专业，对真正的网站优化方法往往只是一知半解，根本无法深入到满足用户需求和搜索引擎检索规则的层次，这样的服务商提供的解决方案本身就存在很大的问题，企业依照这样的方案来实施，搜索引擎优化的效果自然是无法保证的。

总之，搜索引擎优化的基本要素尽管看起来不是那么复杂，但真正落实到每个环节并不是随便可以做好的。另外，不要指望任何一个网站都可以通过搜索引擎优化带来滚滚客流，毕竟搜索引擎只是网络推广的一种手段，况且为数众多的竞争者也都在采用同样的方式争夺有限的搜索推广资源。

企业自行实施搜索引擎优化或者外包给专业服务商来实施除了需要面对以上问题以外，还需要面对其他不同的问题，考虑到这些问题非常具体而且内容繁多，限于篇幅，这里略去相关问题的详细介绍。

【延伸阅读 4-2】

➥ 有关企业自行实施搜索引擎优化或者外包给专业服务商面临的问题可参考网上营销新观察网站的搜索引擎营销专题研究

http://www.marketingman.net/topics/004_semseo.htm

4.4　交换链接推广方法

网站之间的超级链接为用户提供了信息扩展，而用户通过其他网站上的链接来到自己的网站则实现了网络推广，事实上很多访问者都是通过其他网站的链接获得的。网站链接在网络推广中几乎随处可见：搜索引擎搜索结果中的网页 URL、网络广告、在线百科、博客文章、电子邮件内容中的链接地址等都利用超级链接的方式把潜在用户引入到自己的网站，这些可以理解为广义的网站链接推广。本节所介绍的网站链接推广，特指两个网站之间，或者多个网站之间以推广为目的而建立起来的链接关系。

网站链接推广是资源合作的一种形式，因为当网站具有一定的访问量之后，网站本身也成了有价值的网络营销资源，拥有网络资源的不同网站之间开展合作可以达到互为推广的目的。资源合作也是企业网站本身应该具有的一项功能，在网络推广运营中，这项功能便得到了体现。网站互换链接是最简单的一种网络营销资源合作形式，也是常用的网络推广方法之一，具有其他网络推广所无法替代的作用。

4.4.1 网站链接推广的常见形式

在一些网站下方经常可以看到"友情链接"列表，罗列着各种网站的 LOGO 或者文字名称，这就是常见的网站交换链接，但并不是网站链接推广的全部形式，作为网站推广目的的网站链接有多种表现形式。

1．互换链接

互换链接是两个网站之间的交换链接，即根据双方约定的链接方式，用 LOGO 或者文字链接到对方网站。由于合作的网站之间通常都具有相互了解的基础，并且网站内容有一定相关性，所以这种互换链接常被称为友情链接，适合于规模相当的网站之间直接沟通合作，这也是一般网站合作推广所采用的基本模式。

2．循环链接

循环链接是多个网站之间的互换链接，即超过两个网站之间的单向循环链接，例如，A－B－C－D－A 四个之间形成的环状链接关系。这种循环链接常被一些拥有多网站群的机构所采用。

3．轮辐式链接

轮辐式链接是以一个网站作为核心，分别与其他多个网站建立相互链接或者单向链接，而其他被链接网站之间并不一定发生链接关系，这种链接模式常见于网站分类目录、行业龙头网站，以及收费链接网站等，一些拥有多网站集群的机构也可能采用这种模式。

4．链接联盟

通过网站联盟程序实现多个网站之间的互相链接，例如，通过会员网站上放置联盟代码，A 网站上与联盟系统提供的 10 个网站建立链接，B 网站也与系统内的 10 个网站链接，但 A 和 B 网站之间是否有链接关系，并不是自己直接决定的，而取决于程序的设计规则。这种链接联盟，由于相互链接的网站之间相关性不高，对网站推广的实际价值不大，并且可能会被搜索引擎视为作弊行为，因而并非主流应用形式。

除了前述的网站链接方式之外，互联网上还存在形形色色的链接方式，不过大多属于垃圾 SEO 的手段，即用不正当的方式为网站获取外部链接。例如，用户不可见的链接，常用方式是利用网页上 1 个像素大小的图片链接到某个网址，或者用与网页背景色相同颜色的文字加超级链接等；用信息群发软件在 B2B 网站平台、论坛、博客文章后面的评论中大量发送含有链接的信息等。这些链接对互联网环境产生很大的干扰，正规网站推广运营不应该采取这些手段。

在本节下面的内容中，如无特别强调，均以两个网站之间的交换链接为对象。

4.4.2　交换链接对网络营销的作用

在早期的网络推广中，交换链接曾经是比较重要的网络推广方法之一，即使现在，网站链接依然比较重要，只是链接的目的和方式在不断地发展演变。一个没有链接任何网站，也没有被任何网站所链接的孤立的网站，很难取得好的网站推广效果。

归纳起来，网站交换链接的作用主要表现在下面五个方面。

1．通过互相链接推广获得直接的访问量

具有一定访问量且内容相关的网站之间相互链接，可以为合作双方网站带来一定的访问量，用户也可以通过网站链接发现新的网站。大量调查报告（如中国互联网络信息中心的统计报告）从网站访问统计数据中也得出类似的结论。不过，随着用户获取新网站渠道的增加，尤其搜索引擎成为最常用的互联网应用之后，网站链接推广的作用相对降低了。

网站交换链接之后是否可以从合作网站获得用户访问，主要取决于网站之间内容的相关性、合作网站所提供的链接位置和链接方式、合作网站的可信度和访问量等因素。一般来说，小网站被大网站链接、新网站被老网站链接获得的推广机会较好，但往往又不容易实现这样“不对等”的链接，因此对网站链接获取的访问量不应有过高期望，毕竟网站链接还有更多方面的价值。

2．增加网站在搜索引擎排名中的优势

根据现阶段常用的搜索引擎如百度、Google 等的算法规则来看，一个网站要想获得搜索引擎收录并取得好的搜索排名，通常需要有一定数量的外部网站链接，尤其是高质量网站的网站链接至关重要，因此获取外部链接成为搜索引擎优化必不可少的工作内容。

搜索引擎仍然是目前最主要的用户来源之一，为了增加网站在搜索引擎排名中的优势，网站链接也就显得非常重要。不过需要说明的是，为了增加搜索引擎排名优势而进行的网站链接通常有多种表现形式，例如，网页内容中的文字链接、文章标题链接等，并不限于排列于首页“交换链接”区域的网站列表。

3．增加网站的可信度

获得其他网站的链接，并不一定都能获得被点击的机会，即使被大型网站链接也不一定就可以带来数量显著的用户，但这并不意味着这样的链接就没有意义，因为网站链接对于增加网站的可信度有明显效果。如果合作网站具有较高的可信度和较大的访问量，那么获得合作伙伴网站上的链接，可以增加用户浏览时的印象，从而获得潜在的网络品牌价值。

4．获得合作伙伴对网站的认可

交换链接的另一个无法用定量指标衡量的价值在于，通过建立网站合作关系而得到合作伙伴尤其是行业内伙伴的认可。建立交换链接的过程，也就是向同行或相关网站推广自己网站的过程，你的网站能引起对方的注意和认可，交换链接才能得以实现。因此，交换链接的意义实际上已经超出了是否可以直接增加访问量这一具体效果，获得合作伙伴的认知和认可，同样是一个网站品牌价值的体现，对网站品牌具有重要的意义。

5．为用户提供延伸服务内容

对于大多数中小型网站来说，内容往往比较单一，尤其是很多小型企业网站，除了企业介绍、产品介绍之外，似乎很难提供其他更多有独特价值的内容，而用户对某个产品及其相关知识、销售渠道、用户评论等往往需要有更多了解才能形成购买决策，因此通过企业网站链接到用户所感兴趣的其他网站，是对用户提供服务内容的一种延伸，是体现网站顾客价值的一个方面。因此一个好的企业网站往往比较重视与相关网站的合作。

4.4.3　如何实现交换链接

作为一项实践内容，历届大学生网络营销能力秀活动都将网站链接数量作为考核实践者网络营销能力 AR 值的指标之一，高质量的网站链接也是大家认为比较困难的项目之一，原因在于自己缺少高质量的网站作为互换的资源。在网站运营实践中也是同样的道理，一个没有多大访问量的小网站，要想获得别人的关注和认可是比较困难的事情。因此，看似简单的交换链接，其实现过程并不简单，甚至成为许多网站推广最难以解决的问题之一，因为即使愿意为之付费也未必能购买到自己希望的网站链接。所以，掌握网站交换链接的基本技能是非常必要的。

4.4.3.1　网站交换链接的基本流程

交换链接是网站资源合作的一种形式，其背后是潜在的商业价值，只有双方认为各自可以获得期望的价值，这种合作才能得以实现。也就是说，只有明确了自己的资源可以为合作伙伴带来的价值，并且对合作伙伴网站的价值进行评估，才能找到合适的合作对象。交换链接的整个过程可以分为三个阶段，即分析寻找合作对象、合作联系与沟通、交换链接的实施和管理。

1. 分析潜在的合作对象

如果希望从合作伙伴网站的链接中获得一定的访问量或者给潜在用户留下好的印象，前提条件是合作网站的用户应该对你的网站内容有类似的兴趣或需求。如何才能找到这样的网站呢？

可以首先分析哪种网站的访问者可能对自己的网站感兴趣，同时分析自己的网站的访问者对这些网站是否会产生兴趣，找到那些双方的访问者可能互相有兴趣的网站，将这些网站列为重点目标。最简单的方法之一是到几个先于自己发布的，和自己实力、规模、经营领域最接近的网站去看看，逐个分析他们的交换链接对象，发现合适的，先作为备选对象，留待以后主动发出合作邀请。不过，由于新网站在不断涌现，这些早期网站链接的对象很可能不够全面，那么就需要作更多的调研。

2. 合作联系与沟通

当自己的网站经过充分测试可以正常运营之后，就可以考虑向目标网站发出互换链接的合作邀请了，合作邀请通常以电子邮件作为主要沟通工具。这里说的网站正常运营，包括网站各栏目内容完整、无明显文字及链接错误、网站整体专业水平较高，并且，最好已经被主要搜索引擎收录；这时候才可以考虑寻求合作伙伴的链接合作。至于新网站如何获得搜索引擎收录，有很多方式，例如，在搜索引擎推广中介绍的，把网址提交给搜索引擎、通过博客或者 Wiki 等链接被搜索引擎抓取等。

作为一个新网站，PR 值通常都为 0（除非域名此前已经启用并且获得了 PR 值），而且或多或少总有一些不完善的地方，因此你的合作邀请不被重视是难免的，这时候就更应该注意沟通的技巧。下面几个方面可以作为参考。

（1）注意邮件的主题。明确地告诉对方你的目的和诚意，并对自己的网站给予简要介绍，这样可以让对方对你的网站先有个大概的了解，从而产生信任感，而且很可能在看你的简介的同时就已经决定同意互换链接的请求了。如果你事先已经为对方做了链接，就礼貌地告诉对方，这样效果可能会更理想。

（2）邮件抬头最好写清楚对方网站或者联系人的名称。合作邮件应该是一对一而不是群发邮件。首先要真正对潜在合作伙伴网站进行分析，有合作的必要和可能才进行联系，在邮件中应体现出自己对于这种链接的基础已经有一定的认识和研究。因此至少应做到邮件是有针对性地一对一发送。如果以征求交换链接的名义大量发送垃圾邮件，这样不仅让邮件接收者觉得反感，也损害了自己的名声。

（3）信件的内容要礼貌。试想，如果你收到的请求交换链接的邮件在信中表述为："如果你愿意和我们做链接，请你先做好后通知我们。"你收到这样的邮件会考虑跟对方进一步联系吗？显然，这样的邮件除了招致反感，根本达不到实施网站交换链接的目的。然而实际工作中，时常可以收到这样的邮件。

（4）确认邮件。收件人收到邮件后并不一定立刻给予回复，如果几天后仍然没有回复，不妨再发送一封邮件询问，如果仍然没有结果，基本上可以理解为对方没有兴趣了。

另外，网站合作推广也可以不必局限于为了交换链接而交换链接，必要时除了首页链接之外，也可采取其他形式为合作网站进行推介，如在博客、在线问答、Wiki、论坛等中提及合作网站，并给予必要的介绍，这样也会增加合作伙伴的信任，为实现网站链接打下基础。

总之，交换链接是为了获得互相推广的效果。在这合作沟通过程中，网络礼仪很重要，尤其是电子邮件的几个要素体现了发件人的专业水平，也是影响合作成功的主要因素。因而企业需要认真撰写合作邀请邮件内容，经过充分测试和比较，对自己的邮件内容充满自信之后再发出链接邀请。一些网站在处理网站合作问题时往往会出现这样或那样的问题，在细节上不注意，结果失去了合作成功的机会。另外，如果两个网站之间差别太大，无论是规模还是共性方面都不存在合作的基础，那么无论你多么有诚意都很难受到对方的重视和认可。

3．交换链接的实施

得到对方的确认后，应尽快为对方做好链接，同时回一封邮件告诉对方链接已经完成，并邀请对方检查链接是否正确，位置是否合理，同时也是暗示对方：希望尽快将自己的链接也做好。这实质上仍然是向链接网站推广自己的一种方式，许多网站之间的合作关系就是这样开始建立起来的，同时，也是在同行之间建立自己地位的一种有效措施。如果一个网站发布了很久，同一行业内的其他网站对此都没有印象，岂不是很失败吗？

网站交换链接流程及操作要点如图 4-3 所示。

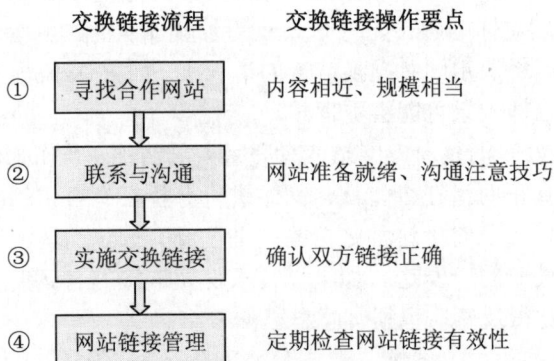

交换链接流程	交换链接操作要点
① 寻找合作网站	内容相近、规模相当
② 联系与沟通	网站准备就绪、沟通注意技巧
③ 实施交换链接	确认双方链接正确
④ 网站链接管理	定期检查网站链接有效性

图 4-3　网站交换链接流程及操作要点

4. 网站交换链接管理

随着时间的推移，合作伙伴的网站可能发生变化，如网址失效、原网站内容改变、网站被搜索引擎惩罚、对方删除了自己的网站链接或者链接 URL 错误等，这样就将造成死链接，或者被动链接了质量低下、内容无关甚至低俗的网站，这些都会对自己的网站质量产生不利影响。因此网站交换链接不是一劳永逸的事情，当网站实现一定数量的交换链接之后，还需要不定期地对链接网站进行回访以确认链接的有效性。

如果在回访合作伙伴网站链接时发现对方遗漏链接或其他情况，应该及时与对方联系。如果某些网站因为关闭等原因无法打开，在一段时间内仍然不能恢复的时候，应考虑暂时取消那些失效的链接。不过，可以备份相关资料，也许对方的问题解决后会和你联系，要求恢复链接。同样的道理，要为合作伙伴的利益着想，当自己的网站有什么重大改变，或者认为不再适合作为交换链接时，也应该及时通知对方。

4.4.3.2 网站交换链接应注意的几个问题

作为一种比较简单的免费网站推广方法，如果应用得当，网站互换链接可以获得一定的效果。这种方法并不复杂，但也不是随便什么链接都有效，需要认真对待。在网站链接的问题上，我们经常会看到一些极为不同的结果，有的网站不加区分地罗列着许许多多似乎毫无关联的网站，从化工建材到个人写真，以及形形色色的个人主页；也有不少网站，根本没有相关网站的链接，这两种情况都有些极端。即使对于比较正常的网站链接，也有一些方面的问题应该给予重视。

1. 网站互换链接的数量与质量

交换的链接一定要保证是高质量的相关网站的链接，低质量的链接不仅没有推广价值，相反会降低自己网站的可信度，因此在选择合作网站/网页时一定要谨记：宁缺毋滥！

网站交换链接的数量有没有标准？是不是链接越多越好？答案是否定的！一般的网站链接位于首页下方，在首页设置过多的外部网站链接是不合理的，因此建议一般中小型网站首页链接 10 个左右，最多不超过 20 个。

如果有几十个甚至数百个合作网站链接怎么办？有些网站采取一个专用的"网站链接"页面，把大量网站分门别类地排列到一个页面上，实际上这样安排也是不合理的，有两个方面的原因：第一，这样罗列大量网站链接的页面根本不能给对方带来任何推广效果；第二，同一个页面中出现大量的外部链接是不合理的，这个页面本身就是低质量的，无论对本网站还是对合作网站都没有意义。

因此，本书作者建议：对于一般中小型网站，要尽量限制网站交换链接的数量，仅选择若干个高质量相关网站进行链接，这样既可以满足一般搜索引擎对于链接广泛度的要求，又达到了在同行内相互推广的目的；对于规模较大的网站，当合作网站较多、链接较多时，最好用独立的链接页面，但一个页面的链接也最好不要超过 100 个。

此外，要特别强调的是，不要试图用自动链接的软件来实现交换链接的工作，更不要与"链接工厂"进行链接！

【实用知识 4-3】如何知道有哪些网站链接了自己的网站?

可以通过一些在线检测方法了解自己的网站被其他网站链接的情况，常见的有：

➤ 通过 Google 搜索引擎来检查。在 Google 搜索框中输入"link: 你的网站 URL（不要带'http://'）"，在反馈结果中即可出现链接了你所输入网站的其他网页。

➤ 通过互联网统计和排名网站 Alexa（http://www.alexa.com）来检查。在检索框中输入你欲检查网站的 URL，点击"web search"按钮，在反馈结果中，除了网站流量排名、网站下载速度等统计数字之外，可以看到网站链接数量（Other sites that link to this site）。

需要说明的是，上述两个网站得到的网站链接数量并不一致，有时甚至会有较大差别，主要是由所收集的网页数据库不同所致，而且两者都不一定记录所有网站链接的数量，因此得到的链接数量仅供参考。

2．不同网站 LOGO 的风格协调问题

交换链接有图片和文字链接两种主要方式。如果采用图片链接（通常为网站的 LOGO），由于各网站的标志千差万别，即使规格可以统一（多为 88×31 像素），但是图片的格式、色彩等与自己网站风格很难协调，例如，有些图标是动画格式，有些是静态图片，有些画面跳动速度很快，这样会影响网站的整体视觉效果。将大量的图片放置在一起，不仅给人眼花缭乱的感觉，而且并不是每个网站的 LOGO 都可以让访问者明白它所要表达的意思，所以往往不仅不能为被链接方带来预期的访问量，对自己的网站也产生了不良影响。另外，首页放置过多的图片会影响下载速度，尤其这些图片分别来自于不同的网站服务器时。因此，在做网站链接时，尽量不要在网站首页放过多的图片链接，如果有 10 幅以上不同风格的图片摆在一起，一定会让浏览者的眼睛感觉不舒服。

一般情况下，建议尽量使用文字链接，这样不仅可以减少图片杂乱的影响，文本链接对搜索引擎优化也可以发挥一定的作用。

3．链接图片本地化

尽量不要使用对方网站给定链接代码的图片链接。为什么呢？这是因为，在正常情况下，尽管从你的网页上可以显示该图片，但是，实际上显示的是对方网站服务器上的信息，因而下载速度和显示效果都取决于对方的服务器。如果该服务器故障，或者图片

所在的 URL 更换，结果将不能正常显示，那么，在你的网站上将不会显示这个图片，这样会影响网页的整体显示效果。另外，有可能造成图片下载速度过慢，而影响网页整体下载速度。

我们可以把合作网站的 LOGO 上传到自己的网站服务器上的相应目录中，在链接区域显示本网站的图片就可以了。

4. 使用打开新窗口功能

交换链接为自己的网站带来一定利益的同时，也带来一定的风险，因为访问者如果在你的网站友情链接的名单中发现一个自己有兴趣的网站，可能会点击那个网站的链接而离开你的网站，使用"打开新窗口"的方式可以在一定程度上减少这种风险。

操作方法也很简单，在为其他网站做链接时，只要在代码中加入 target="_blank"，这样，在访问者点击链接的网站时，会在客户端浏览器打开一个新窗口显示该网页的内容，原来的窗口显示的仍然是自己网站的内容。事实上，网站中的所有外部链接都可以采用打开新窗口的方式，除非你不介意用户从你的网站直接跳转到链接的网站上。

4.5　许可 E-mail 营销方法

电子邮件（E-mail）的应用历史远比搜索引擎和博客都要长，E-mail 至今仍是重要的互联网工具之一。在网络营销发展历程中，E-mail 营销尽管一直存在并持续发挥作用，但从来也没有在某个阶段占据主流地位，因而很多企业也未把这一网络营销方法合理利用。实际上，掌握 E-mail 营销的精髓，不仅对于网站推广非常有价值，而且在网络品牌、顾客服务、用户忠诚、提高转化率等方面均有着其他网络营销工具不可替代的作用。

由于 E-mail 营销的内容非常丰富，其应用环境相对又比较复杂，因此本节仅简要介绍许可 E-mail 营销的基本原理及其在网站推广方面的基础应用。关于 E-mail 营销的系统学习，请参阅国内第一本系统研究电子邮件营销理论和方法的专著《Email 营销》（冯英健著，机械工业出版社，2003.6）。

4.5.1　许可 E-mail 营销的基本原理

提到 E-mail 营销，很多人会与邮箱中收到的大量垃圾邮件联系起来，实际上这种未经用户许可而发送的电子邮件并不是真正的 E-mail 营销。真正的 E-mail 营销是在用户同意接收信息的基础上，为用户提供的有价值的信息，也就是"基于用户许可的 E-mail 营销"，简称许可 E-mail 营销。任何未经用户许可而大量发送的电子邮件，都不能称之为

E-mail 营销，其中有些还属于垃圾邮件。本书介绍的 E-mail 营销/电子邮件营销，是指许可 E-mail 营销。

电子邮件并非为营销而产生，但当电子邮件成为大众的信息传播工具时，其营销价值也就逐渐表现出来了。"E-mail 营销"这一概念听起来并不复杂，但将 E-mail 作为专业的网络营销工具使用，实际操作起来并非那么简单。E-mail 营销不仅仅是将邮件内容发送给一批接收者，发送的内容和发送的方式还要基于 E-mail 营销的一般规律和方法，遵循行业规范，并讲究基本的网络营销道德。但是，目前的网络空间中却充斥着大量垃圾商业邮件，而最早的 E-mail 营销也来源于垃圾邮件（尽管当时没有垃圾邮件这个概念）。

现在普遍的观点是，E-mail 营销的思想诞生于 1994 年。美国 internet.com 公司的创始人 Robert Raisch 对电子邮件营销进行了比较系统的研究，其在 1994 年撰写的论文《未经许可的电子邮件》在互联网领域产生了重要影响。该文将那些未经许可而将信息以低廉的费用传送给数千万消费者的方法称为"用户付费的促销"。之所以称为"用户付费"是因为用户接收和自己无关的电子邮件要花费较长的上网时间，在互联网发展初期，上网速度很慢，并且要支付昂贵的上网费用，而邮件发送者并不需要支付太多的费用。与现实世界中广告商承担所有信息传递费用的方式不同，信息发送者将互联网作为直接的促销渠道向用户传递信息，却不考虑用户的意愿和为此付出的费用，这对用户是不公平的。传统广告中无论是电视还是报纸广告，用户如果不喜欢，完全可以不看，并不会因此而遭受什么损失。这也是网络广告与传统广告的重要区别之一。

随着 E-mail 营销实践应用和理论研究的发展，到 1999 年，"许可营销"理论诞生，将 E-mail 营销进一步推向成熟。"许可营销"理论由营销专家 Seth Godin 在《许可营销》（Permission Marketing: Turning Strangers Into Friends, and Friends into Customers, Simon & Schuster, 1999）一书中最早进行系统的研究，这一概念一经提出就受到网络营销人员的普遍关注并得到广泛传播。

按照 Seth Godin 的观点，许可营销的原理其实很简单，也就是企业在推广其产品或服务的时候，事先征得顾客的"许可"。得到潜在顾客许可之后，通过 E-mail 的方式向顾客发送产品/服务信息。因此，许可营销也就是许可 E-mail 营销。许可营销的主要方法是通过邮件列表、新闻邮件、电子刊物等形式，在向用户提供有价值信息的同时附带一定数量的商业广告。例如，一些公司在要求你注册为会员或者申请某项网络服务时，会询问你"是否希望收到本公司不定期发送的最新产品信息"，或者给出一个列表让你选择自己希望收到的信息。在传统营销方式中，由于信息沟通不便，或者成本过于高昂，许可营销很难行得通，但是互联网的交互性使得许可营销成为可能。

《Email 营销》一书中给出了 E-mail 营销的规范定义："Email 营销是在用户事先许可的前提下，通过电子邮件的方式向目标用户传递有价值信息的一种网络营销手段。"

这里关于 E-mail 营销的定义中强调了三个基本因素：基于用户许可、通过电子邮件传递信息、信息对用户是有价值的。三个因素缺少一个，都不能称为有效的 E-mail 营销。

从电子邮件诞生到 E-mail 营销的应用，经历了一个比较长的时期，并且逐渐形成了一些被广泛认可的行业规范。经过多年的实践，许可 E-mail 营销的有效性也已经被许多企业所证实。下文将简要介绍 E-mail 营销的基础条件和操作要点。

4.5.2　开展 E-mail 营销的基础条件

根据前述 E-mail 营销的定义，E-mail 从普通的通信工具发展到营销工具需要具备一定的环境条件，如：

（1）一定数量的 E-mail 用户；

（2）有专业的 E-mail 营销服务商，或者企业内部拥有开展 E-mail 营销的能力；

（3）用户对于接收到的信息有一定的兴趣和反应（如产生购买、浏览网站、咨询等行为），或者增加企业的品牌知名度。当这些条件具备之后，E-mail 营销才成为可能。

例如，某网站希望向用户的电子邮箱发送一项新产品上线的通知，如何才能拥有用户的邮件地址信息并获得用户的许可？通过什么技术手段向用户发送邮件？如何才能持续不断地向用户发送有价值的内容？要解决这些问题，就需要对开展许可 E-mail 营销的条件及流程有系统的了解。

4.5.2.1　获得用户的 E-mail 地址并获得用户的许可

我们先分析以下两个与邮件列表订阅相关的案例，从中比较用户订阅及邮件内容提供者的不同。

案例分析 4-3

CLICKZ 邮件列表

www.clickz.com 是互联网及网络营销方面的专业研究网站，网站从正式开始运营至今一直在提供新闻邮件订阅服务，用户可以通过电子邮件订阅的方式获取网站各个栏目的最新内容。点击导航栏的 "Subscribe to Newsletters"，进入邮件订阅页面，输入邮件地址并选择自己希望订阅的内容，然后点击 "Subscribe" 按钮，可以看到，网站返回如下信息：

"Newsletter Subscriptions

Thank you for confirming or updating your subscription.

Your e-mail preferences for ClickZ, Search Engine Watch or Search Engine Strategies newsletters have been stored."

订阅过程至此还没有结束，因为你还需要到邮箱中收取确认邮件进行确认——这个过程也就是获得用户许可的过程。只有经过你的确认，网站才会发送邮件给你；如果没有经过你的确认，任何人都不可以把你的邮件地址加入到任何一个邮件列表中。而当你不需要这些邮件信息时，可以根据邮件说明的方式退出邮件列表。即许可 E-mail 采取"自愿加入，自由退出"的原则。

案例分析 4-4

ChinaByte 电子杂志

国内最早的 IT 专业资讯网站 ChinaByte，也是国内最早提供邮件列表服务的网站，从 1997 年开始提供免费新闻邮件订阅服务。现在通过网站页面下方的"电子杂志"链接（http://maillist.chinabyte.com），仍然可以订阅超过 10 个类别的电子刊物。输入你的 E-mail 地址，并且选择你感兴趣的邮件主题，确认后返回的页面信息提示：

"*****@******.com（你的邮件地址），感谢您的订阅，我们已经发送了一封确认邮件到您的邮箱，请尽快登录您的邮箱收取邮件进行确认，确认后您的订阅才会真正生效。"

上述两个案例中邮件列表订阅的流程基本相同，即：

（1）网站提供邮件订阅服务；

（2）用户通过网站输入自己的 E-mail 地址；

（3）网站发送一封确认邮件到用户的 E-mail 邮箱；

（4）用户根据确认邮件说明的方式完成订阅确认手续。

这也是一般正规邮件列表（网站内部邮件订阅，称为"内部列表"）所采取的规范流程。

当用户加入到邮件列表之后，网站就可以向用户的电子邮箱发送他所订阅的信息了，如行业新闻、一周综述或调查报告等。在邮件内容中，也可能附加部分推广信息，从网站运营方面来说，这样的推广信息也就完成了 E-mail 营销信息的传递。

在 E-mail 营销实际工作中，往往需要积累大量的用户 E-mail 地址资源才能具备营销价值，因此如何获得尽可能多的用户订阅，远比提供一个订阅及确认功能困难得多。

4.5.2.2　如何向用户发送邮件列表内容

我们日常收发电子邮件，通常是一对一地发送，或者同一封邮件同时发给若干相关的人，通过 Web 邮件或者客户端软件都可以轻松地实现 E-mail 发送，但是如果用户数量达到数万甚至数百万，用这种方式发送邮件显然是不现实的。因此，邮件列表发送通常需要借助专业的平台，该平台具有用户订阅/退订、用户信息管理、邮件内容管理、邮件发送及跟踪等一系列功能。也就是说，开展许可 E-mail 营销要具备一定的技术条件，这些技术条件也限制了一些小网站开展许可 E-mail 营销的可能。

一个具备完整的用户订阅/退出及邮件发送/管理的邮件列表系统应该具备哪些功能呢？不同类型的邮件列表其经营方式也有一定差别，但在基本原理上是相近的。

1．邮件列表发行系统的基本功能

一个邮件发送系统一般要包括三个子系统：系统后台管理、用户管理、邮件发送管理。

（1）邮件列表系统后台管理。首先要对系统后台进行配置，才能实现用户管理及邮件发送等基本功能，主要包括下列内容。

① 配置列表参数：对邮件列表名称、发送邮件服务器、邮件内容格式、是否允许附件等进行设置。

② 管理用户 E-mail 地址：对无效用户 E-mail 地址进行删除、以不同方式查询列表用户资料、用户 E-mail 地址备份和恢复、批量导入/导出用户信息等。

（2）用户订阅/退订。用户管理即完成用户加入邮件列表、邮件许可确认、退出邮件列表等基础功能，其中包括以下几个细分功能。

① 用户加入列表，通过网站首页和主要页面上的"订阅"框来进行。当新用户输入 E-mail 地址并点击"订阅"后，反馈一个页面，内容为："你很快将收到我们发出的确认邮件，它里面包含了一个用来确认你的订阅的链接，你需要访问该链接来确认你的订阅。请按照邮件的说明来完成你的订阅！"同时给用户提醒："如果未收到确认邮件，请更换其他 E-mail 地址重新加入。"

② 邮件确认，系统将自动发送一封电子邮件到用户输入的 E-mail 地址，用户需要根据邮件中的内容点击一个 URL 才能完成加入列表手续，以免 E-mail 地址不正确或者被别人误操作，造成不必要的麻烦。

③ 退出邮件列表，通过网站首页和主要页面上的"订阅/取消"框来进行，输入订阅邮件时的 E-mail 地址并点击"取消"后，系统将自动发一封确认邮件，用户根据邮件内容中的说明操作即可完成邮件退订手续。另外，如果用户已经接收过邮件内容，在每封邮件的内容中都应该有退出列表方式的说明。

（3）邮件发送与管理。

① 邮件内容编辑，包括邮件主题设计、邮件内容的在线编辑（支持邮件附件和 HTML 功能）、预览、正式发送。

② 邮件模板管理，包括邮件背景、收件人、签名档。

③ 发送电子杂志，包括邮件内容编辑完成，预览及测试无误之后即可向整个列表的用户发送邮件。

④ 查看历史邮件，这项功能使得管理员可以查看所有发送过的邮件内容。

⑤ 退回邮件管理，由于用户邮箱停止使用、邮箱空间超容，或者邮件服务器故障或者拒绝接收等原因都可能造成邮件被退回，对退回邮件的管理包括退信统计数量、退信原因分类等。

经营一份电子刊物需要的最基本的功能应该包括用户订阅（包括确认程序）、退出、邮件发送等，一个完善的电子刊物订阅发行系统则还包含更多的功能，如邮件地址的管理（增减）、不同格式邮件的选择、地址列表备份、发送邮件内容前的预览、用户加入/退出时的自动回复邮件、已发送邮件记录、退信管理等，这些都需要后台技术的支持。随着用户数量的增加和邮件列表应用的深入，还会出现更多的功能需求，这都需要后台技术不断完善。

那么，这些技术问题如何实现呢？一般来说，常用的有两种方式：如果自己的企业网站具备必要的条件，可以完全建立在自己的 Web 服务器上，实现自主管理；如果订户人数比较多，对邮件列表的功能要求很高，这时最好的方式，是与邮件列表专业服务商合作，利用专业的邮件发行平台来进行。

此外，如果邮件列表规模很小，用户数量只有几百人甚至更少，那么发送邮件内容并不需要考虑太复杂的技术问题，利用一般的邮件发送方式即可完成，当然也可以采用邮件群发程序来进行。严格来讲，这种群发邮件的方式并不是真正意义上的邮件列表，可以在邮件列表营销的初期使用，或者作为一种过渡手段。

用户加入/退出邮件列表的方法，通常有两种方式：一种方式是通过设置在网页上的"订阅/退出"框，用户输入自己的邮件地址并点击相应按钮即可；另一种方式是以发送电子邮件方式加入/退出。这两种方式可以同时存在，前者的应用更加普遍，不过后者更适合于在没有网站的情况下经营邮件列表。关于邮件列表的其他技术问题，本书不作深入研究，有兴趣的读者可参考有关邮件列表的技术书籍。

与邮件列表的加入/退出一样，邮件内容的发送也有基于 Web 的方式和基于 E-mail 方式两种。基于 Web 的发行方法，即将邮件内容粘贴到通过浏览器界面显示的邮件列表内容发行区域中，检查无误后点击"发送"按钮即可。基于 E-mail 的发行方式非常简单（通常是利用专业邮件列表发行商的服务），只需将内容和格式设置好的邮件发送到一个指定的电子邮箱中，然后，发行系统会自动将邮件分发到列表中各个用户的邮箱中。

2．关于邮件列表中的用户许可

通常情况下，邮件列表的订阅方式中用户加入列表有一个用户确认的过程，这就是获得用户许可的关键环节。规范的 E-mail 营销强调：E-mail 营销必须在用户许可的前提下进行，也就是说，只能用户自愿加入邮件列表，才能向用户发送你所公开承诺的有关信息，并且允许用户随时退出列表。用户加入和退出邮件列表的过程，就是典型的用户许可过程。

需要说明的是，获得用户许可还有其他方式，比如，在用户注册为会员的过程中与网站签订的在线协议中，如果有用户同意接收网站发送商业信息的条款，也是用户许可的方式。

与用户许可过程明显区别的是，如果未经用户许可而大量发送的邮件，均为垃圾邮件。例如，一些自动收集用户邮件地址的"网络营销软件"、购买用户 E-mail 地址并用群发软件发送的邮件等，都属于典型的垃圾邮件。

4.5.2.3　邮件列表发行平台的选择

企业是建立自己的邮件列表发行平台，还是选择专业服务商的发行平台，主要取决于企业的资源和网络营销目标。一般来说，邮件列表专业服务商的发行平台无论从功能上还是在技术保证上都会优于一般企业自行开发的邮件列表程序，并且可以很快投入应用，大大减少了自行开发所需要的时间，因此与专业邮件列表服务商合作，采用专业的邮件列表发行服务是常用的手段之一。当企业互联网应用水平比较低，邮件列表规模不是很大，并不需要每天发送大量电子邮件时，没有必要自行建立一个完善的发行系统。另一方面，当用户数量比较大时，企业自行发送邮件往往对系统有较高要求，并且大量发送的邮件可能被其他电子邮件服务商视为垃圾邮件而遭到屏蔽，这时，专业邮件列表服务的优势更为明显。

1．选择专业发行平台需要考虑的问题

专业邮件列表发行平台是一种通用的邮件列表发行和管理程序，同一个平台可能要有上千个邮件列表用户。一些第三方邮件列表发行系统存在各种各样的问题，因此，在选择邮件列表发行服务商时需要慎重，同时考虑到将来可能会转换发行商，不仅要了解是否可以无缝移植用户资料，而且还要考察服务商的信用和实力，以确保不会泄露自己邮件列表和用户资料，并能保证相对稳定的服务。选择邮件列表专业发行平台时需要对邮件列表发行平台的基本功能和高级管理功能进行必要的考察。

（1）邮件列表发行平台的基本功能。作为一个完善的邮件列表发行平台，应该具备下列基本功能。

① 用户加入、退出列表，包括新用户加入时的确认、错误邮件地址识别和提醒等。

② 用户地址管理，包括添加、删除、编辑用户的 E-mail 地址。

③ 查看注册用户信息，包括管理员查看列表用户总数、每个用户的 E-mail 地址、加入时间等。

④ 注册用户资料备份。为防止数据丢失，定期将注册用户资料备份，其实现方法可以通过 E-mail 发送到管理员信箱，也可以通过 Web 方式保存。

⑤ 邮件内容编辑。如果是通过 Web 方式发送邮件，需要提供在线编辑区域。

⑥ 邮件内容预览。发送前对邮件的检查是必不可少的步骤，正式发送邮件列表之前先发送给管理员，待最后检查确认后再发送，可以尽可能减少错误。

⑦ 删除邮件列表及 E-mail 地址。当不再利用该发行平台时，邮件列表经营者可以删除列表，并清空所有注册用户地址。

（2）邮件列表的高级管理功能。对于要求较高的邮件列表，下列高级管理功能也很重要，可根据需要选择。

① 邮件格式选择。可根据用户选择提供纯文本、HTML、Rich Media 等不同格式的邮件内容。

② 批量导入用户资料。将一个已有的邮件列表转换新的发行平台时，这个功能尤其重要。

③ 退回邮件管理。退回邮件是不可避免的，邮件退信率相当高，适当的管理将可以提高邮件送达率。

④ 更换 E-mail 地址。用户更换 E-mail 地址的现象非常普遍，为了争取这部分用户重新加入邮件列表，提供方便的更换 E-mail 地址程序十分必要。

⑤ 个性化设置。如用户提交 E-mail 地址后的反馈信息页面、发送给用户确认邮件的设置等，对于用户最终确认加入列表具有重要的促进作用。

如果还有其他特殊需要，则应和服务商取得联系，以获得专业的服务。各邮件列表服务商提供的发行平台在功能上会有一定的差别，可根据自己的需要进行比较选择。

2. 合理利用免费邮件列表发行平台

当邮件列表规模比较小或者要求不高时，免费邮件列表资源也可以作为一种选择，主要用于个人学习和研究，或者用作小型企业建立邮件列表初期的一种过渡方式。不过，随着免费网络服务的减少，可用的免费邮件列表资源也越来越少了，并且免费服务总是有各种各样的功能限制，或者在邮件列表中插入服务商的广告内容。因此作为商业网站，建议最好不要采用这种免费服务。

【实用知识 4-4】部分免费邮件列表服务资源

- 希网网络（http://www.cn99.com）
- Bravenet.com（http://www.bravenet.com）

免费的邮件列表发行平台也包括常用的用户加入、退出、邮件发行等基本功能，因此也可以在一定程度上满足邮件列表的需要。应用免费邮件列表平台的方法比较简单，在邮件列表发行商网站注册之后，可以得到一段代码，按照发行商的说明，将这些代码嵌入自己网站需要放置的地方，于是，在网页上就出现了一个"订阅"框（有的同时还有一个"退订"框），用户可以通过在网页上输入自己的电子邮件地址来完成订阅或者退订手续，整个过程一般都是由发行系统自动完成的。

不同发行商提供的服务方式有所不同，有些发行系统除在网页上完成订阅之外，同时还可以提供利用电子邮件直接订阅或退订的功能，有的则可以提供自动跟踪和抓取等先进技术，有些则允许为用户提供个性化服务，例如，用户不仅可以自己设定邮件的格式（纯文本格式、HTML 格式、Rich Media 格式等），还可以设定接收邮件的日期，并决定是否允许通过手机或传呼机通知邮件到达信息等。

当然，免费邮件列表发行也可能存在一些问题，例如，在邮件内容中附加服务商的广告信息、管理功能不能满足需求、列表用户人数限制等，甚至可能会随时中断或终止服务等。这些情况都需要在实际运用中认真测试和跟踪，以尽量减少因邮件列表发行系统可能带来的影响。

4.5.3　许可 E-mail 营销的内容策略

当 E-mail 营销的技术基础得以保证，并且拥有一定数量用户资源的时候，就需要向用户发送邮件内容了。对于已经加入列表的用户来说，E-mail 营销是否对他产生影响是从接收邮件开始的，用户并不需要了解邮件列表采用什么技术平台，也不关心列表中有多少数量的用户，这些是营销人员自己的事情，用户最关注的是邮件内容是否有价值。如果内容和自己无关，即使加入了邮件列表，迟早也会退出，或者根本不会阅读邮件的内容，这种情况显然不是营销人员所希望看到的结果。

除了不需要印刷、运输之外，一份邮件列表的内容编辑与纸质杂志没有实质性的差别，都需要经过选题、内容编辑、版式设计、配图（如果需要的话）、样刊校对等环节，然后才能向订户发行。但是电子刊物（特别是免费电子刊物）与纸质刊物还有一个重要区别，那就是电子刊物不仅仅是为了向读者传达刊物本身的内容，同时还是一项营销工具，肩负着网络营销的使命，这些都需要通过内容策略体现出来。

在 E-mail 营销的三大基础中，邮件内容与 E-mail 营销最终效果的关系更为直接，影响也更明显，邮件的内容策略所涉及的范围最广，灵活性最大，是 E-mail 营销工作中一项长期的工作，需要对此高度重视。

4.5.3.1 E-mail 营销内容的一般要素

尽管每封邮件的内容结构各不相同，但邮件列表的内容有一定的规律可循，设计完善的邮件内容一般应具有下列基本要素。

（1）邮件主题。可以是本期邮件最重要内容的主题，或者是通用的邮件列表名称加上发行的期号。

（2）邮件列表名称。一个网站可能有若干个邮件列表，一个用户也可能订阅多个邮件列表，仅从邮件主题中不一定能完全反映出所有信息，需要在邮件内容中表现出列表的名称。

（3）目录或内容提要。如果邮件信息较多，给出当期目录或者内容提要是很有必要的。

（4）邮件内容 Web 阅读方式说明（URL）。如果提供网站阅读方式，应在邮件内容中给予说明。

（5）邮件正文。本期邮件的核心内容，一般安排在邮件的中心位置。

（6）退出列表方式。这是正规邮件列表内容中必不可少的内容，退出列表的方式应该出现在每一封邮件内容中。纯文本个人的邮件通常用文字说明退订方式，HTML 格式的邮件除了说明之外，还可以直接设计退订框，用户直接输入邮件地址进行退订。

（7）其他信息和声明。如果有必要对邮件列表作进一步的说明，可将有关信息安排在邮件结尾处，如版权声明和页脚广告等。

案例 4-5 中介绍了几个邮件列表的主要栏目结构，供参考。

案例分析 4-5

部分邮件列表的主要栏目结构			
邮件内容要素	网上营销新观察电子周刊	中小企业与网络应用	The A.I.M. Ezine
邮件发行者信息	网上营销新观察网站	中国频道	MeMail.com
邮件主题描述(** 为邮件列表期号)	网上营销新观察（**）+当期文章标题摘要	《中小企业与网络应用》（**）	当期文章标题摘要

续表

邮件内容要素	网上营销新观察电子周刊	中小企业与网络应用	The A.I.M. Ezine
邮件内容中是否有列表名称	有	有（页面顶端图片）	有
内容提要/目录	有	有（左上角栏目导航）	有
邮件正文（核心内容）	关于网络营销方法与技巧、行业动态等内容的原创文章和部分编译资料	有关域名注册、电子邮局、网站建设、网络营销等方面的问题解答、热点报道、专业知识、客户服务等	有关营销经验和技巧类的文章，以网络营销相关内容为主
邮件正文（格式）	纯文本格式	HTML 格式	纯文本格式
广告内容及设置	非商业性邮件列表，无广告内容	主要为顾客服务和顾客关系，无广告内容	邮件正文中两篇核心内容中间为若干条"文本+网址链接"格式的广告区域
退出列表方式	有文字说明，包括退订网址和人工服务 E-mail 地址	邮件内容中有订阅/退订框	有文字说明，给出加入和退出列表的 E-mail 地址
其他附加信息	版权声明	关于该邮件列表的说明和读者留言区	版权声明

资料来源：本书专用案例，根据本书作者收到的邮件列表内容整理

案例采写时间：2003 年 3 月

4.5.3.2　E-mail 营销内容策略的六项基本原则

尽管 E-mail 营销邮件的具体形式和内容多种多样，但仍然有一些可遵循的规律，本书将其归纳为 E-mail 营销邮件内容策略的六项基本原则，供读者在开展内部列表 E-mail 营销实践中参考。

1．邮件目标一致性

邮件内容的目标一致性是指 E-mail 营销的目标应与企业总体营销战略相一致，营销目的和营销目标是邮件内容的第一决定因素。因此，在以用户服务为主的会员通讯邮件列表内容中插入大量的广告内容会偏离预定的顾客服务目标，同时也会降低用户的信任度。

2．邮件内容系统性

如果对订阅的电子刊物和会员通讯内容进行仔细分析，不难发现，有的邮件广告内容过多，有些网站的邮件内容匮乏，有些则过于随意，没有一个特定的主题，或者方向性很不明确，让读者感觉和自己的期望有很大差距。如果将一段时期的这样的邮件内容放在一起，很难看出这些邮件之间有什么系统性，这样，用户对邮件列表很难产生整体印象，这种邮件列表内容策略将很难培养起用户的忠诚性，因而会削弱 E-mail 营销对于

品牌形象提升的功能，并且影响 E-mail 营销的整体效果。

3．邮件内容来源稳定性

我们可能会遇到订阅了邮件列表却很久收不到邮件内容的情形，甚至可能在我们早已忘记的时候，忽然接收到一封邮件。在邮件列表经营过程中，由于内容来源不稳定使得邮件发行时断时续甚至半途而废的情况并不少见。E-mail 营销是一项长期任务，必须有稳定的内容来源，才能确保按照一定的周期发送邮件。邮件内容可以自行撰写、编辑、或者转载，无论哪种来源，都需要保持相对稳定性。

4．邮件内容精简性

邮件内容过多往往不会受到欢迎。首先，由于用户邮箱空间有限，字节数太大的邮件会成为用户删除的首选对象；其次，过多的信息量让读者很难一下子接受，反而降低了 E-mail 营销的有效性；第三，字节数过大的邮件，对收发邮件的服务器造成较大的压力。因此，应该注意控制邮件内容数量，如果确实有大量的信息，可通过超级链接让用户自行选择点击进入网站浏览。

5．邮件内容灵活性

尽管有内容系统性的要求，但在不同的经营阶段，邮件列表的目的会有差别，邮件内容也会随着时间的推移而发生变化，因此邮件列表的内容策略也不应一成不变，在保证整体目标一致性的情况下，应根据阶段营销目标而进行相应的调整，设计效果最好的邮件内容及展示形式。

6．采用最佳邮件格式

常用的邮件格式包括纯文本格式、HTML 格式和 Rich Media 格式，或者是这些格式的组合。一般来说，HTML 格式和 Rich Media 格式的电子邮件比纯文本格式具有更好的视觉效果，从广告的角度来看，效果也会更好，但同时也存在一定的问题，如文件字节数大，以及用户在客户端无法正常显示邮件内容等。如果可能，最好进行必要的效果测试，并且给用户提供不同内容格式的选择。

案例分析 4-6 是时代营销网站免费电子刊物的经营计划，供参考。

案例分析 4-6

时代营销网站免费电子刊物的内容策略

时代营销网站（www.emarketer.cn）是定位于网络营销领域的综合型信息网站，网站提供免费电子刊物"时代营销电子杂志"，该项功能和服务在网站策划阶段即确定，基本情况如下。

　　↘　电子刊物的主要目的

　　本电子刊物主要用于开展顾客服务、加强顾客关系、提升网站品牌形象，同时为会员企业和用户之间更好地了解提供一个沟通渠道。

　　↘　电子刊物主要内容

　　（1）网络营销和电子商务领域的最新动态；

　　（2）网络营销案例分析；

　　（3）网络营销理论和方法专题文章；

　　（4）网络营销人专访；

　　（5）其他网络营销相关内容。

　　↘　电子刊物内容来源

　　与目前一些媒体没有自己的专业创作队伍、内容只能依靠转载不同，时代营销网站电子刊物的内容全部为原创作品，主要来源于下列渠道。

　　（1）本站工作人员编辑的综合信息；

　　（2）研究机构的重要调查资料；

　　（3）特约作者撰写的专题文章；

　　（4）本站采写的案例和访谈；

　　（5）会员企业的重要新闻、优惠服务、成功案例等；

　　（6）读者反馈与 FAQ；

　　（6）其他临时性的资料。

　　↘　预期的广告内容

　　电子刊物将适量插入部分广告内容，主要目的为介绍本站的各种服务，并且对会员企业的特色产品/服务进行推荐。广告以文本格式为主，适当采用部分 Rich Media 广告。

　　↘　邮件内容格式和发送周期

　　邮件采用 HTML 格式，每封邮件的字节数为 15～40KB，每周二发送。

　　说明：时代营销网站开始于 2003 年 5 月，2007 之后该网站转型，不再提供免费电子刊物服务。

　　资料来源：冯英健. Email 营销. 北京：机械工业出版社，2003.

4.5.3.3　E-mail 营销方法和技巧

　　一般来说，正规的 E-mail 营销都是基于用户许可的，例如，你在一个商城网站注册后，会不定期收到该商城的促销邮件，若不想再收到此类邮件，可按提示取消订阅。除此类订阅邮件外，相信很多人的 E-mail 邮箱都收到过许多垃圾广告邮件，实际上，这些垃圾邮件就是未经过许可的 E-mail 营销。

用户收到垃圾邮件时的心情多半是不愉快的，甚至会将发件人加入黑名单。另外，许多许可 E-mail 营销的邮件也经常被用户取消订阅。这种情况下，广告主的 E-mail 营销显然难以达到预期的效果。如何让电子邮件发挥营销作用，我们不妨从细节入手。

1．电子邮件主题设计

电子邮件主题设计是否合理将会直接影响用户是否打开邮件，其重要性不言而喻。电子邮件主题的作用主要表现在五个方面。

（1）收件人快速了解邮件的大概内容或者最重要的信息；

（2）在邮件主题中表达基本的营销信息；

（3）区别于其他类似的邮件；

（4）为了方便用户日后查询邮件；

（5）尽可能引起收件人的兴趣。

电子邮件主题设计中的较常见错误有：没有邮件主题；邮件主题过于简单或者过于复杂，过简难以表达邮件内容核心思想，过长而显得啰嗦；邮件主题信息不明确，和内容没有直接关系，或有意采取故弄玄虚甚至是欺骗的手段来获得用户的关注；邮件主题信息不完整；邮件主题没有吸引力等。

2．电子邮件主题设计原则

为了让电子邮件主题发挥其应有的营销作用，电子邮件主题设计可遵循以下五项基本原则。

（1）电子邮件主题体现出邮件内容的精华；

（2）电子邮件主题体现出发件人信息中无法包含的内容；

（3）电子邮件主题体现出品牌或者产品信息；

（4）电子邮件主题含有丰富的关键词；

（5）电子邮件主题不宜过于简单或过于复杂。一般来说，电子邮件主题保持在 8～20 个汉字范围内是比较合适的。

为了让邮件主题发挥最佳的效果，在尽可能保证邮件主题符合基本原则的前提下，还需要对邮件主题进行一定的测试，尤其对于重要的邮件，更有必要通过测试来进一步确认邮件主题是否最优。

3．发件人信息设计

在一般的个人通信邮件中，邮件发信人没有统一的个人，有些可能是个人姓名（有些是中文，有些是英文）或者姓名的汉语拼音缩写，有些则可能是电子邮件地址，甚至只是 E-mail 账号。但如果是商业邮件，尤其是作为开展电子邮件营销的商业邮件，这样简单随意的发件人信息设计可就不太合适了，因为发件人信息是收件人考察电子邮件可信度的重要因素。

在正规的电子邮件营销中，对于发信人信息的设置应该重视，但不可滥用。一般来说，应该如实地设置发件人公司名称（品牌名称）和真实的 E-mail 地址，以给用户提供真实的信息，这样，一方面用户可以根据发信人是否和自己有关来判断要不要阅读邮件内容；另一方面，即使用户不打开邮件也可以在一定程度上起到宣传的效果。

在发件人信息的具体的设计方式上，新竞争力认为有两种方式可以考虑：发件人公司名称或者品牌名；发件人公司名称或者品牌名缩写+真实的邮件地址。

4．电子邮件署名设计

电子邮件中的署名是邮件内容不可缺少的组成部分，既是对发件人信息（邮件显示信息）的补充，也是收件人进一步建立对发件人的信任的必要信息。同时，电子邮件署名是一个公司品牌形象的组成部分，对企业网络品牌具有一定的影响。正规公司在邮件署名（尤其是对外部联系时的邮件）都有统一的格式设计，这样不仅看起来比较规范，而且体现了公司品牌形象，尤其是当多个人员或者多个部门都需要与用户发生通信联系时，这种效应更加明显。

4.6　关联网站推广方法

每个企业都应该有自己的网站，但一个企业并不是只能有一个网站。实际上一个企业除了有企业官方网站之外，还有多个业务型、资讯型、专题网络推广型、营销型或者效益型网站的情况非常普遍。除了企业官方网站，其他为业务提供各种支持的网站就属于关联网站的范畴。适当的关联网站营销策略，可以与企业官方网站相辅相成，构成"1+N"集群网络营销模式，让企业网站的网络营销功能得以延伸和扩大。

4.6.1　关联网站的定义及表现形式

关联网站的概念出现于 2005 年，本书作者发布在网上营销新观察网站上的关联网站的定义是："所谓关联网站，通常是指同一个机构所拥有或控制的各个独立的网站，这些网站之间具有互相推广的关联关系。"现在关联网站已经成为被普遍应用的网络营销方法之一，这里对关联网站与关联网站营销提出更为具体的定义："关联网站是以网络推广为目的而特别规划设计的、区别于企业官方网站的一种独立网站形式。关联网站营销是以关联网站为主要网络推广工具，为实现企业网络营销的总体目标而采用的各种网络营销方法。"

　　这里所强调的关联，主要体现在网络推广策略的关联而不是网站外在的表现形式，因此关联网站并不一定与企业官方网站具有显著一致的特征。另外，关联网站，在一些场合的口语中也经常被简单地称为"子站"，不过子站的概念与关联网站有一定的差异，不仅概念不够准确，而且对于各个"子站"之间的关系也缺乏合理的描述。另外，只有在企业拥有"主站"的前提下才可能出现"子站"，而实际上部分企业即使没有官方网站（主站），同样可以利用关联网站营销策略达到网络推广的目的，并且这种基于关联网站的网络推广模式同样是有效的。

　　在多产品系列的集团公司，关联网站的应用往往更加普遍，表现形式也非常灵活。

　　先看一项有关关联网站的调查数据：新竞争力网络营销管理顾问针对国内电子信息行业百强企业网络营销状况的调查表明，大型电子信息企业中，38%的企业采用了不同形式的关联网站。

案例分析 4-7

深圳市竞争力科技有限公司的关联网站

　　新竞争力网络营销管理顾问网站（http://www.jingzhengli.cn）是深圳市竞争力科技有限公司的官方网站。主要功能为发布公司的最新动态、研究报告、网络营销思想等。该公司旗下的关联网站定位和职能各不相同。每一网站都为公司的品牌建设和网站推广发挥了重要作用。这些关联网站分别是：（1）新竞争力网络营销培训中心网站（http://www.jingzhengli.com.cn/），网站的主要职能是发布和企业网络营销培训相关的信息，如培训中心最新动态、培训课程、专家团队介绍、免费电子书下载等。（2）网络营销教学网站（http://www.wm23.com），作为公司关联网站之一，主要职能提供教学参考，如网络营销课件下载、网络营销案例、网络营销基础知识、网络营销论文、营销书籍等。（3）网络营销新观察网站（http://www.marketingman.net/），作为公司的关联网站，主要职能是专注于网络营销理论与网络营销方法研究提供网络营销教程，网络营销论文写作参考等。（4）礼氏物语——高档礼品网站（http://www.lishiwuyu.com/），作为该公司的关联网站，是公司独立开发的B2C网站，从该网站设计之初到网站正式运营，全部秉承公司先进的富有经验的网络营销思想操作。

　　综合多种关联网站的形式，可以把关联网站归纳为如下四种类型。

1. 品牌关联型

适用于多品牌企业。宝洁中国网站是典型的案例（http://www.pg.com.cn/）。每个品牌均有一个顶级域名的品牌网站，每个品牌网站均链接到官方总站，并得到总站的链接，各个品牌网站之间并无直接链接关系。

2．产品关联型

适用于多产品系列，或者多种业务的企业，不同类别的产品/业务信息均可以通过一个独立的网站来承载。产品关联是应用最广泛的关联网站模式。

3．服务关联型

适用于业务流程较长或者销售渠道比较复杂的企业，如提供产品售后服务、驱动程序下载、软件在线升级、产品在线销售等，每个业务流程都可以作为相对独立的关联网站形式存在，各个环节相互关联又相对独立，大大降低了管理的复杂性，因此常为一些大型集团化企业所采用。如联想集团、三星电子、索尼等。

4．营销关联型

以网络营销为目的建立或者控制的其他关联网站形式，除了前面三种比较规范的关联网站形式，还包括多种形式的关联网站，如专题活动网站、独立博客网站、第三方网站、合作伙伴或者其他代理机构的网站等。

第三方关联网站，可能是企业授意的、支持的，或者是纯粹的 Fans，如 Google 就有很多网站爱好者专门探讨 Google 的有关话题，新产品测评等，甚至具有一定程度的非官方信息发布功能。这种关联网站经常表现为论坛或者博客等形式。例如，2009 年网上疯传的 iPhone Girl 事件，后来被一些媒体报道指出，认为是与苹果公司有一定关联的第三方网站站长所为，而其中受益最大的无疑是苹果的 iPhone 手机。与此类似的是，一些第三方评测网站，对某些新产品进行所谓的第三方评测，实际上也可能是某些企业支持的，为企业产品的网络推广提供舆论信息源。这种第三方网站形式的关联网站在某些方法上符合病毒性营销的特征，是网络口碑营销和关联网站营销的综合应用。

关联网站营销策略的核心思想在于网络营销资源的扩展，从信息发布到传播渠道均扩展到企业官方网站之外，不仅使得信息源的形式更加灵活多样，而且大大增加了信息传播渠道，对扩大企业信息的网络可见度具有显著的作用。

4.6.2　关联网站的网络营销功能

关联网站的四种模式，每种都具有一定的网络营销价值，从不同的角度、不同的层面扩展了企业网络营销的内涵，使得网络营销的表现形式更为丰富。

4.6.2.1　关联网站对企业网络营销的意义

下面分别从四个方面解释关联网站营销对开展企业网络营销的意义。

1．企业需要多种形式的网络营销信息

官方网站上的企业信息内容规范，发布渠道权威，代表了企业的官方立场和权威的产品信息源，但是仅有这些形式的信息并不能满足用户的需求。用户还可能需要更多的信息以对企业及产品进行了解，比如第三方的评测和介绍、其他用户的评论等，这些内容并不完全适合发布在企业官方网站上。通过专门策划的专题网站（关联网站）可以更好地满足用户对不同形式信息的需求。

适合关联网站推广的产品或行业包括贵重物品、耐用消费品，或者产品知识含量较高、用户口碑效应比较重要的行业。

2．为不同用户群体获取多系列产品信息提供便利

许多大型企业产品线很宽，不同的产品系列定位于不同的用户群体，甚至有不同的品牌名（如 P&G），如果把所有的产品都罗列到一个网站上，往往会给用户选择产品带来困惑。为每个品牌或者不同的产品设计一个专门网站，并通过企业官方网站将系列网站关联起来，为用户获取信息提供了更多的便利，也创造了产品多渠道网络推广机会。

这种以产品/品牌/消费者群体为定位的关联网站营销策略，实际上并不是网络营销中才创造出来的方法，在传统市场营销策略中早已采用，即是企业多品牌和单一品牌战略的选择问题。实践证明，在产品系列比较宽的企业中，多品牌战略更为成功一些。这在一些市场营销案例中有很多分析，例如，飞利浦（Philips）的单一品牌战略曾受到广泛质疑，并且付出过沉痛代价。

3．让关联网站专注于产品推广

多系列产品的企业，关联网站的重要性容易理解，那么对于产品相对简单的企业来说，关联网站是否有价值呢？答案是肯定的。主要原因在于，企业官方网站要承载整个公司的所有信息，因此对某个产品的网络推广力度相对较弱，即使通过专题等方式来突出某项推广活动，也会受到专题的表现形式、在整个网站中的位置等影响，而利用关联网站推广方式，则可以专注于核心产品的推广，让用户获取信息更为直接，相关性更高。

与多系列产品的关联网站运营思路不同，单一产品的关联网站推广方案更注重于产品推广，以及与企业官方网站之间的关联效果，因此可以说更具有针对性。

4．关联网站营销便于高效率实施网络推广

网络营销是公司级的营销战略。由于公司级的网络营销实施过程往往涉及多个部门的沟通，增加了网络推广实施的难度，降低了工作效率，而关联网站策略通常可以由一个小组在一定时期内独立控制，这样就大大提高了网络营销的实施的效率。这也就是为什么许多企业的一些专题推广活动采用关联网站而不是在企业官方网站完成的原因。

从网站运营的角度考虑，将网络推广专题活动以关联网站方式实现还有一个重要原

因是，可以避免对官方网站服务器产生过大的压力而影响正常运营，比如一些有奖参与活动，或者热门产品发布等，可能会集中在某个时段产生大量并发用户，从而严重影响网站的正常访问。

综上所述，关联网站营销的作用受到越来越多的重视，关联网站营销将成为主流网络营销方法中不可缺少的组成部分，尤其在目前企业对网络营销的效果的关注程度日益提高的环境中，关联网站推广显得尤为重要。

4.6.2.2　关联网站是如何发挥其网络营销功能的

关联网站发挥独特的网络营销功能可以从以下三个方面说明。

1. 扩大搜索引擎可见度

由于多个独立网站同时存在，并且每个网站均有独立的信息发布功能，具有独立的主题和内容，因此每个网站在搜索引擎中都有独立被收录和展示的机会，相对于同一个网站的网页资源，可实现的搜索引擎可见度大大增加。同时，由于多个官方网站与关联网站之间，以及各个关联网站之间可以方便地建立有效的外部链接，非常有利于提高网站内容在搜索结果中的权重，可根据需要加强某些网页搜索引擎自然检索被用户发现的机会。

2. 掌握更多网络营销资源

从根本上说，企业网络营销能力取决于自己所掌握的网络营销资源，以及对网络营销资源的应用能力。关联网站模式的出现，为企业创造和利用网络营销资源开创了新的途径。但并非关联网站数量越多越好，如同网站的网页内容，在保证质量的基础上，数量多才有意义。每个关联网站都要投入相应的资源来运营才能发挥其应有的作用。

3. 发挥集群网络营销效应

如果一个企业在有一个官方网站的基础上发展了若干个关联网站，这样就形成了"1+N"的多网站集群网络营销模式架构。相应地，企业网络推广方法的全局性和局部性关系就比较突出，需要针对不同的关联网站采取相应的推广方式，而各个关联网站之间、关联网站与企业官方网站之间的相互推广关系也需要进行全局性的处理。这种"1+N"多网站集群网络营销模式是关联网站营销的必然要求。

与单一官方网站的网络营销相比，集群网络营销具有更大的优势，例如，多网站同步推广容易快速获得较多关注、多网站链接极大地提高搜索引擎优势自然检索排名、多个关联网站的推广更有利于提高企业官方网站在行业内的影响力。与集群网络营销的优势相对应的是，关联网站营销对企业网络营销的专业性要求更高，尤其在网站内容营销、网站运营管理等方面，往往需要依赖系统的网络营销知识和操作经验。

4.6.3　关联网站营销成功的关键因素

尽管关联网站营销模式具有很多优点，但在实际操作中应用指导思想、操作能力等方面的原因，可能造成实际效果并不理想，顾此失彼甚至半途而废，不仅浪费了资金，也浪费了宝贵的时间资源。根据新竞争力网络营销管理顾问对关联网站运营管理的实践经验，总结出关联网站营销的关键因素及应注意的问题，供企业网络营销人员参考。

随着关联网站营销理念的普及，关联网站的应用越来越广泛，甚至有泛滥的趋势，真正有效的关联网站营销，不仅表现在网站数量方面，更重要的是关联网站的运营。成功的关联网站营销应该考虑下列主要因素。

1．应该采用哪种关联模式

在考虑采用关联网站营销时，首先要考虑的问题包括：关联网站的期望目的是什么；与企业官方网站是什么关联模式，如何实现官方网站与关联网站之间的资源互通及转化。

前述关联网站的四种基本模式中，哪种模式最适合当前关联网站的定位，是否还有更特殊、更独特的关联模式，只有明确这一方向，才能制定关联网站的运营计划。盲目的关联网站操作，是造成混乱甚至失败的主要原因。

2．应该建设多少个关联网站

关联网站的合理数量取决于企业的网络营销总体策略以及网络营销资源。关联网站并非越多越好，因为每个网站都需要投入相应的资源，关联网站过多造成网站运营管理复杂，增加了工作量，顾此失彼，反而削弱了整体网络营销效果。在实际工作中很多关联网站半途而废，不仅浪费了资源，也可能对官网以及其他关联网站造成拖累。

3．如何运营关联网站

相对于企业官方网站而言，关联网站的影响力相对较小，运营资源也可能比较有限，因此对关联网站的运营往往无法持久。考虑到有些关联网站是阶段性的（如专题活动网站），而有些是长期的、连续的（如产品关联网站），因此应针对不同的关联网站形式制定不同的运营策略。对于阶段性关联网站，应集中精力在一定时期内提升关联网站的影响力，而对于连续性的关联网站，则需要制订长期运营计划。

此外，关联网站营销还有一个独特的问题，即多关联网站的企业，往往需要面对如何处理废弃关联网站的问题。有些阶段性的网站可能因为失效而废弃，有些网站因为没有持续地运营维护而失效，这些网站的存在，可能对官方网站产生不良影响。因此，如同网站交换链接管理一样，也需要进行关联网站的有效性检查，对无效的网站给予合理的处置，例如，删除官方网站失效的链接和说明，在失效的关联网站给出提示或者直接删除失效网站等。

4.7　病毒性营销方法

　　所谓病毒性营销，是指信息传播像病毒传播那样快速蔓延，并不是利用电脑病毒去进行网络推广。病毒性营销方法和病毒没有任何关系，真正意义上的病毒性营销不仅不具有任何破坏性，相反还能为传播者以及营销活动的实施者带来好处。病毒性营销是一种网络营销方法，也是一种网络营销思想，其背后的真正含义是如何充分利用外部网络资源（尤其是免费资源）扩大网络营销信息传递渠道。因此，可以简单地认为，病毒性营销是一种利用其他用户的资源免费快速传播信息的一种网络推广方式。

4.7.1　病毒性营销的基本原理

　　病毒性营销并非真的以传播病毒的方式开展营销，而是通过用户的口碑宣传网络，信息像病毒一样传播和扩散，利用快速复制的方式传向数以千计、数以百万计的受众。由于这种传播是用户之间自发进行的，因此几乎是不需要费用的网络营销手段。病毒性营销已经成为网络营销最为独特的手段，被越来越多的网站成功利用。病毒性营销不仅是一种实用的网络推广方法，也反映了一种充分利用各种资源传播信息的网络营销思想。

　　下面我们通过案例来说明病毒性营销的基本原理。

案例分析 4-8

病毒性营销的经典范例

　　1996 年，Sabeer Bhatia 和 Jack Smith 率先创建了一个基于 Web 的免费邮件服务，即现在为微软公司所拥有的著名的 Hotmail.com。许多伟大的构思或产品并不一定能产生征服性的效果，有时在快速发展阶段就夭折了，而 Hotmail 之所以获得爆炸式的发展，就是由于被称为"病毒性营销"的催化作用。

　　Hotmail 的用户数量是有史以来发展最快的，无论是网上还是网下，也无论是印刷品还是其他产品。Hotmail 是世界上最大的电子邮件服务提供商，在创建之后的 1 年半时间里，就有 1200 万注册用户，而且还在以每天超过 15 万新用户的速度发展。在申请 Hotmail 邮箱时，每个用户被要求填写详细的人口统计信息，包括职业和收入等，这些用户信息具有不可估量的价值。

　　令人不可思议的是，在网站创建的 12 个月内，Hotmail 花在营销上的费用还不到 50

万美元，而 Hotmail 的直接竞争者 Juno 的广告和品牌推广费用是 2 000 万美元。在提供用户注册资料时，有些用户会担心个人信息泄密，因此比较谨慎，也就是说，免费邮件的推广也有一定的障碍，那么，Hotmail 是如何克服这些障碍的呢？答案就在于：病毒性营销。

当时，Hotmail 采用的病毒性营销方法是颇具争议性的。为了给自己的免费邮件作推广，Hotmail 在邮件的结尾处附上："P.S. Get your free E-mail at Hotmail"，接收邮件的人将看到邮件底部的信息，然后，收到邮件的人们继续利用免费 E-mail 向朋友或同事发送信息，这样会有更多的人使用 Hotmail 的免费邮件服务，于是，Hotmail 提供免费邮件的信息不断在更大的范围扩散。现在几乎所有的免费电子邮件提供商都采取类似的推广方法。因为这种自动附加的信息也许会影响用户的个人邮件信息，后来 Hotmail 将 "P.S." 去掉，将强行插入的具有广告含义的文字去掉，不过邮件接收者仍然可以看出发件人是 Hotmail 的用户，每一个用户都成了 Hotmail 的推广者，这种信息于是迅速在网络用户中自然扩散。

这就是病毒性营销的经典范例。这种营销手段其实并不复杂，下面是基本程序。

（1）提供免费 E-mail 地址和服务；

（2）在每一封免费发出的信息底部附加一个简单标签："Get your private, free E-mail at http://www.hotmail.com"；

（3）然后，人们利用免费 E-mail 向朋友或同事发送信息；

（4）接收邮件的人将看到邮件底部的信息；

（5）这些人会加入使用免费 E-mail 服务的行列；

（6）Hotmail 提供免费 E-mail 的信息将在更大的范围扩散。

病毒性营销与生物性的病毒不同，因为数字病毒可在国际间不受制约地迅速传播，而生物病毒往往需要直接接触或其他自然环境的作用才能传播。尽管受语言因素的限制，Hotmail 的用户仍然分布在全球 220 多个国家。在瑞典和印度，尽管没有在这些国家作任何的推广活动，Hotmail 仍然是最大的电子邮件服务提供商。尽管 Hotmail 的战略并不复杂，但是，其他人要重复利用这种方法，却很难取得同样辉煌的成果，因为这种雪球效应往往只对第一个使用者才具有杠杆作用。

资料来源：网上营销新观察，http://www.marketingman.net/wmtheo/zh206.htm，2000 年 2 月

病毒性营销信息的传播内容多种多样，信息载体也不拘形式，例如，电子邮件、聊天工具、免费软件、电子书、电子贺卡、在线祝福、微博、手机短信息等。2009 年举办的首届大学生网络营销能力秀活动也采用了部分病毒性营销的思想，其实现过程如下。

该次网络营销能力秀活动设计了一个人气排行榜，即用户可以通过邀请同学、朋友

来为自己投票增加人气。很多学生把自己参赛的信息页面地址通过 QQ、博客、个人空间等方式让自己的朋友了解并给予投票支持，同时让自己的朋友在投票过程中对网络营销能力秀活动有所了解也加入到参赛队伍中来，然后再向更多的同学和朋友传递能力秀的信息。于是在活动开始后几天内就迎来了学生注册的高峰，让这一活动无须大规模推广就实现了很好的宣传效果。在 2010 年春季的网络营销能力秀活动中，组委会把病毒性营销思想进一步扩展，参赛学生不仅可以邀请朋友关注自己的信息，还可以邀请企业注册和评论，在为自己赚取积分的同时，也为被邀请的企业带来了网络推广的效果。因此在整个活动过程中，无论是参赛学生还是被邀请的企业，都乐意传播这样的活动，并从中获得各自的价值。

4.7.2　病毒性营销的一般规律

根据对病毒性营销的实践和研究，将病毒性营销的一般规律归纳总结为下列五个方面。

1. 病毒性营销的"病毒"有一定的界限，超出界限的病毒性营销方案就成为真正的病毒

没有人喜欢自己的电脑出现病毒，可见病毒并不是受人欢迎的东西。病毒性营销中的核心词是"营销"。"病毒性"只是描述营销信息的传播方式，其实和病毒没有任何关系。需要注意的是，在病毒性营销的实际操作中，如果没有认识到病毒性营销的本质是为用户提供免费的信息和服务这一基本问题，有时可能真正成为传播病毒了。尤其是利用一些技术手段来实现的病毒性营销模式，如自动为用户电脑安装插件、用程序控制用户自动转发电子邮件、在 QQ 等聊天工具中自动插入推广信息（称为"QQ 尾巴"）等，这些其实都不能称之为病毒性营销了，已经成为令人讨厌的病毒传播。

2. 成功的病毒性营销离不开六个基本要素

美国电子商务顾问 Ralph F. Wilson 博士将一个有效的病毒性营销战略的基本要素归纳为六个方面。

（1）提供有价值的产品或服务；

（2）提供无须努力的向他人传递信息的方式；

（3）信息传递范围很容易从小规模向很大规模扩散；

（4）利用公共的积极性和行为；

（5）利用现有的通信网络；

（6）利用别人的资源进行信息传播。

根据这一基本规律，在制订和实施病毒性营销计划时，应该进行必要的前期调研和针对性的检验，以确认自己的病毒性营销方案是否满足这六个基本要素。

3. 病毒性营销并不是随便可以做好的，需要遵照一定的步骤和流程

网上营销新观察（www.marketingman.net）的研究认为，成功实施病毒性营销需要以下五个步骤。

（1）病毒性营销方案的整体规划和设计，确认病毒性营销方案符合病毒性营销的基本思想，即传播的信息和服务对用户是有价值的，并且这种信息易于被用户自行传播。

（2）病毒性营销需要独特的创意，并且精心设计病毒性营销方案（无论是提供某项服务，还是提供某种信息）。最有效的病毒性营销往往是独创的。在方案设计时，一个特别需要注意的问题是，如何将信息传播与营销目的结合起来。如果广告气息太重，可能会引起用户反感而影响信息的传播。

（3）对网络营销信息源和信息传播渠道进行合理的设计以便利用有效的通信网络进行信息传播。

（4）对病毒性营销的原始信息在易于传播的小范围内进行发布和推广。

（5）对病毒性营销的效果进行跟踪和管理。对于病毒性营销的最终效果实际上是无法控制的，但并不是说就不需要进行这种营销效果的跟踪和管理。例如，可通过网站流量分析及时掌握营销信息传播所带来的反应，也可以从中发现这项病毒性营销计划可能存在的问题，以及可能的改进思路，将这些经验积累起来为下一次病毒性营销计划提供参考。

上述成功实施病毒性营销的五个步骤对病毒性营销的六个基本要素从实际应用的角度做出了进一步的阐释，使其更具有指导性，充分说明了病毒性营销在实践应用中应遵循的规律。

4. 病毒性营销的实施过程通常无须费用，但病毒性营销方案设计是需要成本

病毒性营销通常不需要为信息传递投入直接费用，但病毒性营销方案不会自动产生，需要根据病毒性营销的基本思想认真设计，在这个过程中必定是需要一定资源投入的，因此不能把病毒性营销理解为完全不需要费用的网络营销，尤其在制订网站推广计划时，应充分考虑到这一点。此外，并不是所有的病毒性营销方案都可以获得理想的效果，这也可以理解为病毒性营销的隐性成本。

5. 网络营销信息不会自动传播，需要进行一定的推广

在成功实施病毒性营销五个步骤中的第四步就是关于对病毒性营销信息源的发布和推广的，因为病毒性营销信息不会实现自动传播，需要借助于一定的外部资源和现有的通信环境来进行。这种推广可能并不需要直接费用，但需要合理选择和利用有效的网络营销资源，因此需要以拥有专业的网络营销知识为基础。

　　总之，病毒性营销具有自身的基本规律，成功的病毒性营销策略必须遵循病毒性营销的基本思想，并充分认识其一般规律。

　　（1）为用户免费提供有价值的信息和服务而不是采用强制性或者破坏性的手段；

　　（2）在进行病毒性营销策略设计时有必要对可利用的外部网络营销资源进行评估；

　　（3）遵照病毒性营销的步骤和流程；

　　（4）不要指望病毒性营销方案的设计和实施完全没有成本；

　　（5）并不是任何一个病毒性营销信息都会自动在大范围内进行传播，因此进行信息传播渠道设计和一定的推动是必要的。

4.7.3　病毒性营销的常见类型

　　病毒性营销的效果可表现在多个方面，例如，网络品牌推广、获得潜在用户、增加网站访问量、特色产品宣传、提高用户忠诚度等，不同的病毒性营销方案，将产生不同的效果。有些方案可能针对某一方面的预期效果而设计，有些则可能在多个方面产生影响；有的方案在短期内快速产生效果并快速结束，有些可能在很长时间内持续发挥作用。因此进行病毒性营销的方案设计时，应明确策划目标、传播渠道及效果预期，并对所需要的网络推广资源有明确的认识。从下面病毒性的常见类型中也可以看出其特点和差异。

　　病毒性营销方案的常见类型包括：免费服务型、大众娱乐型、独特情景型、价值传播型等。下面给予简要介绍。

1．免费服务型病毒性营销方案

　　互联网免费服务的类型很多，如免费新闻、免费邮箱、免费供求信息发布、免费网络硬盘、免费个人空间/博客、免费软件等。在互联网的发展过程中，提供免费服务是最常见的模式之一，几乎每一种重要的互联网免费服务都可以获得较多的用户，从而推动了该服务的普及应用。许多免费服务都具有病毒性营销的一般特征，如果把这些特征经过合理的包装设计，则可以发挥快速传播的效果。

　　尽管各种免费服务的具体表现形式差异很大，但也有一个共同特点，即都正好在某个时间内通过某种信息或服务满足了用户的某种需求，即免费为用户提供了某种价值。例如，Hotmail 免费邮箱的成功，是由于当时很多用户尚没有自己的免费邮箱，因此用户会向自己的亲朋好友推荐 Hotmail。而在免费邮箱非常普及之后，许多后来者提供免费邮箱服务继续效仿 Hotmail 模式进行推广则收效甚微。唯一例外是 Gmail—Google 公司于 2004 年 4 月 1 日推出的大容量免费邮箱服务。Gmail 能再次用病毒性营销方式获得成功，则主要因为 Gmail 提供的是比当时流行的免费邮箱大得多的邮箱空间（一般邮箱 5～10MB，Gmail 则高达 2.5GB，并且不断在增长，引发了免费邮箱空间大升级的一场革命），很多用户为获得一个 Gmail 邀请码而费尽心机，因而 Gmail 邮箱采用了将近 3 年的邀请注册模式并且获得了显著的"病毒性传播"效果。像 Gmail 这样的病毒性营销方案需要巨大的运营成本作为支持。

与 Gmail 的邀请模式类似的案例是：新浪微博（http://t.sina.com.cn/fyj）。新浪微博是国内首家提供微博客服务的门户网站，从 2009 年 9 月份开始公开测试，采用邀请注册的方式发展测试用户，在短短几个月内就有数百万用户注册，而后来加入微博阵营的网站，虽然也曾用邀请模式注册，但响应者远不及新浪微博。新浪微博的成功与恰当的时机选择有很大关系。当然，新浪微博强大的技术开发能力和卓越的用户体验设计也是这一服务迅速获得用户喜爱的重要因素。

从上述案例可以看出，免费服务型病毒性营销方案的主要特点是：可以在合适的时间提供与众不同且适合于公共需求的基础服务，这种服务一般是长期的，因此往往属于公司战略层次的营销方案。因此，免费服务模式的病毒性营销主要适用于经营资源雄厚的大型网站。

2．大众娱乐型病毒性营销方案

娱乐型内容适应性广泛，几乎每个接收信息的人都会产生一定的兴趣，因而传播范围广。一个富有吸引力的方案很容易在短时间内获得巨大的传播效果。但由于娱乐元素占主导，营销信息的加入容易被用户忽略，因此这类病毒性营销的营销效果并不一定很显著，尤其是出自一些非知名的企业/网站，给用户留下的印象通常并不深刻。另外，能产生大众娱乐效果的内容对设计制作的专业性有较高要求，方案创意也有较高的门槛。

在播客等在线视频尚未被广泛应用之前，用 Flash 文件制作的流媒体视频很受欢迎，曾经让一些制作者很快受到关注；以 Flash 为信息载体的病毒性营销也曾经流行一时。常见的娱乐型病毒性营销包括在线视频、笑话、图片、手机短信等。

3．独特情景型病毒性营销方案

独特情景型病毒性营销，利用某个特定节日（如愚人节、中秋节）、特殊活动或事件（如世界杯、日全食）、特色产品（iPhone 新产品）、特殊人物（如网络红人、知名公众人物）等受人关注的机会，通过独特的创意和设计，迅速获得众多用户的关注和传播。这种病毒性营销传播形式多种多样，可以是一段视频、一封电子邮件、一个网页小游戏、一张图片等，主要通过 SNS 网站、QQ 在线聊天工具等方式快速传播。其适用范围也较广。

4．价值传播型病毒性营销方案

价值传播型病毒性营销，也就是以使参与传播信息的人从中可以获得一定的价值，比如免费获得优惠券、专业资讯、积分、电话费、数字礼品等的方式进行的营销。这种方式不限于特殊日期，也不仅限于知名度高的网站采用，只要传播内容和形式获得用户的认可，就可以在较长时期内发挥作用，因此是应用最为广泛的病毒性营销方式。

　　例如，用免费电子书作为病毒性营销工具，是知识营销的常见传播模式之一。新竞争力网络营销顾问在网络营销理念传播中经常采纳这种模式，例如免费电子书《网站推广 120 种方法》、《微博七日通》、《搜索引擎优化（SEO）知识完全手册》、《博客营销研究》等。这是因为知识资源是新竞争力的核心优势资源之一，也是可以持续发挥传播效果的网络推广模式之一。这种基于知识的病毒性营销方案需要投入大量专业人员从事研究工作。

　　综合对比各种病毒性营销方案可以发现，病毒性营销的效果往往是各种营销策略水到渠成的自然体现，刻意追求所谓的病毒性传播反而不一定能成功。病毒性营销常与其他网络推广方法结合应用，如 E-mail 营销、博客营销等，很多时候病毒性营销效果是通过各种综合网络推广得以实现的，离开网站运营的总体环境而单独创建一个广为传播的病毒性营销方案，通常是不太容易做到的。而且，这种被认为是"免费"的营销方式也受资源的制约，一般来说大型知名网站的病毒性营销效果更为显著，不过中小型网站也可以在某些方面获得一定程序的传播效果。对中小型网站而言，在病毒性营销方案设计时应量力而行并且不要把期望目标定得太高。

4.8　网络会员制营销

4.8.1　网络会员制营销概述

　　网络会员制营销（Affiliate Programs）起源并成功应用于在线零售网站。在电子商务比较发达的美国，网络会员制营销已经成为电子商务网站重要的收入来源之一。在应用范围上，也不仅仅局限于网上零售，在域名注册、网上拍卖、内容销售、网络广告等多个领域普遍采用。在美国，现在实施网络会员制计划的企业数量众多，几乎已经覆盖了所有行业，而参与这种计划的会员网站更是数以十万计。

　　根据亚马逊（amazon.com）的介绍，目前加入亚马逊网站会员制计划的网站就超过100 万个，而且会员网站数量还在不断增加。国内的网络会员制营销起步较晚，2003 年之后才进入快速发展时期，尤其是随着第三方网络联盟服务的兴起，网络会员制营销模式在国内的应用才逐渐接近成熟。

1. 网络会员制营销的起源

　　一般认为，网络会员制营销（Affiliate Programs ）由亚马逊公司首创。亚马逊于 1996

年 7 月发起了一个"联合"行动，其基本形式为：一个网站注册为亚马逊的会员（Join Associates），然后在自己的网站放置各类产品或标志广告的链接，以及亚马逊提供的商品搜索功能，当该网站的访问者点击这些链接进入亚马逊网站并购买某些商品之后，根据销售额的多少，Amazon 会付给这些网站一定比例的佣金，最高的可达到 15%。从此，这种网络营销方式开始广为流行并吸引了大量网站参与——后来被称之为"网络会员制营销"。

网络会员制营销资源网站 Affiliate Manager.net 的发行人、《成功的网络会员制营销》一书的作者 Shawn Collins 的研究表明，其实早在亚马逊之前两年，就已经出现了网络会员制营销的雏形，只不过当时没有系统的描述。在亚马逊之前实施会员制计划的公司主要有：PC Flowers & Gifts.com（1994 年 10 月），AutoWeb.com（1995 年 10 月），Kbkids.com/BrainPlay.com（1996 年 1 月），EPage（1996 年 4 月）等。

尽管网络会员制营销的概念不是由亚马逊首创，但是谁也不能否认，是亚马逊将会员制营销发展得如此完美，并对这种营销方式的普及起到了至关重要的作用，从这种意义上来说，将亚马逊视为网络会员制营销的鼻祖也并不过分。人们大都通过亚马逊才真正认识了网络会员制营销，许许多多的小网站也正是通过加入亚马逊的会员计划赚到了网上的第一张支票。

2. 网络会员制营销的基本原理

如果说互联网是通过电缆或电话线将所有的电脑连接起来，因而实现了资源共享和物理距离的缩短，那么，网络会员制营销则是通过利益关系和电脑程序将无数个网站连接起来，将商家的分销渠道扩展到地球的各个角落，同时为会员网站提供一个简易的赚钱途径。

亚马逊在 1996 年 7 月的"联合"行动本身已经描述了网络会员制营销的基本原理，听起来似乎很简单，但是在实际操作中要复杂得多。因为一个成功的会员制营销涉及网站的技术支持、会员招募和资格审查、会员培训、佣金支付、会员服务、发生争议时的解决方法等多项内容。从网络会员制营销的基本思路也可以看出，一个网络会员制营销程序应该包含一个提供这种程序的商业网站和若干个会员网站，商业网站通过各种协议和电脑程序与各会员网站联系起来。因此，在采取网络会员制营销中存在一个双向选择的问题，即选择什么样的网站作为会员，以及会员如何选择商业网站。一个网络会员制营销并不是轻而易举就可以获得成功的。

3. 国内网络会员制营销的发展

国内的网络会员制营销开始于 1999 年底，但在此后的 3 年内都没有显著的发展。后来部分知名电子商务网站和搜索引擎广告服务商网站联盟（如网上零售网站当当网、卓越网百度搜索联盟、阿里联盟等）的推广，带动了国内网络会员制营销的发展。Google 在 2005 年 8 月正式进入中国之后，Google AdSense 获得了快速发展。2006 年后半年，国内主要 IT 门户网站以及大型门户网站网易等都先后加入了 Google AdSense。网络会员制营销模式在国内的发展达到一个新的历史时期。

不过由于国内对网络会员制营销模式还缺乏足够的认识，因此在实际操作中还存在一些问题。尤其在 2003 年上半年，以"短信联盟"为代表的网络会员制营销模式几乎到了过热和失控的状态，最终这种短信联盟被有关部门取缔。而在其他正常的业务领域中，网络会员制营销模式更多地表现为效果不如预期的理想。

4.8.2　网络会员制营销的基本功能

网络会员制营销计划并不仅仅是为会员提供了一个简单赚钱途径这么简单，网络会员制营销无论对于计划提供者还是加盟会员，都有更深层次的价值。网络会员制营销模式的七项基本功能如下。

1. 按效果付费，节约广告主的广告费用

广告主的广告投放在加盟会员网站上，与投放在门户网站不同。投放在加盟会员网站上的广告一般并非按照广告显示量支付广告费用，而是根据用户浏览广告后所产生的实际效果付费，如点击、注册、直接购买等，这样不会为无效的广告浏览支付费用，因此网络广告费用更为低廉。另外，对于那些按照销售额支付佣金的网站，如果用户通过加盟网站的链接引导进入网站（如当当网），第一次并没有形成购买，但用户仍然会记着当当网站的网址，以后可能直接进入该网站而不需要继续通过同一会员网站的引导，那么当当网并不需要为这样明显的广告效果支付费用，因此对于商家来说更为有利，这种额外的广告价值显然胜过直接投放网络广告的价值。

2. 为广告主投放和管理网络广告提供了极大的便利

网络联盟为广告主向众多网站同时投放广告提供了极大便利。在传统广告投放方式中，广告主通过广告代理商或者直接与网络媒体联系，由于各个网络媒体对广告的格式、尺寸、投放时间、效果跟踪方式等都有很大的差别，一个厂家如果要同时面对多个网络广告媒体的话，工作量是巨大的，这也在一定程度上说明为什么只有少数门户网站成为广告主投放网络广告的主要选择。实际上大量中小型网站，尤其是某些领域的专业网站，用户定位程度很高，广告价值也很高，但因网站访问量比较分散，广告主几乎无法选择这些网站投放广告，这无论是对于广告主还是网站主来说都是损失。网络联盟形式完全改变了传统网络广告的投放模式，让网络广告分布更为合理。与网络广告投放的便利性

一样，广告主对网络广告的管理也比传统方式方便得多。有些网络广告内容的有效生命周期不长，或者对时效性要求较高，如果要在大量网站上更换自己的广告，操作起来也会是很麻烦的事情。采用网络联盟模式之后，只要在自己的服务器上修改一下相关广告的代码，不希望出现的广告会即刻消失，而新的广告立刻就会出现在加盟网站上。

3. 扩展了网络广告的投放范围，同时提高了网络广告投放的定位程度

相对于传统的大众媒体，定位性高一直是网络广告理论上的优势，但在传统门户网络广告投放的模式下，实际上很难做到真正的定位，即使选择某个相关的频道，或者某个专业领域的门户网站，也无法做到完全的定位，而基于内容定位的网络广告则真正做到了广告内容与用户正在浏览的网页内容相关，更为重要的是，这种定位性很高的网络广告可以出现在任何网站上，从而拓展了网络广告的投放范围。在这方面 Google AdSense 已经作出了表率。在采用网络联盟策略之前，Google 的关键词广告只能出现在搜索结果页面上，由于网页空间有限，使得大量的广告没有机会出现，这样无论对广告主还是广告媒体都是损失，通过联盟方式，Google AdSense 成功地将关键词广告投放在众多相关的网站上。

4. 大大扩展了商家的网上销售渠道

网络会员制最初就是以网上销售渠道的扩展取得成功而受到肯定，其应用向多个领域延伸并且都获得了不同程度的成功，直到现在，网络会员制营销模式仍然是在线销售网站拓展销售渠道的有效策略之一。以国内最大的中文网上书店当当网来说，自 2001 年成立当当联盟以来，经过几年的发展，至今仍然非常重视这一在线销售渠道策略，在 2004 年 10 月还对当当联盟栏目进行了全新的改版，增加了更多会员可供选择的链接形式，并改进了账户查询等技术功能。国内另一家知名网上零售网站卓越网，也在 2004 年开放了网站联盟，这充分说明了网上零售商对于网络联盟价值的肯定。

5. 为加盟会员网站创造了流量转化为收益的机会

对于加盟的会员网站来说通过加盟网络会员制计划获得网络广告收入或者销售佣金可以将网站访问量转化为直接收益。一些网站可能拥有可观的访问量，但因为没有明确的赢利模式，网站的访问量资源便无法转化为收益。通过参与会员制计划，可以依附于一个或多个大型网站，将网站流量转化为收益，虽然获得的不是全部销售利润，而只是一定比例的佣金，但相对于自行建设一个电子商务网站的巨大投入和复杂的管理而言，无须面临很大的风险，这样的收入也是合理的。对于以内容为主的网站，获得广告收入是比较理想的收益模式，如加入 Google 阿里巴巴推广联盟、百度主题推广等，通过会员网站引导而成为易趣网站的注册会员，将获得易趣网支付的引导费用，这样就很容易地实现了网站从流量资源到收益的转化。

6. 丰富了加盟会员网站的内容和功能

有时网站增加的广告内容的点缀一下就能发挥意想不到的作用，不仅让网页内容看起来更丰富，也对用户获取更多信息提供了方便，尤其是当网络广告信息与网站内容相关性较强时，广告的内容便成为网页信息的扩展。对于广告主为在线销售型的网站，比如当当网上书店，加盟会员在网站上介绍书籍内容的同时加入链接，如果用户愿意，可以根据加盟网站的链接直接开始网上购书行动，尤其是当网站为读者静心选择了某一领域最有价值的书籍时，为用户选择书籍提供了更多的方便。例如，前面案例介绍的网上营销新观测开设的"网络营销书籍"栏目就可以发挥这样的作用。如果网络联盟计划中提供了会员网站可以利用的功能，则进一步扩展了会员网站的功能，如 Google AdSense 除了提供基于内容定位的广告之外，还为会员网站提供搜索功能，用户利用 Google 搜索，如果点击了搜索结果中的关键词广告，同样也会给用户带来获得收益的机会。

7. 利用了病毒性营销的思想，形成强有力的网络推广资源

病毒性营销的价值是巨大的，一个好的病毒性营销计划远远胜过投放大量广告所获得的效果。网络会员制营销正是利用了病毒性营销的基本思想，才形成了如此强有力的网络推广资源。更重要的是，这些加盟会员可以成为长期利用的有效的网络推广资源。

下文通过分析火狐浏览器（Firefox）成功利用 Google AdSense 进行市场推广的案例，将对网络会员制营销模式的价值作出深层次的诠释。

案例分析 4-9

从火狐浏览器市场渗透看网络会员制营销模式的网络推广价值

在浏览器的发展历程中，自从 1997 年微软将 IE4 浏览器与 Windows 98 操作系统进行捆绑之后，其他浏览器便很难与 IE 抗衡，曾经在浏览器市场占主流地位的 Netscape 浏览器尽管仍有一定的市场份额，但与 IE 浏览器相比则显得微不足道。在中文互联网用户中，IE 浏览器几乎占据 99% 以上的份额。然而，面对强大的 IE 浏览器，火狐浏览器（Firefox）推出之后几乎没有采取任何大规模的市场推广就悄悄地渗透到了 IE 用户群中。

Firefox 1.0 版本首发于 2004 年 10 月，2 年后已经取得了全球 15% 左右的市场份额，在欧洲一些国家，如德国，Firefox 的市场份额高达 39%。与绝对垄断地位的 IE 浏览器争夺市场，这不是简单的事情。火狐浏览器（Firefox）市场快速扩张的秘密是什么？

2006 年 8 月，Mozilla 基金会宣布其火狐浏览器下载用户数量超过 2 亿次，同时也"泄漏"了火狐浏览器推广成功的秘密。因为 Mozilla 基金会表示要向所有为火狐浏览器推广

付出努力的成千上万的网络会员制联盟网站（网站内容发布商）致谢，是这些网站联盟会员网站将火狐浏览器的按钮广告、旗帜广告和文本链接广告放在自己的网站上，极力向用户推荐火狐浏览器。其实这已经不是什么秘密，由于火狐浏览器集成了 Google 工具栏的所有功能，不仅为用户浏览和分析网站带来了方便，同时也带动了 Google 工具栏的推广应用，因此 Google 通过其 Google AdSense 程序，让数以万计的 AdSense 会员（网站联盟会员）为 Firefox 浏览器进行推广。

在 Google AdSense 会员后台中有这样的介绍。

"Mozilla Firefox 是具有弹出窗口拦截、标签页浏览及隐私与安全功能的一种 Web 浏览器。我们将 Google 工具栏与 Firefox 结合供用户下载，从而提供更多功能：Google 搜索、拼写检查和自动填写。访问 Mozilla Firefox 网站，当用户通过您的推介下载并安装了 Firefox，我们将回馈多达 USD1.00 的收益到您的账户。"

可见，在 Mozilla Firefox 成功的背后，真正发挥巨大威力的是 Google AdSense。AdSense 不仅为 Google 带来超过 40% 的销售收入，并且成为 Google 最有价值的市场推广资源。当 Google 希望对某项新产品和服务进行推广时，借助于 Google AdSense，可以立即让全球上百万网站通过显示其广告信息为其进行推广，甚至是免费推广。

现在除了 Google 的搜索引擎关键词广告之外，Google 显然把 AdSense 模式成功应用于新产品推广（如 Firefox 火狐浏览器和 Picasa 图像处理软件等），在为 Google 工具栏进行推广的同时，也大力推动了 Mozilla Firefox 的快速发展。这就是网络会员制营销模式的巨大威力，Google 把这种起源于亚马逊电子商务网站的网络会员制营销模式发挥得淋漓尽致。

附：关于 Mozilla 基金会

Mozilla 基金会（Mozilla Foundation）成立于 2003 年 7 月。Mozilla 基金会的宗旨是为 Mozilla 的开源项目提供组织、法律和财政上的支持，不断促进 Mozilla 基于标准化 Web 应用软件及其核心技术的开发、推广和普及。Mozilla 基金会已经在 California 注册为一个非营利性组织，以确保 Mozilla 项目不会因为个人志愿者参加开发而影响项目的持续发展。

Mozilla 的旗舰产品 Mozilla Firefox 已迅速成为最受好评的网络浏览器，包括 PC World、LinuxJournal Magazine 和 eWeek 都给予 Mozilla 相当高的评价。Guardian 最近更是预测 Mozilla 未来的产品可能会使微软的同类产品相形见绌。另外，Mozilla 还是开发基于因特网的应用软件的一个平台工具。Mozilla 为开发人员提供了一套能被广泛使用的、开源的、免费的和经过用户使用测试过的应用软件。

注：有关主流浏览器的发展历程，以及 Firefox 的一些细节，请参考网络营销教学网站提供的背景知识，如：

➥ 主要浏览器发展历程简介 http://www.wm23.com/resource/R01/Internet_1020.htm

↘　主要浏览器免费下载地址一览 http://www.wm23.com/resource/R01/Internet_1028.htm

　　资料来源：新竞争力网络营销博客. 火狐浏览器市场渗透与 Google Adsense 的巨大威力. http://www.marketingman.net/blog/fyj/2410.html，2006 年 8 月

　　一个成功的网络会员制营销计划，众多的加盟网站事实上就是巨大的网络推广资源。Firefox 市场推广的成功经验以及 Google AdSense 带给我们的启示在于，在互联网时代拥有独特网络营销资源的重要，如何构建并充分利用自己的网络营销资源成为电子商务网站以及各类互联网服务非常网站经营成功的法宝。

4.8.3　网络会员制营销成功案例启示

　　本节通过案例 4-10 对内容发布商如何实现收益，以及 Google AdSense 的后台管理功能等进行分析，从而增加读者对网络会员制营销模式更多层面的了解。

案例分析 4-10

三个月内通过 Google AdSense 赚一百万美元

　　2006 年 9 月，多个网站发布了"Google AdSense 富翁排行榜"的消息，其中排名第一的是美国交友网站 Plenty Of Fish.com 的站长 Markus Frind，这个仅由他自己一个人维护的网站每月从 Google AdSense 获利 30 万美元。于是引起了媒体和读者对他的极大兴趣，"三个月内通过 Google AdSense 赚一百万美金"成为网上竞相转载的文章之一（如果您有兴趣的话，建议您到搜索引擎上检索一下，以便浏览全文信息），以至于很难找到文章的原始出处。

　　根据网上的相关内容，这个故事的主角 Markus Frind 在世界站长论坛上发表的帖子"我是怎样在 3 个月之内赚了一百万"中，为 AdSense 会员提出了如下建议。

　　（1）要分析访客的 IP 地址。通过访客的 IP 地址，来分析他来自于哪个国家和地区。因为很多时候，美国的一个访客点击一个广告，可能会给你带来 5 美分的广告收入。但是其他地方的访客有可能只有 2 美分的收入。

　　（2）你必须建立一个能吸引回头客的网站。他的建议是：不要幻想能通过搜索引擎优化本身来致富。但是如果你建立的是一个免费的找工作的网站，你却可能一年赚个 3 千万。其他像俱乐部会员，免费交友等，这类网站都有可能赚大钱。寻找一个已成熟的市场，给这个市场提供一个免费的服务，然后卖广告。

（3）让你的用户和访客来生成网站内容。比如让他们写一些例如夜总会的，旅馆的或高尔夫球场的评论。

（4）不要进入一个太多人已经在用 AdSense 的市场。最好是能创造一个你自己的市场。

（5）网站必须非常简单，必须速度快。一页最多两个广告，最多一到两张图片。不要让你的访客晕头转向，不知所措。

（6）到其他论坛里去转转。如果人们没有在谈论你的目标市场，那么你有很大的机会在这个市场里赚钱。

事实上，关于如何优化网站设计以获得 AdSense 更高的点击率等技巧，在 AdSense 支持中心（https://www.google.com/adsense/support）都有详尽的介绍，并且提供了多个非常有用的网站诊断分析工具，只是能深入理解并结合自己的网站进行相应改进的网站还比较少，因此能够在三个月内赚一百万美元的网站毕竟还是少数。

资料来源：综合互联网上多个网站的相关内容整理

前文介绍了通过网络会员制获得收益的成功案例，然而更多的网站可能并没有那么幸运，这不仅是联盟会员自己的事情，也关系到提供网络会员制计划的商业网站的利益，因为加盟会员获得的收益越大，商业网站的收益也越大。

一个网站加入网络会员制程序一般并不复杂，根据商业网站设定的加盟程序进行在线申请，获得审核（有些是实时审核）后，将代码或者产品信息加入到自己的网站上即可。一般网站有关网络会员制计划的介绍也很简单，但对于会员网站来说，要从网络会员制营销中赚取利润并不是像加入程序那么简单，会员制营销是否可以取得效果取决于提供这种计划的网站和会员双方的共同努力，会员的努力是自己最后可以取得收益的必要条件。

这种状况的改变需要从对会员制营销的认识和操作方式等几个方面入手。

1. 慎重选择网络会员制计划

开展会员制营销计划的网站可能很多，也许有不少看起来都适合你的网站，但是，同时参与太多的会员计划可能并不是好事，太多的链接会把你的网站湮没，使得访问者感到厌烦，再也不想访问你的网站，这样只能适得其反。因此，认真挑选那些具有高点击率和转化率的商业网站，争取总的收益最好，而不是追求参与数量。

在选择要参与哪些会员制计划时，首先要考虑与自己网站的内容是否有关以及出现的广告是否值得信任，另外，比较合理的情况是，网站上加入的广告信息可以为访问者提供相关的有价值的延伸信息，否则提供的联盟广告内容对网站本身可能造成伤害，不仅赚不了佣金，而且不利于网站的发展。访问者到一个网站往往是为了获取某些特定方面的信息，可以利用这些目标用户的特点和兴趣向他们推荐与自己网站内容相关的产品、信息和服务。例如，你的网站是有关汽车维修的，那么参与一个信用卡销售或者生日礼品网站的会员制计划，不管有多高比例的佣金也许都不会有什么好的效果。

2．做好网站内容才是基础

表面看来，利用会员制营销方式赚钱非常容易，无非是在会员网站上放置一些Banner、文字或其他形式的链接，其实隐藏在这种表面现象的背后还有大量烦琐甚至艰苦的工作，同时还需要足够的耐心。天下没有免费的午餐。通过网络会员制模式获得收益，首先要建设一个对用户有吸引力的网站，因为访问者来到你的网站不是为了点击会员程序的链接，甚至不会对你的链接给予特别的注意。因此需要时时提供新鲜的、有价值的内容，要有耐心，你的努力迟早会有回报。

3．完善会员网站建设

在会员网站上有两个基本问题应给予特别的注意：首先，要尽可能提高网站访问量，访问量是参与会员制营销取得成功的最基本因素，因此，需要通过很多常规的网站推广方法，如搜索引擎注册、与其他网站建立广泛的链接、或者发布网络广告等来不断吸引新的访问者；其次，注意网站的易用性简述，尤其不要出现链接错误，联盟广告的链接错误意味着即使有用户点击也不能获得佣金收益。

4．除了链接，还需要推广

网络会员制营销不仅仅是在会员的网站放置图标或者文字链接。如果可能，还有必要为网站访问者提供更多的相关内容，比如介绍某些产品维修知识、使用体会等，当然你也可以为一本新书写一篇书评，这种方式的推荐非常有效，因为访问者会对网站的观点产生信任感而产生购买联盟推荐产品的欲望。

4.9　基于第三方网站平台的推广

新竞争力撰写的《机械企业网络营销策略研究报告》（新竞争力网络营销管理顾问，2010 年 9 月）调查表明，目前企业常用的网络推广方式中，除了搜索引擎优化和网站链接之外，主要还包括：

（1）阿里巴巴 B2B 平台推广（34.5%）；

（2）百度搜索引擎关键词广告（10.0%）；

（3）慧聪 B2B 平台推广（10.0%）；

（4）百度百科平台推广（8.2%）；

（5）Google 搜索引擎关键词广告（7.3%）；

（6）利用第三方博客平台推广（6.4%）。

这些网络推广方法都有一个共同的特点，即网络推广都要依托第三方网站平台，如阿里巴巴、百度、慧聪、新浪博客平台等。上述数据表明，基于第三方博客平台的推广也是常用的网络推广方法。除了上述平台之外，网上商店平台、在线百科（Wiki）、在线问答（Ask）等也是比较重要的网络推广手段。搜索引擎广告、B2B 电子商务平台等内容见本书相关章节的介绍，本节主要介绍下列两类基于第三方平台的网络推广方法。

4.9.1 基于专业市场电子商务平台的网络推广方法

国内各行各业有数以万计的专业批发市场，例如，电子元器件批发市场、服装批发市场、玩具批发市场等，其中部分规模较大的专业批发市场已建立起为本市场商户及产业链各个环节提供服务的电子商务平台，成为商场商户可依托的网络推广平台。例如，深圳华强电子世界网（http://www.hqew.com）、中国小商品城网（http://www.onccc.com）等。

鉴于作者多年来对中国小商品城网的运营和发展进行持续跟踪研究，下面以中国小商品城网为例，介绍专业市场电子商务平台的价值及网络推广方法。

4.9.1.1 义乌中国小商品城电子商务平台简介

地处浙江省中部的义乌中国小商品城，是国内最大的小商品批发市场，也是目前全球最大的小商品集散中心，被联合国、世界银行等国际权威机构确定为世界第一大市场。根据浙江中国小商品城集团公司官方网站（http://www.cccgroup.com.cn）的介绍，义乌中国小商品城现有面积 400 余万平方米、商铺 6.2 万个、从业人员 21 余万，日客流量 20 多万人次。来自世界各地的 10 万余家生产企业包括 6 000 余个知名品牌在这里常年展示 16 个大类、4 202 个种类、33 217 个细类、170 万个单品。饰品、玩具、工艺品、日用五金、袜子、拉链等优势商品在中国市场占有 30% 以上的份额。2008 年，中国小商品城实现总成交额 381.81 亿元，连续 18 次蝉联中国专业市场榜首。

义乌小商品批发市场是传统的商品批发模式的典型，众多商家在一个集中的市场上展示产品，来自各地的商品采购商看样订货，商铺发挥的主要作用是商品展示和订单处理等功能，也正因为市场规模大、商品丰富而使得义乌小商品市场具有很高的知名度。传统小商品市场的优势是供货商集中，为采购商选择商品提供了便利。当互联网的普及应用同样可以为采购商提供丰富的商品信息时，传统市场的小商品批发商的经营模式也在不断发生变化，网络推广已经成为不可缺少的营销模式之一。

案例分析 4-11

义乌博蕾特皮革商行与中国小商品城网站的不解之缘

义乌博蕾特皮革商行是一家集开发、设计、生产、销售、服务为一体的特殊面料生产企业，在义乌国际商贸城三区拥有自己的商位，利用批发市场的优势开展产品批发。在保持传统贸易模式的同时，博蕾特近年来积极利用互联网扩展推广渠道，通过不同形式的网络推广，体验网络贸易的价值，已取得显著成绩。用商行负责人程女士的话说就是，自己对网络营销的热衷获得了丰硕的回报，企业已经越来越离不开网络营销了。

2008 年 7 月，中国小商品城集团所属的义乌中国小商品城网站（www.onccc.com）新版上线，作为批发市场的经营户，博蕾特皮革商行即获得了免费加入 Onccc 网站的机会。网站客服人员到商铺采集了最新的企业介绍和产品信息，经精心处理后发布在 Onccc 网站为市场经营户提供二级域名网站（http://chengmz.onccc.com）。

随着中国小商品城网的大规模推广，义乌博蕾特皮革商行发布在网站上的企业信息也获得了被潜在用户了解的机会，用户不仅可以通过网站分类目录和站内关键词检索发现企业的新产品，而且通过百度和谷歌等搜索引擎检索相关业务关键词时，在搜索结果页面都很容易找到企业介绍或者产品信息。就这样，一个传统的工商企业走进了网络贸易的行列。

博蕾特商行是数以万计小商品批发商中的一员，这种实体市场贸易与网络贸易共存的模式代表了众多中小企业的经营现状，从这种模式中不难总结出中小企业开展网络贸易所需要的条件以及一般规律，例如，需要依托一个集聚了大量采购商和供应商的电子商务平台、有专业的产品信息采集和发布技能、对网络询盘和订单的处理能力、有效的网络推广手段以及网络市场分析研究能力等。从传统的批发市场到实体市场与网络贸易一体化，义乌中国小商品城网（www.onccc.com）为小商品经营者的贸易模式转型发挥了其他第三方 B2B 电子商务平台不可替代的作用。正是基于"立足市场，服务市场"的经营理念，中国小商品城网为市场经营户提供了大量针对性的服务，通过对重点经营户的电子商务知识培训及各种定向网络推广，使许多小商品批发商对网络营销方法等有了进一步的认识，掌握了网络贸易的技巧，从而在依托批发市场的网络推广模式中找到了适合自己的网络贸易模式，让实体市场和网上市场实现有效的结合。

值得说明的是，本书中多次提到的为在校学生提供网络营销实践的"网络营销能力秀"活动中，中国小商品城网为大学生提供了丰富的企业实践资源和奖金奖品等多种支持。义乌博蕾特皮革商行也是积极参加网络营销能力秀活动的商户之一（在大学生网络营销能力秀官方网站的网址 http://abc.wm23.com/brtbs）。该商行与参赛的大学生密切配合，通过参赛学生山东经贸职业学院韩巧月同学（http://abc.wm23.com/han0822qiaoyue）的勤奋工作，不仅开展了各种信息发布、网站链接、百科词条编辑、搜索引擎优化等基础网络推广，也率先尝试了微博营销等新型网络营销模式，在获得了众多询单的同时，也积累了更多有长期价值的网络营销资源。

4.9.1.2 专业市场电子商务平台的网络推广要点

作为市场的商户，首先利用自己所在专业市场的电子商务平台进行网络推广是合理的选择，实际上很多电子商务平台的价值并没有被商户充分认识到。从传统的在商铺等客户上门，到主动的网络推广，不只是贸易思维模式的转变，而且需要专业知识的积累，毕竟网络推广不是随便发布一些信息那么简单。根据对 Onccc 网站商户利用网站平台状况的研究，我们对中国小商品城市场经营户开展网络贸易提出了一些建议，可供同类企业参考。

1．利用电子商务平台的网络品牌增加企业可信度

一般的批发市场都集中了成千上万的商户，在巨大的市场中，每个商户都显得微不足道，以一个商户的名义开展网络推广，无论用顶级域名的独立网站，还是将开设在其他电子商务平台的网址作为主要的官方信息源，都可能存在可信度不高的问题。而大型批发市场往往有较高的知名度，因此利用以市场域名为后缀的网址作为主要的网络品牌进行推广，通常比用其他网址效果更好。例如，义乌邦吉文具有限公司的独立网址是http://www.ywbangji.com，在中国小商品城网的二级域名网站网址为 http://bangji520.onccc.com。通过网址可以让第一次访问者立刻就知道该企业是建立在中国小商品城 onccc.com 网站平台上的企业，可能是中国小商品城所属企业中的一员。这样，邦吉文具借助于中国小商品城网的网络品牌资源，增加了本企业的可信度，提高了网络推广成功的机会。

2．利用电子商务平台应注意操作细节

细节体现专业。通过对中国小商品城网部分会员网站的调查发现，很多会员网站的信息比较贫乏，产品描述信息不够丰富，有些甚至比较陈旧。其实，这几乎是所有 B2B 网站的共性问题，即会员发布的信息不专业，有些甚至仅有产品型号而没有任何文字描述，或者文字描述无法满足用户需求，而且也无法获得搜索引擎的有效收录，无法做到信息被有效传播。

鉴于此，新竞争力提出的关于电子商务平台信息发布和传播的几点建议如下。

（1）产品描述应尽可能详细。在发布产品型号、图片、产地等基本信息的同时，也应该加上详尽的产品描述，尤其是对潜在用户可能关心的问题，尽可能详细描述。另外，产品名称如果有多种表达方式，应该尽量用详细的描述结合简称或者别名，仅仅用企业自己习惯的产品名称简称或者型号，可能会让用户难以理解。

（2）网站信息发布及维护。在网上发布信息之后，还要不定期维护管理，保持信息的有效性。另外，有些网站平台在信息排列方式上，也可能是根据产品发布时间，如此最新发布的信息将出现在前列，增加了被用户发现的机会。此外，时不时到搜索引擎上搜索一下自己发的信息，检查一下用重要关键词是否可以检索到，如果没有，不妨分析一下原因并找到解决办法。

（3）持续关注同行的网络推广动向。在很多领域，网络营销的竞争日趋激烈，比同行专业一点点，就可能获得成功。因此要不断关注同行企业的网络营销动向，尤其是在网络推广方面专业水平较高的同行，不断从中学习经验，调整和完善自己的网络营销方法。

（4）掌握与潜在用户的网络沟通技巧。电子商务平台信息发布属于比较初级的网络推广，从用户获取信息、网络咨询和贸易谈判到最终成交还有很远的距离，除了在信息发布和维护等方面注意技巧之外，还要对潜在用户的行为习惯等有充分的了解，掌握各种网络沟通工具的特点和使用技巧，实现与潜在客户更好地沟通，这些对网络推广的最终成效具有重要影响。

3. 充分利用网站平台的各种推广功能和机会

一般的电子商务平台不只提供产品信息发布这一基本功能，不同市场的电子商务平台还可能有自己的独特功能，例如，黄页、企业新闻发布、商家推荐、网络社区、博客、贸易担保等，这些功能和服务都有一定的推广价值。获得网站平台的推荐，并充分利用各种功能，是网络推广提升效果的有效途径。因此，当选择适合的电子商务平台之后，不仅只是对自己的二级域名网站或者黄页进行信息发布和维护，还要充分了解网站可以提供的所有推广机会，充分利用网站的功能和服务获得最大的推广效果。

例如，中国小商品城网有一个小商品词典（http://www.onccc.com/lemma/index.html）功能，类似于在线百科（Wiki），用户可以自主编辑小商品词条，在词条内容中向用户提供有价值的信息，同时还可以把自己的产品信息、商位地址等一并介绍。当用户通过站内搜索或者公共搜索引擎等渠道发现这些相关信息时，商家就得到了很好的推广效果。另外，这种内容丰富且专业的小商品词条，其网络传播效果要远远好于一般的产品供求信息。

此外，有些网站可能会开展各种推广活动，这也是商家可以利用的推广机会。例如，中国小商品城网支持的大学生网络营销能力秀活动，每次都吸引数千名大学生为企业提供免费的网络推广。活动中学生与商家一对一地结合，帮助商家实施各种免费网络推广，学生得到了实践锻炼，商家获得了推广的实际结果。

4．综合利用多种网络推广扩大网络可见度

电子商务平台模式的特点之一就是操作简单，但同时也就意味着存在一定的局限性，即所有的企业都只能采用同样模式化的操作方式，这在很大程度上限制了企业的个性化需求，并且不容易超越竞争对手，因此在条件具备的情况下采取一些其他相关的推广是很有必要的。在利用市场电子商务平台推广的同时，不要忘记其他网络推广方式，如阿里巴巴 B2B 平台、企业所属行业电子商务网站、前面介绍的在线 Wiki 平台、博客平台等等。当然，企业还可以建立自己的独立网站，利用搜索引擎、网站链接、Web 2.0、SNS 等多种方式进行推广，尽可能扩大企业产品信息的网络可见度。需要注意的是，在不同平台的侧重点可以有所区别，以尽可能扩大信息的传播渠道及可见度，避免造成群发信息的不良印象。

5．不断提高从业人员的网络营销专业知识水平

看似简单的 B2B 电子商务平台模式，尽管很容易被企业所了解和使用，但真正利用这种模式来成功地开展网络贸易，仍然需要付出一定的努力，尤其要在一些细节问题上做到最好，至少比竞争者更好一些，这就需要专业知识了。从长远来看，网络营销将成为所有商务人员必须了解的基础知识，在实践中不断探索和总结，掌握网络营销的各种方法和技巧，才能不断提高，成为网络贸易时代的胜利者。

4.9.2　基于网上商店平台的网络推广方法

网上购物早已走进人们的日常生活，其中建立在专业网上商店平台上的网店发展迅速，成为常见的网上销售模式之一。除了网上直接销售之外，网上商店与其他网站平台一样，也具有网络推广的价值，也就是说，即使没有实现网上销售，同样可以实现推广的目的。

例如，淘宝网是大家熟知的网上商店平台，聚集着数以百万计的卖家和数以千万计的网络购物者（截至 2010 年 9 月，淘宝网站的店铺数量约为 280 万个，详见 http://t.sina.com.cn/1494869527/wr0o9gj801），这一巨大的网站平台为企业开展网络推广和网上销售提供了广阔的空间。其他网店平台如腾讯公司旗下的拍拍网、百度公司所属的百度有啊等也具有类似的网络推广和在线销售功能。

4.9.2.1　网上商店平台的网络推广价值

实现网上直接销售是网上商店的核心功能，同时也是可利用的网络推广平台，其主要网络推广价值表现在下列三个方面。

1．增加信息传播渠道，扩大网络可见度

将有吸引力的产品信息发布在一个聚集网络人气的网络平台上，获得潜在用户的浏览，直接增加企业/产品的网络可见度，一些产品信息还可以通过搜索引擎检索、用户之间的直接信息传递等方式获得更大范围的传播。因此，借助于网店平台，通过专业的产品描述、附有吸引力的图片/视频信息，为产品网络推广增加了又一渠道。

2．增加用户可信度

可信度是影响顾客购买决策的主要因素之一，尤其对于非知名品牌，获得用户信任的难度更大一些。建立在知名电子商务平台的网上商店，其网络行为受电子商务平台的规范和约束，因此会比一般企业网站销售更有保障，从而更容易获得顾客的信任。当网店积累一定顾客资源之后，顾客对商品和商家的好评，对增加可信度也有明显的帮助。

3．对官方网站（或者关联网站）的辅助推广

网上商店是官方网站电子商务功能的延伸，同时网店平台也可以为官方网站（或者关联网站）发挥辅助推广的功能，两者相辅相成，实现网络推广资源价值最大化。由于网上商店平台商家可自主控制的功能有限，可引导用户到企业网站来获取更详尽的产品信息或者服务，从而实现企业网站的推广。同样，通过企业网站，可以把在线购买等功能引导到网上商店上进行。

此外，合理利用网店平台丰富的同类产品信息，可以收集大量有价值的竞争情报，了解同类产品的特点及网络推广手段，也可以了解用户评论等市场信息。

4.9.2.2　利用网上商店推广的常见方法及要点

正是看到了网上商店的价值和商机，目前各种形式的电子商务平台不断出现，许多大型网站都开设了网上商城的业务；供应商开办网上商店，以较少的投入和比较简单的技术要求开展网上销售业务，为推进电子商务应用发挥了积极作用；一些企业和个人也利用这种方式取得了一定收益。但开设网上商店并不像一些网站宣传的那么简单，在"5分钟开展电子商务"的背后，是无数用户在探索网上开店过程中遇到的形形色色的难题，这种状况也在很大程度上影响了网上商城业务的发展。

网上开店难的问题主要表现在三个方面：选择电子商务平台难、网上商店建设难、网店业务推广难。

1．关于网上商店平台的选择

网上开店不仅依托网上商店平台（网上商城）的基本功能和服务，而且顾客主要也来自该网上商城的访问者，因此，平台的选择非常重要，但用户在选择网上商店平台时往往存在一定的决策风险。尤其是初次在网上开店，由于经验不足以及对网店平台了解比较少等原因而带有很大的盲目性。有些网上商城没有基本的招商说明，收费标准也不明朗，只能通过电话咨询，这也为选择网店平台带来一定的困惑。

不同网上商店平台的功能、服务、操作方式和管理水平相差较大，理想的电子商务平台应该具有这样的基本特征：良好的品牌形象、简单快捷的申请手续、稳定的后台技术、快速周到的顾客服务、完善的支付体系、必要的配送服务，以及售后服务保证措施等。当然，还需要有尽可能高的访问量、具备完善的网店维护和管理及订单管理等基本功能，并且可以提供一些高级服务，如对网店的推广、网店访问流量分析等。此外，收费模式和费用水平也是重要的影响因素之一。不同的企业可能对网上销售有不同的特殊要求，选择适合本企业产品特性的电子商务平台需要花费不少精力，完成对电子商务平台的选择确认过程需要几小时甚至几天的时间，不过，这点前期调研的时间投入是值得的，可以最大可能地减小盲目性，增加成功的可能性。

2．关于网上商店建设的问题

一般的专业网店平台具有丰富的功能和简单的操作界面，通过模板式的操作即可完成网上商店的建设。但由于不同的网站所采用的系统具有很大的区别，有些只需要直接上传产品图片和文字说明，有些则需要自己对店面进行高级管理。根据作者对国内部分电子商务平台的试用和了解，发现一个普遍存在的现象是，一些电子商务平台对建立和经营网上商店的说明不足，尤其是建店前应准备哪些资料、对这些资料的格式和标准有什么要求等比较欠缺，用户不得不自己反复摸索，甚至不得不中途放弃。因此，即使具有很完善的功能，对于不了解这个系统特点的用户来说，网店建设仍然是复杂的。此外，由于网上商店平台采用模板式的结构，对部分用户的个性化要求就有很大限制，有些必要的需求无法利用现有功能得到满足，这也是让用户觉得网上商店建设并不简单的原因之一。

3．关于网上商店推广的问题

当网上商店建好之后，最重要的问题就是如何让更多的顾客浏览并购买，这种建立在第三方电子商务平台上的网上商店与一般企业网站的推广有很大的不同。这是因为，网上商店并不是一个独立的网站，对于整个电子商务平台来说，可能排列着数以千计的专卖店，一个网上专卖店只是其中很小的组成部分，通常被隐藏在二级甚至三级目录之后，用户可以直接发现的可能性比较小，并且同一个网站上还有很多竞争者的专卖店在同时争夺有限的潜在顾客资源。网店的客户主要来自于该电子商务平台的用户，因此对平台网站的依赖程度很高，这在一定程度上对网上商店的效果形成了制约。在数量众多的网上商店中脱颖而出，并不是很容易的事情，这需要依靠电子商务平台提供商和商家双方的共同努力。获得平台提供商在主要页面的特别推荐，是脱颖而出的直接和有效的方式，但这种机会并不是很多，因此往往还要靠网店经营者自己采取一定的推广手段，比如为网上商店申请一个独立域名、将网上商店登记在搜索引擎、或者在其他网站进行介绍，甚至投放一定的网络广告等。但是这样的推广也存在一定的风险，即使经营者自己通过一定的推广手段获得一些潜在用户访问，这些用户来到网上商店之后也有被其他商品吸引的可能。

由于存在种种问题，可以说经营好网上商店实际上仍然具有一定的难度，需要经验的积累，因此在初次建立网上商店时，最好进行多方调研，选择适合自己产品特点和经营者个人爱好，又具有较高访问量的电子商务平台，同时，在资源许可的情况下，不妨在几个网站同时开设网上商店。

网上开店现在已经不是一个新鲜的话题，有众多用户在淘宝、eBay 易趣等电子商务平台开店。如有兴趣对网上商店进行系统了解，读者可以直接选择一个电子商务平台（如淘宝 taobao.com），亲自操作一次开设和布置网上商店的整个流程，这样更容易了解网上商店营销中需要解决的问题。

除了上述几种常用网络营销方法之外，博客营销与微博营销也是一种新型的具有 Web 2.0 特征的网络营销方法，将在第 8 章给予专题介绍。在网络营销中，还有一些重要的内容，如网站流量分析方法和在线调研方法等，对网络营销效果及其控制都有重要作用，是为其他网络营销方法提供支持和服务的，将在第 6 章给予专题介绍。这些基本的网络营销方法成为实现网络营销职能的基础，网络营销的开展就是对各种网络营销工具和方法分别或者相互组合的应用。网络营销是一个综合体，不仅网络营销各项职能之间存在密切的联系，各种网络营销方法之间也是相互关联的，因此要用整体的、系统的观点来理解和应用网络营销。

本章小结

网络推广，就是通过分析用户获取信息的渠道，让用户通过常用的网络渠道方便地获取企业的信息。

企业常用的网络推广方式包括网站内部推广、搜索引擎推广、交换链接推广、电子邮件推广、关联网站推广、病毒性营销、网络联盟、Web 2.0 营销以及社会化媒体营销等。

网站内部推广是基于站内资源的网络推广方式。从企业网站内部推广的表现形式划分，内部推广资源可分为三类：网站内容资源、站内广告资源、站内链接资源。

搜索引擎推广，就是利用用户通过搜索引擎检索时，在检索结果中发现自己网站的信息的机会，从而获得潜在用户的访问，达到网站推广的目的的推广方式。搜索引擎推广的五个基本要素分别为：（1）选择专业的网站平台；（2）构建网页信息源；（3）网页内容被搜索引擎收录；（4）获得有利的搜索结果排名位置；（5）实现顾客价值。

　　搜索引擎优化（Search Engine Optimization，SEO），即通过对网站栏目结构和网站内容等基本要素的优化设计，提高网站对搜索引擎的友好性，使得网站中尽可能多的网页被搜索引擎收录，并且在搜索结果中获得好的排名效果，从而实现通过搜索引擎推广网站的目的。

　　本章所介绍的网站链接推广，特指两个网站之间，或者多个网站之间为推广目的而建立起来的链接关系。常见网站链接表现形式为：（1）互换链接；（2）循环链接；（3）轮辐式链接；（4）链接联盟。交换链接的整个过程可以分为三个阶段，即：分析寻找合作对象、合作联系与沟通、交换链接的实施和管理。

　　E-mail 营销是在用户事先许可的前提下，通过电子邮件的方式向目标用户传递有价值信息的一种网络营销手段。企业是建立自己的邮件列表发行平台，还是选择专业服务商的发行平台，主要取决于企业的资源和网络营销目标。设计完善的邮件内容一般应具有下列基本要素：邮件主题、邮件列表名称、目录或内容提要、邮件内容 Web 阅读方式说明（URL）、邮件正文、退出列表方式、其他信息和声明等。E-mail 营销邮件内容策略的六项基本原则为：邮件目标一致性、邮件内容系统性、邮件内容来源稳定性、邮件内容精简性、邮件内容灵活性以及采用最佳邮件格式。

　　关联网站是以网络推广为目的而特别规划设计的、区别于企业官方网站的一种独立网站形式。关联网站营销是以关联网站为主要网络推广工具，为实现企业网络营销的总体目标而采用的各种网络营销方法。关联网站归纳为如下四种类型：品牌关联型、产品关联型、服务关联型以及营销关联型。关联网站的网络营销功能分别是：扩大搜索引擎可见度、掌握更多网络营销资源以及发挥集群网络营销效应。

　　病毒性营销是一种利用其他用户的资源免费快速传播信息的一种网络推广方式。病毒性营销战略的基本要素为：提供有价值的产品或服务；提供无须努力的向他人传递信息的方式；信息传递范围很容易从小规模向很大规模扩散；利用公共的积极性和行为；利用现有的通信网络；利用别人的资源进行信息传播。病毒性营销方案的常见类型包括：免费服务型、大众娱乐型、独特情景型、价值传播型等。

　　网络会员制营销（Affiliate Programs）起源并成功应用于在线零售网站。目前，网络会员制营销已经形成电子商务网站重要的收入来源之一。网络会员制营销模式的七项基本功能如下：（1）按效果付费，节约广告主的广告费用；（2）为广告主投放和管理网络广告提供了极大的便利；（3）扩展了网络广告的投放范围，同时提高了网络广告投放的定位程度；（4）大大扩展了商家的网上销售渠道；（5）为加盟会员网站创造了流量转化为收益的机会；（6）丰富了加盟会员网站的内容和功能；（7）利用了病毒性营销的思想，形成强有力的网络推广资源。

基于第三方网站平台的推广也是常用的网络推广方法。专业市场电子商务平台的网络推广要点包括：（1）利用电子商务平台的网络品牌增加企业可信度；（2）利用电子商务平台应注意操作细节；（3）充分利用网站平台的各种推广功能和机会。网上商店平台主要网络推广价值表现在下列三个方面：（1）增加信息传播渠道，扩大网络可见度；（2）增加用户可信度；（3）对官方网站（或者关联网站）的辅助推广。

思考与讨论

1．请分析对比主要的几类网站推广方法的适用范围及特点。

2．试举例说明企业网站内部资源推广的几种表现形式。

3．搜索引擎优化是企业网站最常见的网站推广方式之一，试选择若干个实际的企业网站为例，分析其对搜索引擎友好的表现体现在哪些方面。

4．网站链接推广是资源合作的一种形式，试举例说明网站链接推广的几种常见形式。

5．学习 E-mail 营销从写好第一封邮件开始。以自己的博客为例征求友情链接，试用 E-mail 联系的方式进行操作。请注意自己的电子邮件要素是否完整。

6．试举例说明关联网站的几种表现形式。

7．试结合病毒性营销的六个基本要素列举两三个病毒性营销案例。

8．找出 3 个以上采用网站联盟的电子商务网站，试分析这些网站联盟的形式及特点。

9．除了本书提到的 3 个主要的基于第三方平台的网络推广方法，你还能列举哪些基于第三方平台的网络推广方法？

实训题

为在校大学生学习网络营销提供的大型实践活动"网络营销能力秀"（http://abc.wm23.com）。每年春秋各举办一期，与网络营销课程接轨。活动的第一个阶段（一个月左右），作为企业网络营销实践的预热，是学生个人网络品牌的建设和推广的阶段，也就是以个人信息页面作为信息源，通过各种常见的网站推广方法进行推广，从而实现个人信息的传播。其中一项考察指标是：利用"学校+个人姓名"作关键词，在主要搜索引擎中进行搜索，个人信息页面排名靠前。实际上这就是一项非常简单而直观的搜索引擎营销实践活动，其中包含了搜索引擎优化工作的多种要素，如个人信息页面名称、关键词策划及内容写作、站内推广、网页正文中的关键词链接、友情链接，以及第三方网站的外部链接等。

学习过本章内容之后，如果你正在参与"网络营销能力秀"活动，是不是觉得这些实践活动易如反掌？如果你没有参与过类似的实践，不妨为自己设计一个类似的活动目标尝试一下，体验将知识转化为效果的快乐。

第 5 章　网站访问统计分析基础

【学习目标】

① 掌握网站访问统计的主要指标及其网络营销意义；
② 了解获取网站访问统计信息的常用方法以及常用统计工具；
③ 掌握常用的网站访问统计分析报告的主要内容及写作方法。

网站访问统计分析，不仅仅是了解网站有多少访问量，更重要的意义在于：网站访问统计分析既是对网站运营效果的阶段总结，也是网站运营诊断及用户行为分析的基本依据。一份专业的网站访问统计分析报告对网站运营具有非常重要的价值。正因为如此，网站访问统计报告在网站运营管理中占据了举足轻重的地位。本章将详细介绍网站访问统计分析的指标及其意义，并提供相应的网站统计分析报告案例和数据资料。

5.1　网站访问统计的主要指标及意义

"在互联网上，没有人知道你是一条狗。"这是一句互联网上脍炙人口的名言。但是，由于任何一个用户在网上的任何浏览行为都是可以被记录下来的，用户来源于哪个 IP 地址，在什么时间访问了哪些网页，以及在这些网页停留了多长时间，甚至用户使用什么操作系统以及浏览器的版本都可以准确地被记录下来，因此，从网络营销的角度看，这句名言应该修改为"互联网上根本没有狗！"这是对互联网虚拟性质另一面的写照。而网站访问统计系统发挥的就是这样的记录作用。

5.1.1　网站访问统计的营销作用

专业的访问统计分析可以为网站带来什么？
（1）及时掌握网站推广的效果，减少盲目性；
（2）分析各种网络营销手段的效果，为制定和修正网络营销策略提供依据；
（3）通过网站访问数据分析进行网络营销诊断，包括对各项网站推广活动的效果分析、网站优化状况诊断等；

（4）了解用户访问网站的行为，为更好地满足用户需求提供支持；

（5）作为网络营销效果评价的参考指标。

从网络营销的角度来说，企业可以通过对用户访问网站的情况进行统计、分析，从中发现用户访问网站的规律，并将这些规律与网络营销策略相结合，从而发现目前网络营销活动中可能存在的问题，并为进一步修正或重新制定网络营销策略提供依据。因此，高效合理地使用这些网站分析工具可以帮助企业了解访客的需求、提升用户体验、提高网站可用性、留住更多的回头客以及提高销售的转化率等。

5.1.2 网站流量统计的指标类别

通过网站流量统计系统，可以将网站访问者的所有信息都精确地记录下来，这些原始数据是进行网站访问分析的基础。网站流量统计系统可以统计的信息种类很多，根据作者多年来对网站访问统计分析的相关研究分析，网站访问统计指标大致可以分为三类，每类包含若干数量的具体统计指标。这三类指标分别是：网站流量指标；用户行为指标；用户浏览网站的方式。下面罗列出每类指标中的重要参数。

1．网站流量指标

网站流量统计指标常用来对网站营销效果进行评价，体现了网站访问量的多少，主要参数包括：

（1）独立访问者数量（unique visitors）：通常以独立 IP 数为统计依据；

（2）页面浏览数（page views）；

（3）重复访问者数量（repeat visitors）；

（4）每个访问者的页面浏览数（page views per user）；

（5）某些具体文件/页面的统计指标，如页面显示次数、文件下载次数等。

2．用户行为指标

用户行为指标主要反映用户的网站使用行为，如用户是如何来到网站的、在网站上停留了多长时间、访问了哪些页面等，主要的统计参数包括：

（1）用户在网站的停留时间；

（2）用户来源网站（也叫"引导网站"）；

（3）用户所使用的搜索引擎及其主要关键词；

（4）在不同时段的用户访问量情况等。

3．用户浏览网站的方式

用户浏览网站的方式主要反映用户的一些个人信息如用户电脑设置信息以及用户地

理位置信息等，相关统计参数主要包括：

（1）用户上网设备类型；

（2）用户浏览器的名称和版本；

（3）访问者电脑分辨率显示模式；

（4）用户所使用的操作系统名称和版本；

（5）用户所在地理区域分布状况等。

实用知识 5-1 是一个目前国内中小型企业常用的免费网站流量统计系统，从中可以了解目前常用的主流网站统计指标体系。

【实用知识 5-1】51yes 网站统计系统提供的主要统计指标

51yes 网站统计系统（count.51yes.com）是一个免费的中文网站流量统计系统，截至本案例写作时，注册 51yes 网站统计系统完全免费而且可以实时注册，用户注册并登录后可以获得 51yes 提供的网站统计代码，将统计代码放置在网页中的合适位置即可获得 51yes 提供的网站流量统计服务（一般情况下将统计代码放置在每个网页的最下方）。

下面是统计代码的一般格式：

```
<script language="javascript" src="http://count23.51yes.com/click.aspx?id=99999&logo=1">
</script>
```

其中的 "99999" 是每个用户的编号，每个用户拥有唯一的数字编号。

利用注册账号登录 51yes 网站统计系统后台可以看到，51yes 提供了若干组网站流量统计分析方式，比较重要的指标包括：

（1）实时统计

➥　综合统计

➥　最后百名访客

➥　1 分钟同时在线访客

➥　5 分钟同时在线访客

➥　15 分钟同时在线访客

➥　跟踪指定 IP

（2）流量分析

➥　每日分析（小时为单位）

➥　每月分析（以天为单位）

➥　每年分析（星期为单位）

➡ 每年分析（月为单位）

➡ 任意时段（小时为单位）

➡ 任意时段（天为单位）

（3）访问统计分析

➡ 回访率统计

➡ 来路统计（域名为单位）

➡ 来路统计（网页为单位）

➡ 来路分类

➡ 受访页面统计

➡ 搜索引擎简明统计

➡ 搜索引擎关键字（分类）

➡ 搜索引擎关键字（不分类）

（4）客户端统计分析

➡ 地理位置分析（国内省）

➡ 地理位置分析（国内市）

➡ 地理位置分析（国外）

➡ 地理位置分析（ISP）

➡ 屏幕分辨率分析

➡ 显示器颜色分析

（5）浏览器分析

➡ Alexa 工具条分析

➡ 操作系统类型分析

➡ 操作系统语言分析

其中，在"实时统计"之"综合统计"中，实时显示了一个网站当天的访问统计信息和历史统计信息，主要包括当天、每周、每月的访问量统计数据（独立 IP 数和页面浏览数），以及最大日访问量的记录。

资料来源：http://count.51yes.com，2012 年 3 月

需要强调的是，从网络营销的角度来看，在网站访问统计指标体系中，有些常用指标在分析网络营销的效果方面更加突出，往往受到网络营销人员更多的关注，这些指标包括：页面浏览数、独立访问者数量、每个访问者的页面浏览数、用户来源网站（来路统计）、用户使用的主要搜索引擎及其关键词检索等。下面将对相关指标及其网络营销意义进行简要介绍。

5.1.3　页面浏览数及其网络营销意义

在进行网站访问量统计分析时，页面浏览数（或称页面下载数、网页显示数，PV）和每个访问者的平均页面浏览数是两个重要指标。通常说的"网站访问量"一般就是指网站的 PV 数量。与 PV 相关的指标还有每个用户的页面浏览数等。

5.1.3.1　网站页面浏览数的基本含义

1. 页面浏览数（Page Views）

网站页面浏览数是指在一定统计周期内所有访问者浏览的网页数量。页面浏览数也就是通常所说的网站流量，或者网站访问量，常作为网站流量统计的主要指标。如果一个访问者浏览同一网页三次，那么网页浏览数就计算为三个。

不过，页面浏览数在具体统计过程中也存在一些问题，在实际分析网络营销效果的时候需要具体问题具体分析。因为一个页面所包含的信息可能有很大差别，一个简单的页面也许只有几行文字，或者仅仅是一个用户登录框，而一个复杂的页面可能包含几十幅图片和几十屏的文字。另外，同样的内容，在不同的网站往往页面数不同，这取决于设计人员的偏好等因素。例如，一篇 6 000 字左右的文章在新浪网站通常都放在一个网页上，而在有些专业网站则很可能需要 5 个页面，对于用户来说，获取同样的信息，新浪网的网站统计报告中记录的页面浏览数是 1，而其他的网站则是 5 个。

另外，考虑到重复刷新网页所产生的 PV 对网站运营并没有实际意义，因此一些统计软件往往会限定在某个时间周期内重复刷新的 PV 数并不记录在内，例如，在一个小时内用户访问一个网页无论多少次，都只记录为 1 个 PV。总之，不同的统计系统对 PV 的定义可能并不相同，因此两个不同的统计机构得出不同的统计结果是完全有可能的。

在网络广告常用术语中也介绍过，由于页面浏览实际上并不能准确测量，或者不同网站的页面浏览数可比性不高，因此现在 IAB 推荐采用的最接近页面浏览的概念是"页面显示"。无论怎么称呼，实际上都很难获得统一的标准，因此页面浏览指标对同一个网站进行评估时意义比较明确，而在不同网站之间比较时说服力就会大为降低。

2. 每个访问者的页面浏览数（page views per user）

每个访问者的页面浏览数是一个平均数，是指在一定时间内全部页面浏览数与所有访问者相除的结果，即一个用户的平均网页浏览数量。这一指标表明了访问者对网站内容或者产品信息感兴趣的程度，也就是常说的网站"黏性"。比如，如果大多数访问者的页面浏览数仅为一个网页，表明用户对该网站显然没有多大兴趣，或者是通过某种渠道（比如搜索引擎）临时获取某方面的信息，达到目的之后随即离开网站。但应注意的是，由于各个网站设计的原则不同，对页面浏览数的定义不统一，同样也会造成每个访问者的页面浏览数指标在不同网站之间不具可比性。

3．网站页面浏览数概念辨析

首先，由于不同的网站内容、格式安排设计的不同，因此"网页浏览数"和"每个访问者的页面浏览数"这两个指标可以作为企业实施网络营销前后网站访问量自我比较分析的参考数据，但是如果将这两个指标作为和其他网站相对比的指标，则缺乏网站之间的可比性。

通过各种网站页面浏览数的对比分析，作者对网站流量统计指标中页面浏览数量问题的观点是：如果没有对一个网站的实际情况进行具体分析，单纯看页面浏览数（以及每个用户的页面浏览数）本身，只能大致反映出一个网站的访问量情况，并不能说明网站内容是否对用户具有"黏性"，尤其不要为每个访问者的平均页面浏览数很高而自豪，因为如果这个数字太高，反而可能说明网站设计存在一定的问题。当然，如果这一指标过低也可能说明网站内容在某些方面存在问题。

其次，需要澄清的一个问题是，Alexa 统计数据中的页面浏览数与网站访问量在实际统计中是有区别的。Alexa 网站排名信息并不是网站流量统计数据，两者不能替代。不过在实际工作中可以发现，一些企业负责人往往用 Alexa 网站排名信息中的数据来评价网站效果，并且过于依赖这些数据。

本书在前面介绍有关网站运营管理工具时已经介绍了 Alexa 工具的作用，由于 Alexa 中也涉及网站页面浏览数指标，因而容易与网站流量统计数据造成一定的混淆，因此有必要对此给予澄清。尤其是网络营销人员在向公司领导、客户等非网络营销专业人士解释网站运营效果的时候，有必要对 Alexa 的相关数据作出专业的解释。

那么，Alexa 全球网站排名系统中的 PV 与网站实际访问量之间有什么区别呢？事实上，在 Alexa 全球网站排名系统中的网站"Page View"的定义是该网站的 PV 数占全球所有网站 PV 数的百分比，而不是一个确切的 PV 数。例如，一个每天访问量 5 000PV 的网站，Alexa 统计的 page view 可能为 0.000 018%，也就是说在该统计日，某网站的访问量占全球的 0.000 018%。这只是一个相对指标，是不能准确描述网站的网页浏览数的。比较具有参考价值的统计指标是"page views per user"，即每个用户的平均网页浏览数。

不过同样需要说明的是，Alexa 统计数据来源于用户安装工具条所获得的信息，在两个规模相当的同类网站之间相比才有意义，不能用于描述某个网站的实际访问数据。

5.1.3.2　网站页面浏览数量统计指标的网络营销含义

在网站流量统计分析报告中，给出的网站的页面浏览数一般是在一个统计时期内的网页浏览总数，以及每天平均网页浏览数。这个数字表明了网站的访问量情况，可以用作对网站推广运营效果的评价指标之一。但是仅仅分析网页浏览总数或者每天的平均网页浏览数无法获得更多的对网络营销分析有价值的信息。那么如何更好地利用这些数据，如何挖掘这些数据背后的价值以及如何将网页浏览数与网络营销之间建立更深层次的关联呢？

根据网站流量数据分析的实践经验，将网页浏览总数或者每天的平均网页浏览数和其他数据进行关联分析，可以获得更多网页浏览数对网络营销分析有价值的信息。这些关联分析主要从以下四个方面进行。

1. 页面浏览数量历史数据及网站发展阶段特征对比分析

比如，对 3 个月来网站每天的页面浏览数进行分析，从中得出网站流量的发展趋势，并且将这些数据与网站所处阶段特点相结合。对于新发布的网站，如果网站页面浏览数处于明显上升趋势，那么与网站发展阶段的特征是基本吻合的，否则就应该进一步分析为什么这期间网站访问量没有明显上升；类似地，如果网站处于稳定阶段，网页浏览数应该相对稳定或有一定波动，但如果数据表明页面浏览数在持续下滑，则反映出网站很可能出现了某种问题，比如网站内容和服务方面存在某些问题，或者出现了新竞争者造成用户转移，或者在保持老客户方面存在问题致使用户流失等。

2. 分析网页浏览数变化周期

当网站运营一段时间之后，网站处于相对稳定阶段，这期间网站访问量会表现出一定周期性的规律，比如每个星期一到星期四的访问量要明显高于星期五到星期日的，而在同一天中，上午 10 点和下午 3 点可能是网站访问的高峰。掌握了这些规律之后，可以充分利用用户的访问特点，在访问高峰到来之前推出最新的内容，这样便于最大可能提高网站信息传递的效果。

3. 通过每个访问者的页面浏览数变化趋势分析网站访问量的实际增长

每个用户的页面浏览数量反映了用户从网站获取信息的多少，一般来说这个平均数越高，说明用户获取的信息量就越大（一个例外情况是，网站提供的信息对用户有价值，但用户获得信息不方便而造成平均页面浏览数过大，如需要多次点击、查找信息不方便，每个页面的信息量过小等）。对每个访问者的页面浏览数变化趋势分析，如果发现这一数据基本保持稳定，那么，页面浏览数的变化趋势就反映了网站总体访问量的变化；如果平均页面浏览数有较大变化，则需要对网站独立用户数、网页浏览数等指标进行比较分析才能发现网站访问量变化的真正趋势。因为如果每个用户平均页面浏览数增加，即使独立用户数量没有增长同样会使得总的页面浏览数增加，反之，如果独立用户数保持稳定，但平均页面浏览数下降了，也会造成网页浏览数量的减少。因此单纯从网站页面浏览数的变化情况还不足以说明网站的总体访问量变化趋势，需要与独立用户数、每个用户的平均页面浏览数量等进行比较分析。

4．通过各个栏目（频道）页面浏览数的比例分析重要信息是否被用户关注

通过 Alexa 全球网站排名系统，可以看到一些网站各个栏目首页访问量占网站总访问量的比例，这一信息对于选择网络广告投放在哪个频道具有一定的参考价值。虽然这种数据来自第三方的统计所采用的方法并不一定可靠，并且对于大多数访问量较低的网站来说，信息的准确性较差，不过这种分析思路可以推广到任何一个网站，只是需要对自己网站各个栏目页面访问数量进行统计，在一般的网站流量统计分析软件中都有这样的功能。通过对各个栏目页面浏览数量比例分析，可以看出用户对哪些信息比较关注，也可以了解有多大比例的用户会访问网站首页。这些数据对于各个重要网页的重点推广具有重要意义，例如，可根据自己的期望决定采用搜索引擎关键词广告推广时应该链接到哪些页面、注册快捷网址时直接到达哪些页面等。这一比例分析通常也会反映出一个重要事实：对于绝大多数网站来说，多数用户通常并不是首先来到首页，然后才根据首页导航逐级进入其他页面的。

关于页面浏览数量的分析及其应用，上面介绍的是一般性内容，在网络营销管理实际工作中还可以获得更多有价值的信息，比如对某些重要页面的跟踪分析可以获得在一个时期内的访问统计规律，或者对某项网站推广方案进行相关分析，从而判断网站推广的效果等。

此外，上述内容中也提到了网站独立用户数（独立访问者）对网站流量访问统计分析的影响，独立用户数也是网站访问统计分析的重要指标之一，接下来将给予详细介绍。

5.1.4　独立访问者数量及其网络营销意义

5.1.4.1　独立访问者数量的基本含义

独立访问者数量（Unique Visitors），有时也称为独立用户数量或者独立 IP 数量（尽管独立用户和独立 IP 之间并不完全一致），是网站流量统计分析中另一个重要的数据，并且与网页浏览数分析之间有密切关系。独立访问者数量描述了网站访问者的总体状况，指在一定统计周期内访问网站的数量（如每天、每月），每一个固定的访问者只代表一个唯一的用户，无论他访问这个网站多少次。独立访问者越多，说明网站推广越有成效，也意味着网络营销越有成效，因此是最有说服力的评价指标之一。相对于页面浏览数统计指标，网站独立访问者数量更能体现出网站推广的效果，因此对网络营销管理具有重要意义。

一些机构的网站流量排名通常都是依据独立访问者数量，如调查公司 Media Metrix 和 Nielsen//NetRatings 对美国最大 50 家网站访问量排名就是以独立访问数为依据，统计周期为一个月，无论用户在一个月内访问网站多少次，都记录为一个独立用户。不过值得说明的是，由于不同调查机构对统计指标的定义和调查方法不同，对同一网站监测得出的具体数字并不一致。

5.1.4.2　独立访问者数量的网络营销意义

在网站流量分析中，独立访问者数量（独立用户数量）对网络营销效果分析主要有下列作用。

1．独立用户数量比较真实地描述了网站访问者的实际数量

相对于网页浏览数和点击数等网站流量统计指标，网站独立访问者数量对网站访问量更有说服力，尽管这种统计指标本身也存在一定的问题。目前对独立访问者数量的定义，通常是按照访问者的独立 IP 进行统计的，这实际上和真正的独立用户之间也有一定差别，比如多个用户共用一台服务器上网，使用的是同一个 IP，因此无论通过这个 IP 访问一个网站的实际用户数量（自然人）有多少，在网站流量统计中都算作一个用户；而对于采用拨号上网方式的动态用户，在同一天内的不同时段可能使用多个 IP 来访问同一个网站，这样就会被记录为多个"独立访问者"。

当然也有可能采用更精确的方式来记录独立访问者数量，比如用户网卡的物理地址等，或者多种方式综合应用，但由于这些统计方式可能会影响到对访问者其他信息的统计，如用户所在地区、用户使用的 ISP 名称等，因此在网站流量统计中，这种"精确统计"方式并不常用。所以，尽管独立 IP 数量与真正的用户数量之间可能存在一定差别，但目前的网站统计中仍然倾向于采用 IP 数量的统计。

2．网站独立访问者数量可用于不同类型网站访问量的比较分析

在"网站页面浏览数分析"中介绍过，通过每个访问者的页面浏览数变化趋势分析网站访问量的实际增长时需要用到独立访问者数量统计指标，因为对于不同的网站，用户每次访问的网页数量差别可能较大。对于新闻、专题文章等内容的网站，用户可能只是浏览几个最新内容的网页，而对于一些娱乐性的网站如音乐、图片和社会性网络等，则很可能每次访问会浏览几十个甚至更多的网页，这样仅仅用网页浏览数量就很难比较两个不同类别网站的实际访问者数量，因此独立用户数量是一个通用性的指标，可以用于各种不同类型网站之间进行访问量的比较。

3．网站独立访问者数量可用于同一网站在不同时期访问量的比较分析

与不同网站的用户平均页面浏览数有较大差别类似，同一个网站在不同时期的内容和表现会有较大的调整，用户平均页面浏览数也会发生相应的变化，因此在一个较长时期内进行网站访问量分析时，独立用户数量指标具有较好的可比性。

4．以独立用户为基础可以反映出网站访问者的多项行为指标

除了网站的"流量指标"之外，网站统计还可以记录一系列用户行为指标如用户电脑的显示模式设计、电脑的操作系统、浏览器名称和版本等，这些都是以独立用户数量为基础进行统计的。同样，在一个统计周期内同一用户的重复访问次数也可以被单独进行统计。

5.1.5 用户来源网站分析及其网络营销意义

用户来到一个网站的方式有通常两种：一种是在浏览器地址栏中直接输入网址或者单击收藏夹中的网站链接，另一种则是通过别的网站引导而来，也就是来源网站。用户来源网站，有时也称为引导网站，或者推荐网站（Referring Site）。

许多网站统计分析系统都提供了用户来源网站统计的功能（来路统计功能），这对于网站推广分析具有重要意义，这些统计资料可以了解你的用户来自哪里，以及各个来源网站带来的访问量占多大比例等。

5.1.5.1 用户来源网站分析的主要统计指标

通过用户来源网站统计，可以了解用户来自哪个网站的推荐、哪个网页的链接。如果是通过搜索引擎检索，可以看出是来自哪个搜索引擎、使用什么关键词进行检索，以及你的网站（网页）索引出现在搜索结果的第几页第几项。一般来说，通过网站流量统计数据可以获得的用户来源网站的基本信息包括以下几方面。

（1）来源网站（网页）的 URL 及其占总访问量的百分比；

（2）来自各个搜索引擎的访问量百分比；

（3）用户检索所使用的各个关键词及其所占百分比等。

在获得上述基础数据的前提下，可以继续分析获得以下更加直观的结果。

（1）对网站访问量贡献最大的引导网站；

（2）对网站访问量贡献最大的搜索引擎；

（3）网站在搜索引擎检索中表现最好的核心关键词等。

5.1.5.2 用户来源网站分析的网络营销意义

访问者来路统计信息为网络营销人员从不同方面分析网站运营的效果提供了方便，至少可以看出部分常用网站推广措施所带来的访问量，如网站链接、分类目录、搜索引擎自然检索、投放于网站上的在线显示类网络广告等。以搜索引擎为例，通过来源网站的分析可以清晰地看出各个搜索引擎对网站访问量的贡献，哪个搜索引擎的重要程度如何，是不是值得去购买他的付费搜索服务等。这样分析的结果更有利于选择对网站推广有价值的搜索引擎作为重点推广工具，从而减少无效的投入。

不过，这些基本统计信息本身所能反映的问题并不全面，有些隐性问题可能并未反映出来。例如，根据分析认为某个关键词对于一个网站应该很重要，但是通过对主要搜索引擎带来访问量的分析发现，只有其中一个搜索引擎带来了访问量（通过自然搜索而不是付费方式），但是并不能因此而否定其他搜索引擎的价值，还需要作进一步分析才能知道是自己网站本身的问题，还是搜索引擎的问题。另外，网站访问量增长（或者下降），是由某些推广措施引起的，还是其他原因，对这些问题的深度分析，则需要综合考虑更多的因素。

另外，一个企业网站被竞争者关注是很正常的事情，竞争者访问的频度如何，主要关注哪些内容等都是值得研究的问题。企业甚至可以根据详细的网站访问统计资料分辨出"谁是我们的朋友，谁是我们的敌人"。因此，如果有必要，企业还可以针对主要竞争者设计专门的网页，以便给竞争对手的监视活动制造错觉。

5.1.6　用户使用的搜索引擎和关键词统计

在网站来路统计分析中，可以看出用户来自哪些网站的引导，其中也包括搜索引擎的引导。用户通过某个搜索引擎检索来到一个网站，这个搜索引擎便成为引导网站中的一个。对于来源于搜索引擎的用户，通过网站统计数据可以获得更多的信息，其中对搜索引擎营销最有价值的一项统计信息是，用户通过什么搜索引擎，及使用什么关键词进行检索。这些统计信息对于了解用户使用搜索引擎的习惯很有价值，对这些数据的分析结论可以用来更有效地改进网站的搜索引擎推广策略。

从网站推广管理的角度来看，在所有网站访问量统计资料中，搜索引擎关键词分析的价值甚至远高于独立用户数量和页面浏览数量这些被认为是最主要的网站流量统计指标的价值，因为这些信息告诉网络营销人员，用户是怎么发现你的网站的、他们使用哪些搜索引擎检索、利用这些关键词检索时你的网站在搜索结果中的排名状况等，而这些通过自己的主观想象往往是做不到的。但是，从大量零散的搜索引擎关键词信息中获得非常有价值的结论，并用于改进网站的搜索引擎推广策略，实际上并非简单的事情。正如一个人发现了一个天然的水晶石矿，但要从这些天然矿石中筛选并切割出璀璨的水晶，一般人是做不到的，不仅需要专业的设备，还需要熟练的专业技术人员来操作。

5.1.7　其他主要网站访问统计指标及其网络营销意义

除了前面介绍的重要网站访问统计指标之外，还有一些值得关注的网站访问统计信息，这里一并介绍如下。

1．某些具体页面的统计指标

通过网站访问量统计，可以获得某些具体页面被访问和下载的次数，也可以统计出每个页面访问量占总访问量的比例。这种统计信息为跟踪分析某项具体的网络营销活动提供了方便。例如，为了评价某个新产品的情况，在新发布的产品页面，可以看到这个页面每天被浏览/显示了多少次，如果提供了产品说明书下载或者在线优惠券下载，还可以从用户的下载次数来评价网络营销所产生的效果。这一指标通常被用作对某些推广活动的局部效果评价，将网站统计资料与所采取的网站推广手段相结合进行分析，可以得出网站访问量和营销策略之间的联系。例如，一个网站在 10 月份进行了一次有奖竞赛活动，根据该月网站访问量的变化情况可以检验这次活动的效果如何。

2．用户访问最多的页面（受访页面）

有些网站首页是用户访问最多的页面，但并不都是这种情况，实际上许多网站首页访问占全站访问量的比例可能不足 10%。这是因为用户可能从多个页面进入网站，尤其是当网站内容页面的搜索引擎优化状况比较好时，通过内容页面来到网站的比例会更高一些。对用户获取信息行为的定性研究表明，通过网站访问统计数据，网络营销人员可以清楚地看到哪些网页对网站访问量的贡献最大，同时，对于那些比较重要而没有获得用户充分关注的网页，可以通过分析找出问题所在，经过优化设计获得更多的访问者。

3．用户访问量的变化情况和访问网站的时间分布

大多数网站统计分析软件都提供了不同时间单位的用户数量数据分布，例如，每天统计报告中以小时为单位的访问量统计，每月统计报告中则以天为单位的访问量统计。这样，既可以从一段较长的时期来了解网站访问量的变化情况，也可以详细了解 1 天中每个小时的网站访问情况。从月统计报告中可以看出每个星期中哪几天是访问高峰，而从每天的统计报告则可以看出每天出现的访问高峰时间。企业在进行网站维护时则可以充分利用这些信息。例如，在访问高峰期到来之前更新网站内容，在网站访问量最低的阶段进行数据备份、服务器维护、在线测试等，以免影响用户的正常访问。

4．用户浏览器的类型

虽然绝大多数用户都使用 Internet Explorer，但不同版本浏览器的特性有所不同，这样针对高版本的浏览器进行设计的一些功能，在低版本中将无法正常工作。另外，新的浏览器还在不断出现，也会吸引一部分用户使用，从用户浏览器类型的统计中，也可以发现一些有价值的问题。比如，随着火狐浏览器用户数量的增加，网站设计的浏览器兼容性问题需要重新重视，否则可能出现令网页设计师感到难堪的结果，因为在 IE6 中显示正常的网页，到火狐浏览器中可能变得一团糟，甚至连菜单都无法正常显示。

5. 访问者电脑分辨率显示模式

与用户使用浏览器的特征类似，访问者电脑分辨率设置的变化情况也可以通过网站访问统计获得。现在很多网站上仍然保持着几年前的提示"建议用户采用 800×600 像素模式获得最佳显示效果"，然而实际上现在用户电脑显示器分辨率为 1024×768 像素及以上设置，如果没有注意到用户浏览习惯的变化，将无法提供符合大多数用户浏览习惯的网站设计。这些用户访问网站的信息，都可以通过网站访问统计数据获得。由此也说明，网站访问统计并不仅仅是为了评价网站的访问效果，而是具有多方面的价值。

6. 用户所使用的操作系统

通常情况下，用户使用不同的操作系统与网络营销之间没有直接的联系，不过当需要对用户行为进行深入的监测时，了解用户使用的操作系统就有其独特价值。对用户操作系统的统计是网站流量统计软件的基本功能之一，一般的统计系统都提供这一数据。

7. 每个访问者的平均停留时间

访问者停留时间的长短反映了网站内容对访问者的吸引力大小，通过对每个访问的平均停留时间的分析，可以得出许多有价值的结论。一方面，如果许多访问者在 20～30 秒内离开你的网站，很可能是由于页面下载速度太慢，也可能是由于内容贫乏或其他设计缺陷；另一方面，如果你发现许多访问者在某些页面停留的时间比较长，那么可能要对其他页面进行改进。不过，由于每个人的阅读速度和网络接入速度不同，阅读同样数量网页的时间可能有一定的差别，不同的网站网页的平均信息量也不相同，因此这些信息也只能在一定范围内进行粗略的判断。

8. 访问者所在地区和 IP 地址

本书在一开始对网络营销概念的认识中就提出了网络营销不是虚拟营销的观点，原因之一就在于，网站的每个访问者所在地区、IP 地址和在网站上的点击行为等信息都可以被网站流量统计系统详尽地记录下来。虽然用户来自世界各地，用户 IP 地址也比较分散，不过从一个较长的时期来看，可以获得用户来源地区的有关统计信息特征，这对于开展地区性网络营销具有一定参考价值。

5.2 如何获取网站访问统计资料

5.2.1 获取网站访问统计信息的方法

由于网站流量分析在网络营销中发挥着重要作用，因此在正规的网络营销活动中都离不开网站流量统计分析。一份有价值的网站流量分析报告不仅仅是网站访问日志的汇总，还应该包括详细的数据分析和预测。进行网站访问统计的基础是获得完整的网站流量统计数据，那么如何才能获得网站访问统计信息呢？

在实用知识 5-1 中介绍了 51yes 网站统计系统提供的主要统计指标。51yes.com 就是一个提供免费网站统计服务的网站。这种网站访问统计模式广泛应用于中小型网站，不过这并不是唯一的方法。获取网站访问统计信息通常有两种方法：一种是通过在自己的网站服务器端安装统计分析软件来进行网站流量监测；另一种是采用第三方提供的网站流量统计分析服务进行监测。

这两种统计方法各有利弊，采用第一种方法可以比较准确地获得详细的网站统计信息，并且除了访问统计软件的费用之外无需其他直接的费用，但由于这些资料在自己的服务器上，因此在向第三方提供有关数据时缺乏说服力，而且功能较好的统计分析软件价格不菲，对中小型网站来说是一笔不小的费用；第二种方法则正好具有这种优势，但要受到第三方服务商的统计系统的制约，并且网站信息容易泄露，或者还要为这种统计服务付费。此外，如果必要，也可以根据需要自行开发网站流量统计系统。

具体采取哪种网站访问统计方式，或者哪些形式的组合，可根据企业网络营销的实际需要决定。一般来说，规模不是很大的网站以第三方统计为主，非商业性网站则可以选择第三方免费流量统计服务。

不同的网站流量统计系统在统计指标和统计方法等方面存在一定差异，在选择网站统计软件、第三方统计服务，或者自行开发网站流量统计系统时，站在网络营销的角度，应该选择能获得尽可能详尽的统计分析资料的统计系统，至少应该获得下列基本统计信息：独立用户数量、页面浏览数、来自哪些网站及其各自的比例、来自哪些搜索引擎及其所使用的关键词、用户浏览行为以及用户所在地区等。

5.2.2 常用网站访问统计工具

Web 分析软件是了解企业的网站访客必备的工具，它能告诉企业来到企业网站的访问者详细的行为信息。包括这些访客是通过哪个网站链接过来的，还是直接从浏览器输入网址而来，以及进来后首先进入的是哪个页面，该页面停留多久，还浏览了哪些页面等。

5.2.2.1　Web Trends 网站统计工具

在常用的网站统计软件中，美国的 Web Trends 是比较著名的一个。由于其功能卓著，统计信息全面，并且有多种分析结构，因而得到广泛应用，许多大型网站都采用 Web Trends 的访问统计软件。下面是某网站 Web Trends 网站统计界面的截屏图，如图 5-1 所示为摘要统计信息中的主要统计指标。

General Statistics	
Successful Hits For Entire Site	124,175
Average Hits Per Day	124,175
Home Page Hits	564
Pages	
Page Views (Impressions)	28,849
Average Per Day	28,849
Dynamic Pages and Forms Views	14,675
Document Views	14,174
Visits	
Visits	1,562
Average Per Day	1,562
Average Visit Length	00:08:25
International Visits	0%
Visits of Unknown Origin	100%
Visits from the China,CN	0%
Visitors	
Unique Visitors	1,280
Visitors Who Visited Once	1,128
Visitors Who Visited More Than Once	152

图 5-1　Web Trends 网站流量统计软件摘要信息中的统计信息

从图 5-1 可以看出，Web Trends 网站统计的数据包括每天网站访问的详细信息，在基本信息中包括独立用户数量、重复访问的用户数量、页面浏览数和平均访问时间等。Web Trends 关于用户来源网站的统计信息也比较全面，与其他网站流量统计系统类似，该软件可以获得搜索引擎和网站链接为网站带来访问量的情况。此外，通过进一步分析可以发现，Web Trends 网站流量统计软件还包含了许多更为详细的数据分析资料，如进入和退出网站页面的百分比、下载和上传文件的百分比、用户的停留时间等。

5.2.2.2　51yes 网站统计工具

51yes 网站统计系统（count.51yes.com）是一款简单易用的中文网站流量统计工具，用户通过注册登录后，可获取一段 51yes 提供的统计代码，添加至网页合适的位置（一般情况下将统计代码放置在每个网页的最下方），即可获得 51yes 提供的访问统计服务。51yes 管理后台提供的统计指标包括：实时统计，流量分析，访问统计分析，客户端分析等，如图 5-2 所示。

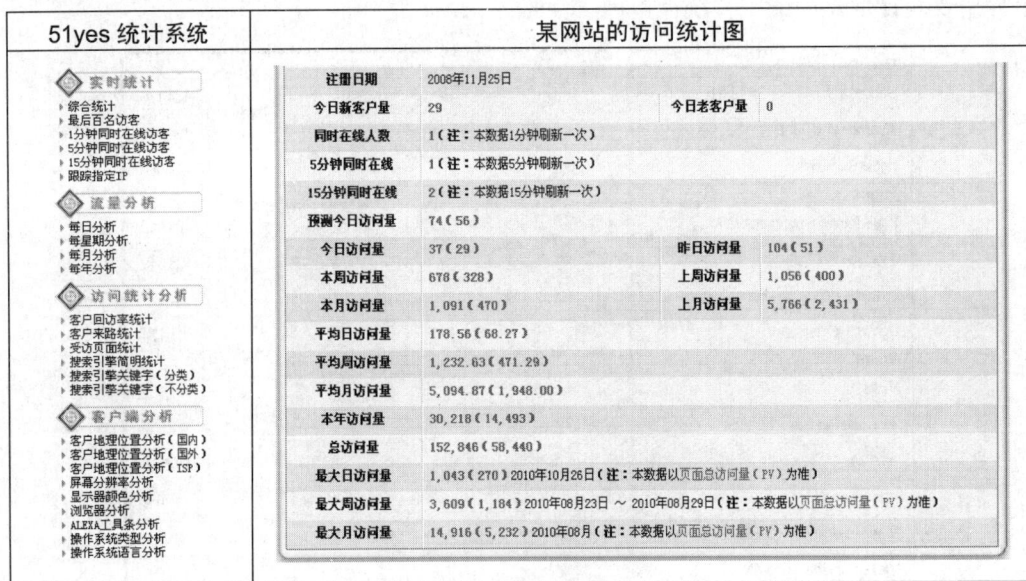

51yes 统计系统	某网站的访问统计图		
实时统计 ▶综合统计 ▶最后百名访客 ▶1分钟同时在线访客 ▶5分钟同时在线访客 ▶15分钟同时在线访客 ▶跟踪指定IP **流量分析** ▶每日分析 ▶每星期分析 ▶每月分析 ▶每年分析 **访问统计分析** ▶客户回访率统计 ▶客户来路统计 ▶受访页面统计 ▶搜索引擎简明统计 ▶搜索引擎关键字（分类） ▶搜索引擎关键字（不分类） **客户端分析** ▶客户地理位置分析（国内） ▶客户地理位置分析（国外） ▶客户地理位置分析（ISP） ▶屏幕分辨率分析 ▶显示器颜色分析 ▶浏览器分析 ▶ALEXA工具条分析 ▶操作系统类型分析 ▶操作系统语言分析	注册日期　2008年11月25日		
	今日新客户量　29	今日老客户量　0	
	同时在线人数　1（注：本数据1分钟刷新一次）		
	5分钟同时在线　1（注：本数据5分钟刷新一次）		
	15分钟同时在线　2（注：本数据15分钟刷新一次）		
	预测今日访问量　74（56）		
	今日访问量　37（29）	昨日访问量　104（51）	
	本周访问量　678（328）	上周访问量　1,056（400）	
	本月访问量　1,091（470）	上月访问量　5,766（2,431）	
	平均日访问量　178.56（68.27）		
	平均周访问量　1,232.63（471.29）		
	平均月访问量　5,094.87（1,948.00）		
	本年访问量　30,218（14,493）		
	总访问量　152,846（58,440）		
	最大日访问量　1,043（270）2010年10月26日（注：本数据以页面总访问量（PV）为准）		
	最大周访问量　3,609（1,184）2010年08月23日～2010年08月29日（注：本数据以页面总访问量（PV）为准）		
	最大月访问量　14,916（5,232）2010年08月（注：本数据以页面总访问量（PV）为准）		

图 5-2　51yes 统计指标

5.2.2.3　Google Analytics 网站统计工具

2005 年 12 月，Google 收购了一家提供网站流量统计服务的网站 Urchin Stats 并将它的数据统计服务整合到 Google 提供的网站管理员工具中，为网站管理人员提供了一套基于 cookie 统计的、比一般访问统计更加详细的流量统计工具 Google Analytics。统计数据包括回访率、忠诚用户、单日关键词、访问路径及平均 Page Views 等主要信息。

Google Analytics（Google 分析）是 Google 的一款免费的网站分析服务，自其诞生以来即广受好评。Google Analytics 功能非常强大，只要在网站的页面上加入一段代码，就可以提供丰富详尽的图表式报告。

Google Analytics 的使用方法与前面介绍的 51yes 类似，申请了 Google 账户即可免费申请使用 Google Analytics，申请成功后登录后台，添加网站的网址信息，获得统计代码并添加到网站的每个网页（或者某个特定的网页）即可。由于访问速度等原因，面向国际用户提供的英文网站采用 Google Analytics 更为普遍。Google Analytics 还有一个特点是，与其他免费统计工具不同，Google Analytics 不会在用户网站页面上显示任何与"免费统计"相关的文字或图片，访问者如果不查看网页源代码的话不会注意到网站采用的是免费统计软件。

免费 Google Analytics 账户有 80 多个报告，可对整个网站的访问者进行跟踪，并能持续跟踪营销广告系列的效果：不论是 AdWords 广告系列、电子邮件广告系列，还是任何其他广告计划。通过这款工具可以了解哪些关键字真正起作用、哪些广告词最有效，访问者在转换过程中从何处退出。请勿因此功能免费提供而小看它，Google Analytics 是一种功能全面而强大的分析软件包。

Google Analytics 是一个免费的网站分析工具，首先需要注册一个 Google 账户，获得一段 JS 追踪代码；其次，将这段追踪代码添加到企业的网站上；追踪代码工作正常，获取网站数据正常，Profile 状态正常，报告里出现数据。但是仅仅有数据，没有科学的分析思路和分析方法，这些数据对企业也毫无参考价值，无法帮助企业作出营销决策。因此，严格来说，在企业注册 Google 账号之前就应该有一个明确的使用目标，即为什么要使用这个工具，使用这个工具是为了达到什么样的目的和效果。一般来说，要想高效地使用 Google Analytics 需要 5 个步骤。

（1）确定网站的目标。确定网站的目标并确定如何度量这些目标。如何度量这些目标可以拆分为需要关注哪类客户、关注客户哪些行为等。

（2）了解网站的结构。网站的结构包括网站的 URL 结构、URL 的参数含义等。了解网站的结构才能在后期很好地理解各项数据的含义。

（3）注册账户。获得 JS 追踪代码：追踪代码一般有模板，但是企业还是可以依据自己的需求个性化设计追踪代码。

（4）给页面添加代码。确定给所有需要追踪的页面都添加了代码。

（5）获得定制个性化报告。报告的基础是数据，但是如何利用和分析数据，依赖企业的目标和需要。因此，在得到企业需要的分析报告之前，企业需要设置一些目标和参数的要求。

如图 5-3 显示的就是某网站的 Google 统计数据概貌。

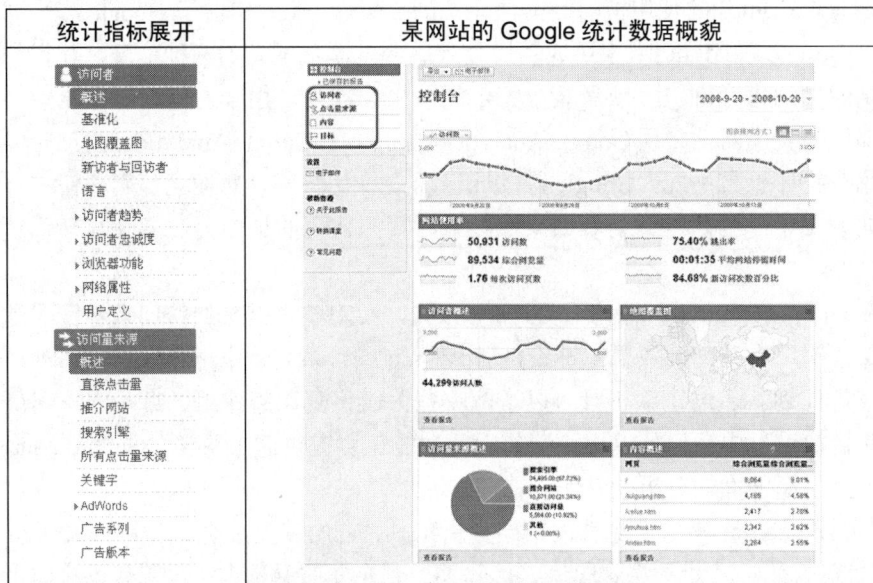

统计指标展开	某网站的 Google 统计数据概貌

图 5-3　Google Analytics 统计数据概貌

【实用知识 5-2】Google Analytics 的登录入口地址

http://www.google.com/analytics/（英文界面）
http://www.google.cn/intl/zh-CN_ALL/analytics/（中文界面）

5.3　网站访问统计分析报告写作方法

在了解网站流量统计指标的意义及获取数据的方法之后，就可以考虑制作网站访问统计分析报告了。网站访问统计分析报告是网站运营管理人员必不可少的工作，也是网络营销人员必须掌握的基本功。本节介绍网站访问统计分析报告的写作方法和部分案例。

尽管网站访问统计分析报告无须统一的格式，但考虑到这项工作是连续的、长期的，通常需要对比历史数据，因此应尽可能做到数据详尽、分析全面，使其对网站运营管理具有长期价值。因此，建议首次为网站制作统计分析报告时参考下列基本步骤。

（1）设计网站访问统计分析报告表格；

（2）获取当月网站流量统计数据，并将主要指标填入表格中；

（3）根据网站运营日志，填写本月网站运营维护内容摘要；

（4）本月网站运营状况小结，包括与上月相比的变化情况等；

（5）网站运营分析，包括问题及接下来的工作计划等。

实际上，在完成了网站访问统计表格设计之后，其他的工作就是在表格中添加相应的内容了，因此一个适合本网站运营管理需求的表格是非常重要的，这里介绍两种表格供参考。

5.3.1　基础型网站访问统计分析报告模板

模板 1：基础型网站访问统计分析报告模板

下面的网站统计分析模板内容比较简单，仅对网站统计数据中的部分重要信息进行分析，旨在反映网站推广的效果和问题，可作为一般的网站运营月度报告档案资料。

网站访问统计分析报告（基础型）

网站基本信息			
网站名称			
网　　址			
统计日期	自　年　月　日　至　年　月　日		
1．网站访问量统计指标			
	网站访问量统计摘要	当月数量	比上月增长（%）
（1）	平均每天独立用户数量		
（2）	平均每天网页浏览数		
（3）	每个用户平均访问时间		
（4）	网站首页浏览平均数		
（5）	用户直接访问所占比例（%）		
（6）	通过搜索引擎检索访问量所占比例（%）		
2．重要网页统计信息			
说明：访问量（页面浏览数）最大的 10 个页面 URL 及其分别占总访问量（页面浏览数）的比例。			
3．用户来源统计信息			
说明：对访问量贡献最大的 10 个网站（包括搜索引擎和网站链接等）所带来的访问量及其占总访问量的比例。			

4. 搜索引擎关键词分析
说明：用户通过搜索引擎所使用的最主要的 10 个关键词，也就是通过搜索引擎为网站带来访问量最多的关键词列表。
5. 其他相关参考统计信息
说明：竞争者信息、其他第三方数据等。
6. 网站访问统计分析总结与下阶段工作建议
说明：根据前面的网站流量统计信息，结合本月推广运营工作的内容，分析网站运营工作的阶段成果与存在的问题，分析问题的原因及解决办法，提出下阶段工作的相关建议。

报告人（签名）：

报告日期：　　年　月　　日

5.3.2　运营诊断型网站访问统计分析报告模板

模板 2：运营诊断型网站访问统计分析报告模板

网站访问统计分析报告（运营诊断型）

网站基本信息	
网站名称	
网　　址	
统计日期	自　年　　月　　日　至　　年　　月　　日

1. 网站运营统计数据

	上月数据	本月数据
网站已发布网页数量		
百度收录数量		
Google 收录数量		
Yahoo!收录数量		
新客户数		
回访客户数		
网站外部链接数量		

2. 网站有效访问数量统计数据

	上月数据	本月数据
网页浏览数量（PV）		
独立用户数量（IP）		

3. 用户访问页面统计（TOP10）

网页（URL）	访问数量（PV）	占总访问量比例（%）

4. 用户来源网站（TOP10）

网页（URL）	访问数量（PV）	占总访问量比例（%）

5. 搜索引擎带来访问量最大的关键词（TOP10）

关键词	访问数量（PV）	占总访问量比例（%）

6. 网络推广与效果总结

主要内容包括：

-
-
-
-
-
-

说明：根据前面的网站流量统计信息，结合本月推广运营工作的内容，分析网站运营工作的阶段成果与存在的问题，分析问题的原因及解决办法，提出下阶段工作的相关建议。

报告人（签名）：

报告日期： 年 月 日

案例分析

网站统计访问分析报告之阿联酋旅游商务网

阿联酋旅游商务网 2009 年 5 月份平均访问量为 1 043.68（526.55）PV/日，本月流量相比上月下降，主要关键词"迪拜"、"迪拜酒店"等在百度的表现有所下降，访问量下降。从相关关键词来看，流量与业务相关度较强，主推"迪拜旅游"、"迪拜签证"、"迪拜旅游"、"阿联酋旅行"、"阿联酋旅游服务"等为网站带来大量高质量流量。本月推广主要着重于内容优化，从业务相关关键词排名效果和客户来源数据来看，需要加强外部推广力度。在本月推广基础上，2009 年 6 月份将继续进行内容建设、内容优化、wikipedia推广和外部链接推广等多种推广手段，在内容策略上重点介绍"迪拜"、"迪拜酒店"、"迪拜机票"和"迪拜航班"等重要信息，以期通过搜索引擎自然检索获得更多访问者。

网站访问统计报告写作看似简单，实际上要分析得透彻并不容易。由于不同经验和背景的人分析同样一组数据所看到的问题是不一样的，因此分析的结果也会不一样。同时，各网站管理者对网站访问统计报告的要求也不一样，有些只是希望看到简单的网站访问数据分析，有些则希望获得对网站运营策略的支持，因此在实际工作中可灵活掌握。

此外，考虑到网站运营的需要，采用第三方提供的网站统计报告在线表格实现网站访问统计数据的记录和管理更为便利。

【延伸阅读 5-1】

> 有兴趣的读者可关注本书作者所在机构提供的网站运营管理相关服务
> 网址: http://Ma.jingzhengli.com

本章小结

网站访问统计分析既是对网站运营效果的阶段总结,也是网站运营诊断及用户行为分析的基本依据。通过网站流量统计系统,可以将网站访问者的所有信息都精确地记录下来,这些原始数据是进行网站访问分析的基础。网站访问统计指标大致可以分为三类分别是:网站流量指标、用户行为指标和用户浏览网站的方式。

在进行网站访问量统计分析时,页面浏览数(page views,PV)或称页面下载数、网页显示数和每个访问者的平均页面浏览数(page views per user)是两个重要指标。独立访问者数量(unique visitors),有时也称为独立用户数量或者独立 IP 数量,是网站流量统计分析中另一个重要的数据,并且与网页浏览数分析之间有密切关系。从网站推广管理的角度来看,在所有网站访问量统计资料中,搜索引擎关键词分析的价值甚至远高于独立用户数量和页面浏览数量这些被认为是最主要的网站流量统计指标。其他值得关注的网站访问统计信息还包括某些具体页面的统计指标、用户访问最多的页面(受访页面)、用户访问量的变化情况和访问网站的时间分布、用户浏览器的类型、访问者电脑分辨率显示模式、用户所使用的操作系统、每个访问者的平均停留时间以及访问者所在地区和 IP 地址等。

用户来到一个网站的方式有通常两种:一种是在浏览器地址栏中直接输入网址或者点击收藏夹中的网站链接,另一种则是通过别的网站引导而来,也就是来源网站。用户来源网站,有时也称为引导网站,或者推荐网站(Referring Site)。

获取网站访问统计信息通常有两种方法:一种是通过在自己的网站服务器端安装统计分析软件来进行网站流量监测;另一种是采用第三方提供的网站流量统计分析服务。

网站访问统计分析报告是网络营销人员必须掌握的基本功。报告应尽可能做到数据详尽、分析全面,使其对网站运营管理具有长期价值。首次为网站制作统计分析报告时一般需遵循下列 5 个基本步骤:(1)设计网站访问统计分析报告表格;(2)获取当月网站流量统计数据,并将主要指标填入表格中;(3)根据网站运营日志,填写本月网站运营维护内容摘要;(4)本月网站运营状况小结,包括与上月相比的变化情况等;(5)网站运营分析,主要目的是发现问题及制订下阶段的运营计划等。

思考与讨论

1．请列举三大类网站访问统计指标分别包含了哪些主要参数，并详细说明这些参数的含义及其营销意义。

2．请讨论获取网站访问统计信息的两种方法的优缺点以及适用网站的类型。

3．试分析基础型网站访问统计分析报告模板和运营诊断型网站访问统计分析报告模板内容的异同以及异同的原因。

实训题

网站访问统计数据通常是一个网站的机密信息，因此很难通过公开的渠道获取详细数据资料。为了提供真实的实践环境，本书特从网络营销能力秀官方网站统计资料中获取部分重要数据发布到网络营销教学网站（www.wm23.com）上，供教学实践参考，可根据相关数据写作一份网站运营分析报告，指出网站推广运营中可能存在的问题，并提出改善网站运营效果的建议。

说明：

（1）资料下载地址：http://www.wm23.com/anli/nenglixiulog.htm（解压后文档打开密码为：abcwm23com）；

（2）该资料仅供课堂教学使用，请勿以其他方式公开传播。

第6章 网络营销服务

【学习目标】

① 认识网络营销服务的层次及其主要特点;
② 对网络营销服务市场的常见服务有全面的了解。

本书前面的内容包含了网络营销的主要工作,例如,网站建设、网站推广、网站运营维护、网站改版、网站访问统计分析等,这些工作有些是需要企业网络营销人员自己独立完成的,有些则是需要外包给专业网络营销服务商(如网站建设、网络广告等),或者依赖专业的网络推广平台才能实现的(如搜索引擎关键词广告等)。随着越来越多的企业对网络营销需求的增加,网络营销服务市场也得到了大力发展,不仅提供的网络营销服务越来越专业,而且提供的服务产品也越来越全面和个性化。合理利用专业网络营销服务,即使企业没有专职的网络营销人员,也可以开展专业的网络营销工作。

网络营销服务商及网络营销产品是企业网络营销的外部资源,企业开展网络营销需要合理利用内部资源与外部资源。事实上没有一个企业自己可以完成所有的网络营销工作而不与其他网络营销服务商打交道,因此充分认识网络营销服务的价值,了解网络营销服务行业的网络营销服务商以及他们的主要产品及服务是非常有必要的。

6.1 网络营销服务概况

根据企业网络营销的流程和需求层次,通常可以将网络营销产品及服务分为三个层次:互联网应用基础服务、企业网络推广服务、运营管理及顾问咨询服务。三者所包含的服务内容列举如下。

(1)互联网应用基础服务:域名注册、虚拟主机/主机托管、网站建设,企业邮箱、自助建站平台等;

(2)企业网络推广服务:B2B 电子商务平台、搜索引擎广告、网络展示广告、网上商店平台、分类目录、在线黄页、网站联盟、E-mail 广告、视频广告、分类广告等;

(3)运营管理及顾问咨询服务:网络推广效果管理工具、在线客服系统、在线调研服务、网站流量统计、网站诊断分析、网站优化、网站运营顾问服务、咨询及培训、网络营销市场研究报告等。

鉴于目前很多企业的网络营销还处于网站建设阶段，即网站建设完成之后很少进行推广和运营管理方面的工作，因此以每个网站的单位应用情况来看，基础服务是通用性的服务深度最低的应用，是每个企业开展网络营销都必不可少的服务项目。而网络推广服务则并非每个企业都采用，但企业的需求量可能远高于基础服务，是一个市场规模快速发展的服务领域。顾问咨询服务则应用深度较高，但应用面较小且比较分散，市场规模也远小于基础服务和推广服务。

网络营销服务市场三种服务模式的市场规模与服务深度的对比关系如图 6-1 所示。

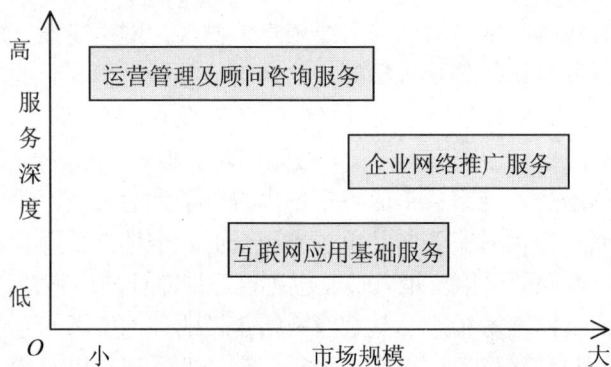

图 6-1　网络营销服务市场及相对市场规模

网络营销服务模式及特点比较如表 6-1 所示。

表6-1　网络营销服务模式及特点比较

	互联网应用基础服务	企业网络推广服务	运营管理及顾问咨询服务
市场规模及趋势	较大，且稳定增长	最大，快速增长	较小，增长速度较快
产品/服务特点	标准化程度高，对客户依赖较低，便于实现在线购买和管理	平台式、规模化，用户可自主操作或在客服指导下操作	产品形态分散，标准化程度低，对服务人员依赖较高
单位企业消费规模	需求范围广，消费金额相对较小，单项服务几十元到几千元	取决于企业网络营销预算，年投入几千元到亿元以上	需求差异较大，单项服务费从数百元到数百万元
与网络营销效果的关系	域名主机等只要能保持正常访问即可，网站建设等对效果有显著影响	对效果有直接影响，取决于推广服务的有效组合及企业的应用能力	对效果有直接且显著的影响，取决于企业所选择的服务内容及服务商的专业水平

这里有必要说明的是，网络营销服务市场处于不断发展变化之中，尽管这个行业在快速发展，但不可避免的是一些产品或企业只能适应一定时期内的市场需求。新产品新服务不断涌现的同时，一些价值不高或者不容易被用户接受的产品会不断地被市场淘汰。因此本书介绍的某些产品和服务，当您看到的时候也可能已经过时或者停止服务了，对于这些问题都不必感到意外，要想了解最新的信息需要时刻关注网络营销服务领域的发展。

6.2 网络营销服务市场的常见服务

本节将对网络营销基础服务、网络推广服务、网络营销顾问服务三个层次的常见产品和服务给予简要介绍，目的在于让读者对网络营销服务市场及产品/服务有初步的了解。

6.2.1 网络营销基础服务

网络营销的基础服务，意指每个企业开展网络营销都不可缺少的服务内容，例如，域名注册、虚拟主机/主机托管、网站建设、企业邮箱等，由此扩展，可以延伸到自助建站、网上商店平台、网上支付平台等，其中应用最广泛的是网络营销服务"老三样"——域名注册、虚拟主机和网站建设。

网络营销基础服务商及其代理商数量庞大，据估计涉及网站建设与域名注册业务的各种规模的服务商超过 1 万家，从业人员达到几十万人，网络营销基础服务行业的竞争非常激烈。由于这些服务商的服务领域和模式都非常相似，因此这里不对各服务商的服务进行比较，仅对相关服务的一般特点及购买和应用中的注意问题给予简要的介绍。

域名注册及虚拟主机这两项业务几乎是相伴而存在的，几乎所有的基础网络营销服务商及其代理商都提供域名注册及虚拟主机服务，从表面看，各服务商提供的产品形态几乎都是一样的，差异只在于价格、服务水平、服务商网站访问速度快慢、服务商提供的操作界面是否易用等。

1. 域名注册注意事项

在本书 3.1.1 节的相关内容中已经简要介绍了域名选择及域名注册的基础知识，并且提及国内较早从事网络营销基础服务的服务商包括中国万网和三五互联公司（曾用名称：中国频道）等。到 2009 年，国际顶级域名注册商中已经近 20 家中国企业，为用户注册域名提供了较多的选择。

企业在注册域名时需要注意的事项包括以下三个方面。

（1）选择信誉好的顶级域名注册商或者其代理商。所谓信誉好，包括产品线是否完整（如同时可注册国际域名与国内域名）、持续服务时间长短、用户口碑、解决问题的效率等，这些可通过检索网上的相关信息或者咨询熟悉的用户等方式进行初步了解。

（2）比较产品价格。不同服务商之间产品价格差异较大是网络营销基础服务领域的普遍现象，但不建议将价格低作为最重要的选择依据，因为低价格可能存在服务可靠性差的问题而影响网站的运营。一般来说，知名度较高的服务商产品价格相应也较贵，尤其对于直接用户的价格更高，可能是代理商"批发"价格的1倍甚至数倍，这是服务商为了保护各地代理商利益所采取的销售策略。所以，企业通过当地代理商购买产品可能比直接通过服务商更便宜一些，但要注意"域名管理权"问题。

（3）域名管理权及续费问题。域名注册通常都采用按年度付费的模式，应该确认在使用期内用户有权管理自己的域名，包括修改域名所有人信息、域名解析、域名指向、转移服务商、域名续费等。如果通过代理商操作，应事先了解服务商关于域名管理方面的规定，并在成功注册域名之后索取域名管理密码等信息。

2．虚拟主机及选择

虚拟主机是小型网站最理想的选择，价格较低而且无须专人维护网站服务器，为网站建设及管理带来极大便利——前提是选择一个好的虚拟主机提供商并选择一款最适合的虚拟主机产品。在选择虚拟主机服务商和虚拟主机产品时要注意下列几个问题。

（1）最好选择域名注册商提供的虚拟主机，这样省略了域名解析可能出现的一些额外的麻烦。

（2）购买前注意了解虚拟主机产品的介绍，某些功能可能受到服务商的限制，比如可能耗用系统资源的论坛程序、流量统计功能等。

（3）了解虚拟主机产品对网站流量的限制指标，是否提供在线升级产品，以免当网站访问量较大时无法正常访问。

（4）如果可能，测试一下欲购买虚拟主机产品的访问速度。某些虚拟主机网站访问速度过慢，这可能是由主机提供商将一台主机出租给数量众多的网站，或者服务器配置等方面的原因所造成的，这种状况网站自己无法解决，对于网站的正常访问会产生不利影响。由于这种测试难度较大，服务商未必提供相关的测试案例，而在正式购买虚拟主机之前，用户通常是无法知道服务器的 IP 地址及其他网站信息的。

【实用知识 6-1】测试网速的网站

有些网站查询工具可以提供一些辅助信息，但并非总是有效。如果需要，可以尝试一下。例如，登录世界网络网站（www.linkwan.com），在"网速测试"页面输入相关信息，即可测试网速。

6.2.2　网络推广服务

网络推广是最常见的网络营销服务内容，很多服务都有一定的网络推广价值，如搜索引擎、网络广告、网络黄页、分类广告、分类目录、电子邮件、B2B 平台、网站联盟等。由于这类产品和服务众多，本书只能选择部分影响力较大、应用较为广泛的服务给予简单介绍，主要包括 B2B 电子商务平台、门户网站的网络广告、第三方网站联盟等。另外由于搜索引擎广告是目前普及程度最高的网络推广服务，将在 6.2.3 节专文介绍。

6.2.2.1　阿里巴巴 B2B 平台服务

阿里巴巴是一个综合性 B2B 电子商务平台（china.alibaba.com），其服务体系非常庞大，从供求信息发布、采购工具、贸易撮合、在线交流到域名注册、企业建站、网络广告、竞价排名，以及各种网络管理工具等，理解其产品架构并不是简单的事情。本节仅对阿里巴巴部分重要产品给予简单介绍。详细理解阿里巴巴的网络营销服务，最好的办法是作为付费用户进行深入体验，这样才能熟悉其各种产品及其相互关系从而深入理解阿里巴巴的网络营销价值。

1.　阿里巴巴诚信通

"上网做内贸，就用诚信通！"这是阿里巴巴在诚信通介绍页面的网页标题。根据阿里巴巴网站的介绍，"诚信通是阿里巴巴为从事中国国内贸易的中小企业推出的会员制网上贸易服务。"诚信通分为企业版诚信通和个人版诚信通两种。企业和个人均可申请购买阿里巴巴诚信通服务。"诚信通"基于全球最大的网上交易平台——阿里巴巴大市场，为中小企业提供更多生意机会、开拓生意渠道、创新营销方法和全套网上贸易服务，助力中小企业赢在中国！

诚信通的五大标准服务体系包括：查询求购信息、获得第三方权威机构资质认证、建顶级域名及不限空间的网站、专业客服人员的支持及网商培训、有机会申请银行无抵押阿里贷款等服务。

目前诚信通的价格为每年 2 800 元（企业和个人同价），可通过网上公布的电话或表单联系、在线填写信息并支付费用，经过第三方认证之后即可开通诚信通服务（认证需要 5～7 天）。

简单来说，购买诚信通就是成为阿里巴巴 B2B 平台的付费会员，可以享有比免费会员更多的服务，充分发挥在阿里巴巴发布及获取供求信息的有效性，同时成为诚信通会员在阿里巴巴开展网络贸易具有更高的可信度，可以提高订单成交率。

2．阿里旺铺 Winport

根据阿里巴巴网站的介绍，旺铺是"为中小企业提供的全能企业网站"，也就是建立在阿里巴巴网站平台上的模板式自助建站系统。企业可自行选择模板、发布信息、上传图片等完成网站建设的基础工作（见 http://page.china.alibaba.com/html/danai/channel_product.html）。

Winport 旺铺的八大核心功能包括：

- 产品展示系统；
- 信息发布系统；
- 信息推送；
- 独立顶级域名；
- 20GB 企业邮局；
- 客户反馈系统；
- 网站浏览分析；
- 多人在线洽谈。

目前诚信通会员在服务期内可以免费使用旺铺服务。非诚信通会员也可以单独购买旺铺，价格为人民币 980 元/年。

3．竞价排名——网销宝

通过阿里巴巴导航上的"竞价排名"点击进入介绍网销宝的页面（http://page.china.alibaba.com/html/p4p/pro.html）。该页面提示：网销宝服务目前仅针对诚信通会员开放。也就是说，竞价排名是针对诚信通会员进一步开展网络推广的付费业务。

网销宝推广信息的展示模式与收费模式，与后面将要介绍的百度竞价排名都非常相似，即企业通过购买某些关键词获得搜索结果中的排名位置。当用户点击这些搜索结果时，企业为每次点击支付相应的费用。

购买网销宝的诚信通会员，可以获得更多的推广机会，竞价推广信息出现的主要位置包括：

（1）搜索结果首页的前十位；

（2）公司库搜索结果页面的前六位；

（3）供应信息搜索结果每一页底部的"热门推荐"区域；

（4）资讯搜索结果页面右侧、资讯正文页面底部；

（5）论坛搜索结果页面右侧、论坛正文页面底部。

由于阿里巴巴网站具有很大的用户量，通过竞价排名推广方式使得企业发布的信息更容易被用户发现，获得更多的商业机会。

4．中国供应商出口通（http://exporter.alibaba.com/gsService.htm）

根据阿里巴巴网站的介绍，"出口通"是帮助中小企业拓展国际贸易的出口营销推广服务。它基于全球领先的企业间电子商务网站阿里巴巴国际站贸易平台——www.alibaba.com，通过向海外买家展示、推广供应商的企业和产品，进而获得贸易商机和订单，是出口企业拓展国际贸易的首选网络平台。

申请出口通，需要注册为阿里巴巴国际站会员。购买出口通服务可以获得的服务包括：数据管家、橱窗产品、翻译版阿里旺旺、专业英文电子商务网站、视频上传等。

6.2.2.2　新浪网络广告服务体系

新浪网（www.sina.com.cn）是最大的中文门户网站之一，作为最有影响力的网络媒体之一，各种形式的网络广告成为新浪网网络营销服务的主要模式。与阿里巴巴针对商业用户群体的直接网络推广不同，新浪的网络广告通常要依托有价值的网页内容，访问者在浏览网页内容的同时产生对广告的浏览和点击行为，从而达到网络推广的目的。

进入新浪网首页可以看到，在第一屏内容中除了导航和少量新闻标题之外，大部分都是广告内容（如图 6-2 所示加粗的方框区域），广告形式包括图片广告（Flash）、文字链接广告等。新浪的广告形式还有很多，如视频广告、收缩式广告、分类广告、专题推广等。

图 6-2　新浪网首页的广告展示

在新浪互动行销页面（http://ads.sina.com.cn）列出的广告类别包括：大客户品牌宣传、互动行广告营销、富媒体/视频营销、无线/WAP 营销、社区/植入式营销、定向/精准型营销等。而针对中小型企业的营销方案中包括 CPM 广告和新浪智投两种。

早期的门户网络广告，通常是大型企业展示企业品牌的舞台，很少有适合中小企业的广告形式，随着门户网站网络营销服务体系的不断完善，针对中小企业的网络推广服务日趋成熟，新浪智投就是这种专门为中小客户提供的网络推广服务。本节简要介绍新浪智投网络广告模式（资料来源：http://p4p.sina.com.cn）。

1．新浪智投广告及其展示模式

智投是新浪网针对中小企业推出的一种按效果付费的全新页面广告形式。其特点是：按广告效果付费、自主投放、自主管理、高效达成广告目标。

智投广告的形式有三种：排名标题、排名标题+排名简介、排名标题+排名简介+排名 URL。

2．新浪智投广告出现的位置

智投广告展示形式简单，推广资源非常丰富，主要出现在四个位置：

（1）新浪首页（如图 6-2 所示）；

（2）新浪浏览量最大的新闻页面顶级推广位置、超旺人气迅猛拉升企业品牌价值；

（3）多个频道首页，包括新闻中心、科技、财经、体育、娱乐、房产、汽车、育儿、女性、文化、军事、教育、北京生活、企业、图片、读书、游戏、手机、星座、博客等；

（4）新浪爱问知识人、新闻、博客搜索结果页。

3．新浪智投广告的价格及购买方式

智投广告也有多种形式，且出现的位置不同价格也有很大差异，例如，在科技、财经等频道首页上文字链采用单独售卖方式，包月投放 1500～3000 元/月/文字链；页面广告的单个点击的最低价格为 1 元；搜索页面的竞价的单个点击最低价格为 0.3 元。

也许正是由于这种复杂性，目前新浪智投广告的购买方式为各地渠道销售而不是用户在线直接购买，具体联系方式可在新浪网相关页面查询。

6.2.2.3 第三方网站联盟服务

如前介绍，网络会员制营销（通俗地被称为网站联盟）是大型网站有效的网络推广模式，大部分知名电子商务网站如 ebay、亚马逊等都采用了这种网站联盟模式扩大销售渠道，许多网络营销服务商如 Google 关键词广告和百度推广等也采用了网站联盟扩展搜索广告的展示空间。网站联盟有专门的联盟系统平台，有些为大型网站自己专用（如 Google），有些采用第三方的服务，有些则在采用专用系统的同时也利用第三方联盟平台（如当当联盟）的服务。

　　第三方网站联盟服务，实际上也是一种网络推广服务，主要适用于各种按效果付费推广的大型网站，例如，每次点击费用、销售佣金、每个注册用户的费用、每次下载的费用等。其特点是使用便捷，可以在较短的时间内完成联盟广告投放和管理工作，同时便于利用联盟平台拥有的会员网站进行传播。采用第三方联盟平台，广告主在除了支付给联盟网站会员佣金之外，还需要为联盟平台支付一定的费用。

　　由于网站联盟平台的应用范围相对来说是有限的，不如其他网络推广产品的普及程度高，大多数中小企业直接利用网站联盟发布自己广告的机会较少，因此这里仅对国内几个联盟平台给予简单介绍，具体的应用方法可根据网站的说明自行了解。

1. 智易营销连锁网（www.smarttrade.cn）

　　智易营销连锁网，是国内较早的第三方网站联盟系统之一。智易营销连锁网首页如图 6-3 所示。

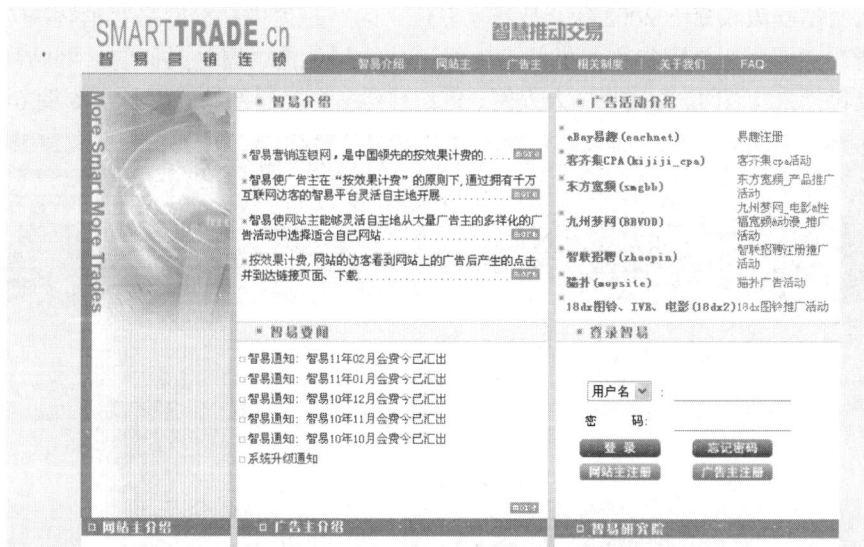

图 6-3　智易营销连锁网首页

　　根据图 6-3 的介绍，利用智易营销连锁网平台可以实现的功能包括以下几个方面。

（1）建立按效果付费的机制；

（2）建立拥有众多广告主和众多网站主的平台；

（3）建立规范的交易模式和交易流程；

（4）及时跟踪并公布广告发布和营销效果等情况；

（5）提供完善的第三方费用结算；

（6）提供双方交换信息及进行操作的系统，并提供长期稳定的技术支持；

（7）根据用户的需求定期对系统进行升级；

（8）对双方进行严格的资质审查和持续的信用评级；

（9）执行完善的作弊检查。

这样，当一个广告主加入了智易，设置好自己的广告活动（包括设置广告、广告的链接地址、营销效果要求及单位效果结算价格等）后，就可以通过系统向网站主发布自己的广告活动。当已加入智易的网站主通过智易的系统与广告主就播放该广告主的广告活动达成一致意见后，网站主就可以将该广告主的广告发布到其网站上。当一个访客访问了该网站并点击了这个广告，智易的 AdForward 系统就会全程跟踪这个访客点击后的后续行为。只要这个访客发生了该广告主在发布广告活动时所指定的营销效果，智易即会进行记录，并定期通过相应的报表告知相关的广告主和网站主。

2．美通网站联盟（www.ad4all.net）

美通网站联盟成立于 2003 年，是一家专注于为客户提供精准网络营销解决方案的平台运营商。美通联盟为广告主提供的广告管理功能与其他联盟是类似的。网站列出的广告主名单包括：当当网、卓越网、人人网、世纪佳缘等。美通网站联盟首页如图 6-4 所示。

图 6-4　美通网站联盟首页

事实上一个广告主既然可以在利用自己的网站联盟系统的同时利用第三方的网站联盟平台进行网络推广，当然也可能同时利用多个网站联盟平台进行广告投放与管理，这样可以通过更多的渠道发布自己的广告，也为网站联盟会员多渠道申请加入联盟提供了便利，这种情况也使得网站广告联盟平台具有功能和服务趋同的优势。

6.2.3　付费搜索引擎广告服务

付费搜索引擎广告，就是当用户利用搜索引擎检索信息时在检索结果页面出现的、与用户检索信息有一定相关性的广告内容。这些广告与自然检索结果共同组成了搜索结果页面的内容。最早的付费搜索引擎竞价排名开始于 2000 年，创建于 1998 年的美国搜索引擎 Overture 因成功运作竞价排名模式而闻名，并且带动付费搜索引擎营销市场蓬勃发展。Overture 在 2003 年 7 月份被雅虎以 16.3 亿美元的价格收购，成为雅虎搜索引擎营销的组成部分。

关键词广告是搜索引擎服务商的主要赢利模式，因此主要的搜索引擎目前都提供这种关键词广告。例如，搜索引擎 Google 关键词广告 Google AdWords；而百度关键词广告名为"百度推广"（2008 年前曾用名称"竞价排名"）。

6.2.3.1　百度推广及其操作模式

1. 百度搜索引擎广告的形式

根据百度网站的介绍（http://e.baidu.com），"百度推广是一种按效果付费的网络推广方式，用少量的投入就可以给企业带来大量的潜在客户，有效提升企业销售额和品牌知名度。百度推广按照给企业带来的潜在客户的访问数量计费，企业可以灵活控制网络推广投入，获得最大回报。"

如果使用的关键词是与某些企业或者产品相关的关键词，例如"生日礼品"、"打折机票"等，在百度的搜索结果页面中，将可以看到有些区域标注了"推广链接"的提示，或者在搜索结果的摘要信息后面标注了"推广"字样（如图 6-5 所示，方框内为广告信息），而搜索结果的右侧同样是付费广告的内容。

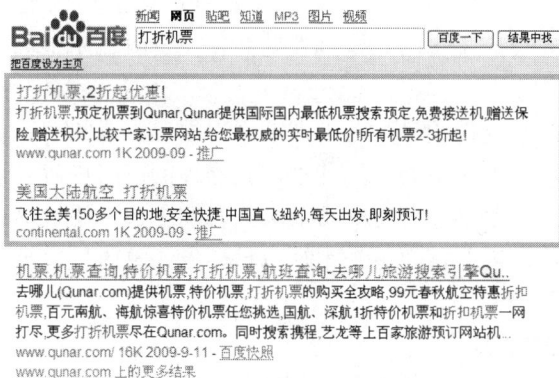

图 6-5　百度搜索结果的付费关键词广告

在百度早期的"竞价排名"模式中，检索结果中所有付费信息都出现在前面，然后才是自然检索结果，2006 年 2 月之后百度对竞价排名广告的展示形式作了调整，一般只有在搜索结果第一页的部分或者全部内容后面标注"推广"。2009 年之后百度继续对付费广告的展示形式进行调整，推出了百度搜索推广专业版，将付费广告结果与自然检索结果进行了比较明确的区分（如图 6-6 两个方框中的内容为广告内容，左侧方框下面为自然检索），广告展示模式与 Google 的关键词广告类似。

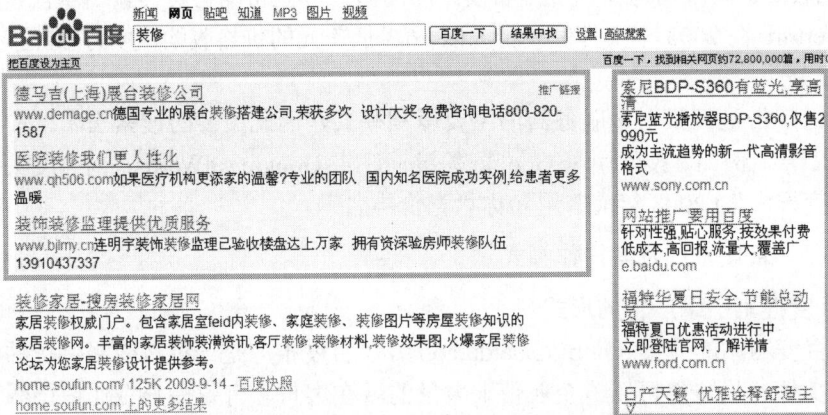

图 6-6　百度搜索推广专业版付费广告与自然检索结果的区分

有些广告除了出现在百度网站搜索结果页面之外，也可能出现在百度联盟网站的网页上。百度主题推广广告也来自投放百度搜索推广的广告主。广告表现形式类似于百度搜索结果页面右侧的文字广告，一般在联盟广告的下面标注有"百度主题推广"的文字。

2．百度搜索推广的特点

与一般搜索引擎关键词广告一样，百度搜索推广属于按点击付费的模式，只有当用户点击了广告内容才会产生费用，是到目前为止投资收益率最高的付费网络推广模式之一。

同时，由于百度是市场份额最大的中文搜索引擎，大量的用户搜索量使得企业在百度搜索进行的推广可以获得更多的关注和点击。同样的广告内容，同样的资金投入，相对于其他搜索引擎，在百度推广获得点击效果的时间更快，不过这也意味着单位时间内在百度的广告消费更高，因此需要更加重视每日广告预算限额管理，以保证广告可以在计划的时间内分时段展示。

3．如何投放百度搜索推广

根据百度网站的相关信息，点击"在线申请"，出现的是一个联系表单，即新用户提交个人信息之后，由百度各地的服务机构联系用户，并指导用户进行开通账户、制作和投放广告等一系列活动。由于目前百度搜索推广服务不能完全由用户直接操作，必须经过服务商/代理商向百度申请开户，因此，用户所支付的推广费用将包括"推广费"和"专业服务费"两项内容。其中推广费即实际可用于点击广告的费用，而专业服务费是指"用于购买百度提供的百度推广服务专业咨询、百度推广服务账户管理、技术维护及月度回访服务"的费用。

尽管用户开户等手续需要通过服务商来操作，但广告创意、广告内容写作、关键词选择及广告着陆页设计等，很多方面的工作最好由客户自己提出建议，或者由客户对服务商的方案进行分析判断并提出自己的意见。另外，还需要不断关注广告排名情况、竞争者的广告投放，以及广告费用统计报告、点击量统计报告等。总之，投放百度搜索广告看起来并不复杂，但是如果想要获得更高的投资回报率，还是有必要投入相当多的精力的。

6.2.3.2　Google 关键词广告简介

1．Google 关键词广告的形式

搜索引擎 Google 的关键词广告一般出现在搜索结果的右侧或者左侧自然搜索结果的上部，并且在关键词广告上面标注了"赞助商链接"字样。比如当用"打折机票"作为关键词进行检索时出现的广告信息如图 6-7 所示（左上方和右边方框中的内容）。

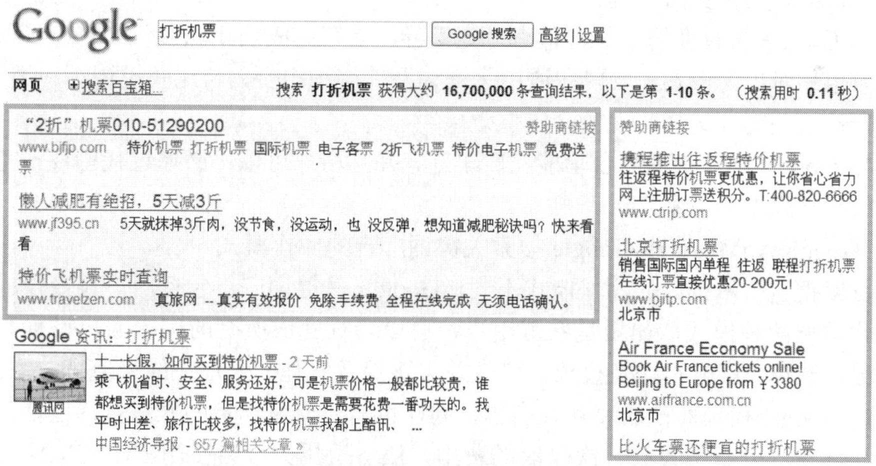

图 6-7　Google 搜索广告与自然检索结果的区分

目前 Google 关键词广告在每个搜索结果页面右侧的展示数量最多为 8 条，左上方广告最多为 3 条，而默认的每页自然检索结果为 10 条。

Google 的搜索引擎付费广告主要包括两种形式，一种是 Google AdWord 即搜索关键词广告；另一种是 Google AdSense 即网站内容广告。

除了在搜索结果页面展示内容相关的广告即 Google AdWord 广告之外，Google 的关键词广告同样可以以"网站联盟"的模式即 Google AdSense 广告展示在联盟网站（发布商）的网页上。Google 广告系统会根据网页内容自动判断并投放相关度最高的广告内容，这就是 Google AdSense。Google AdSense 为各种规模和类型的网站提供了简单便捷的点击广告收益模式，目前新浪网等门户网站以及硅谷动力等 IT 行业门户网站的内容页面都可以看到这种"Google 提供的广告"。对于广告主而言，投放的关键词广告则都是通过 Google AdWords 的后台进行的，用户也可以选择是否在 Google 合作伙伴（内容发布商）网站展示自己的广告。

2. Google 关键词广告的特点

在中文搜索引擎市场，Google 的市场份额要远小于百度，调查结果显示 2009 年第三季度 Google 众多的市场占有率不足 30%。Google 搜索引擎广告的一些特点包括以下几个方面。

（1）Google 是全球最大的搜索引擎，在许多国家都是用户量最大的搜索引擎，有多种语言的版本，Google 关键词广告是开展国际市场网络营销最重要的网络推广方式之一。

（2）Google 的搜索广告与自然检索结果明确区分有利于用户对广告信息的判断，使得点击广告的目的性更为明确。

（3）Google 与百度的用户群体有一定差异，具有更成熟和职业化的特点。因此用户检索行为也相对更为成熟，表现在通用关键词及关键词组合、长尾关键词等应用更普遍，可通过合理的关键词选择实现较高定位效果。

（4）Google 广告管理后台功能比较丰富，并且用户可以不必通过代理商，完全实现自行投放和管理搜索引擎广告。

3. Google AdWord 即 Google 搜索关键词广告的操作模式

与百度搜索引擎推广的操作模式不同，Google 关键词广告包括用户直接投放广告以及通过代理商两种模式，如果是熟练用户，可以自行完成所有的广告账户设置、广告系列、关键词选择、广告写作及投放、广告效果跟踪及管理、账户在线充值等一系列程序。如果通过 Google 代理商投放和管理广告，同样也需要支付一定的服务费，包括开户费和服务费。其中，开户费为第一次收取的费用，服务费用为广告费用的一定比例，通常为 20%～30%，即广告投入越多，支付给代理商的服务费也越多。

如果通过代理商投放 Google 广告，可以通过 Google 网站公布的各地代理商联系方式选择本地代理商。授权代理商名单详见 http://www.Google.cn/intl/zh-CN/adwords/

reseller.html。

　　如果希望自行投放 AdWords 广告，可通过点击 Google 首页左下方"广告计划"进入广告解决方案页面进行操作（http://www.Google.cn/intl/zh-CN/ads/ads_1.html）。下面是 Google 广告投放操作步骤，供参考。

　　（1）注册 AdWords 账户。首次使用 AdWords，需要先开通账户，如果已经在使用 Google 的其他服务，如 AdSense、Gmail、Google Reader 等，直接登录 Google 账户并点击"创建 AdWords 账户"即可进行相关的操作。当然，也可以选择用其他用户名管理 Google 广告账户，只要根据提示新创建一个账户就可以了。

　　（2）登录 AdWords 后台了解管理后台的使用。在 AdWords 账户创建之后，根据 Google 的操作提示，下一步就是"制作首个广告系列"。不过对于首次使用的用户，这里的建议是，在制作广告之前，重要的是先了解管理后台有哪些功能，因为这些功能在支付费用之前是可以免费体验的，即在正式投放广告之前，可以先对 Google 关键词广告的投放及管理有初步的了解。

　　（3）缴纳开户费及首次预存广告费。如果确定要为你的网站投放 Google 广告，并且确信已经了解如何制作广告，那么可以正式缴纳开户费及预算广告费。开户费人民币 50 元（如果是选择美元支付，则为 5 美元），第一次预存的广告费最低为人民币 100 元（以后续费每次最低也是 100 元），也就是说只要最低支付人民币 150 元，就可以正式开始体验 AdWords 广告。

　　费用支付可以通过网上银行进行，支付之前首先要到"结算"导航中，进行账户设置，选择支付方式和币种。这里要说明的是，如果选择人民币支付，则采用的是预付款方式，可通过银联支持的银行卡或者通过银行转账进行预付款；如果选择美元付款，则是后付款方式，即待消费之后才扣取相应的费用，付款人需要拥有具有国际结算功能的信用卡或者借计卡。

　　确定付费方式之后，还需要确认"Google 广告计划条款"，其中明确说明广告计划的签署方是"上海构寻广告有限公司"。因为"构寻"是 Google 广告的授权业务承包方，这也就意味着，所有的广告消费费用的发票由"构寻"开具。有些企业可能忽视了这个关系，在财务方面会遇到一些额外的需要解释的问题，即为什么不是谷歌中国而是上海构寻开出的发票。

　　随后，还要在线填写账单邮寄地址，确认之后，账户建立及设置才算正式完成，接下来再回到"结算"栏目页面完成支付开户费及预付广告费即可。

　　（4）制作及投放第一个 Google 广告。假定你选择的是人民币支付，并且完成了预付广告费，现在就可以正式制作并投放第一个 Google 广告了。

回到"广告系列"栏目，点击"新建广告系列"，根据页面列出的内容及网站推广的目标选择填写，如希望广告投放的国家/地区、语言、网络设备等，并设定每日最高消费额。

接下来根据提示可制作第一个广告，包括标题、广告内容描述、显示网址及目标网址机等信息。这里的显示网址通常只用显示首页网址即可，而目标网址则可直接达到站内的任何一个网页。在制作第一个广告时，可以根据自己对网站的了解，选择一个关键词进行试投放。

（5）跟踪观察第一个广告的投放情况。首次投放广告，建议只投放一个关键词，并且连续跟踪观察3～5天，每天观察广告的展示次数、点击率、每次点击费用，以及在搜索结果页面的排名情况等，待获得基础数据之后，再扩大关键词的范围，开始更多的广告投放，并可根据需要选择在内容网络（网站联盟）中投放广告。

（6）广告效果分析及优化。根据对第一个广告效果的数据分析，初步掌握所推广网站的基本信息，可充分利用 Google 广告管理后台提供的各种分析及优化工具不断对广告进行优化，以便获得最高的投资收益率。

至于选择关键词系列、扩大广告覆盖面及点击率等高级技巧，可在对第一个广告投放情况分析的基础上逐步扩展。只要掌握了广告投放和跟踪分析的流程及常用分析工具的使用方法，即使管理数以千计的关键词系列，其原理都是一样的。当然，熟练掌握 Google 关键词广告投放及管理，需要长期的实践和总结。

4．Google AdSense 即网站内容广告的渠道管理

Google AdSense 可能是迄今为止为联盟会员（即 Google 所说的内容发布商）带来佣金最高的网站之一，大量网站依靠"Google 提供的广告"获得收益，有些网站甚至将 Google AdSense 作为唯一的收入来源，并且获得了可观的收入。

Google AdSense 网站内容广告分为四种类型：Google AdSense 网站内容文字展示广告、Google AdSense 网站内容图片展示广告、Google AdSense 网站内容 Flash 展示广告以及 Google AdSense 网站定位展示广告。

Google AdSense 网站内容广告是一种类似联盟营销的广告，因为载体是众多的网站，所以这种广告产品很复杂。而且使用关键词匹配投放方式会受到不同网站的影响，所以需要经验丰富的人士制作才能获得较好的投放效果。

图 6-8 是 Google AdSense 会员后台管理的一个界面，从中可以看出，Google 提供了丰富的管理功能，除了产品设置（各种不同规格和不同风格的广告显示链接代码）之外，还提供了渠道管理功能和竞争性广告过滤，使得发布商网站可以屏蔽不希望显示的广告内容。

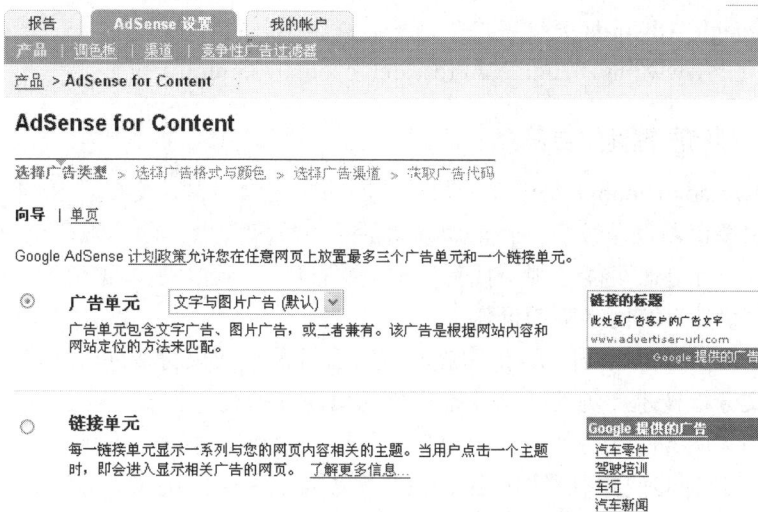

图 6-8　Google AdSense 会员后台管理界面

Google AdSense 之所以为众多网站带来丰厚的收入，除了会员网站自己的推广和努力之外，重要的原因之一在于 AdSense 强大的技术支持，通过 Google AdSense 的渠道管理功能介绍对此可见一斑。

渠道管理是 Google AdSense 的一大特色，功能非常强大，不仅可以跟踪同一发布商放置的各个不同网站的 AdSense 广告展示和点击等数据，甚至还能对各个网站不同栏目、不同格式的广告效果进行跟踪分析。Google AdSense 渠道管理在目前所有网络会员制模式中处于绝对超前地位。

AdSense 支持中心（https://www.Google.com/adsense/support）对"什么是渠道"的解释如下：

"渠道可让您查看有关特定页面和广告单元效果的详细报告。通过指定页面或广告单元组合的渠道，您可以跟踪页首横幅广告与其他横幅广告的效果，或比较摩托车页面与轿车页面的效果。您甚至可以创建渠道来跟踪每个不同的域，以便查看点击的来源。虽然渠道用来跟踪效果和收入，但不会影响收入或广告定位。"

这一事例也说明，成功的网络会员制营销是建立在强大的技术功能支持的基础上的。

【延伸阅读 6-1】

如果有兴趣对此深入了解和研究，可以参考这里介绍的一些相关的免费网络资源：

➜ 《Google Adwords 关键字广告高手速成指南》免费电子书
（http://www.jingzhengli.com/research/ebook0723.html）

6.2.3.3 搜狗关键词广告简介

搜狗（www.sogou.com）是搜狐公司运营的中文搜索引擎，发布于 2004 年 8 月 3 日，在中文搜索引擎市场份额较小，目前明显落后于百度和谷歌。因此很多企业在指定搜索引擎关键词广告计划时可能忽视了搜狗搜索引擎推广。不过，从多渠道推广的角度出发，搜狗搜索推广仍然有其网络营销价值。

根据搜狗推广服务页面的介绍："搜狗竞价服务是按效果付费的网络推广方式，通过关键词上下文分析技术，免费让企业推广信息出现在搜狗、搜狐矩阵上，当网民在查找产品信息或相关服务时，企业只需为用户的每次有效点击付费，适用于提升企业知名度和业务拓展。"搜狗的搜索引擎推广服务在表现形式上和操作模式上类似于百度的竞价排名广告，这里不再详细介绍。

下面仅对搜狗推广的特点给予简单介绍。

（1）尽管搜狗搜索引擎的市场占有率相对较低，不过搜狗关键词广告可以利用搜狐门户网站及其门户矩阵的优势，获得较大范围的传播。搜狗推广服务中关于产品优势的介绍："搜狗得到搜狐门户矩阵支持，通过搜狗搜索引擎、搜狐网各大频道页面、搜狐邮箱、搜狗邮箱等多种渠道展示企业推广信息"（见 www.sogou.com/fuwu/jingjia/youshi.html）。

（2）每次点击费用相对较低。随着企业对搜索引擎广告的重视，关键词广告的价格也在节节攀升，有些关键词达到每次点击几十元甚至超过百元的价格，过高的价格使得搜索引擎关键词广告的投资收益率大大降低，出现了"投入越多效果越差"的搜索推广悖论。相对于百度和谷歌，搜狗搜索广告的价格相对较低，因此具有一定的成本优势。

另外，由于用户获取信息的渠道是多样的，根据网络营销信息传递的一般规律，多渠道网络推广才能获得最好的效果，因此对搜狗搜索推广的了解有助于制定更全面的网络推广方案。

除了上述介绍的主要付费网络推广服务之外，还有很多具有一定网络推广效果的产品。不过有必要指出的是，并非所有的产品都是有价值的，有些甚至对互联网环境有很大的危害，例如，收集 E-mail 地址及群发邮件软件、在 B2B 平台和论坛自动发布信息的软件、自动发布关键词链接，以及种种针对搜索引擎关键词排名的"SEO"工具和服务等。这些都是不值得推荐和使用的，因为采用非规范的产品和服务，即使能在短期内带来少量效果，也是以危害互联网环境、牺牲大量用户的利益为前提的，最终危害的是企业的声誉和长期利益。

6.2.4　网络营销顾问服务

网络营销顾问服务市场的形成相对较迟，至今仍很不成熟，不过网络营销顾问服务仍是值得关注的领域。

6.2.4.1　网络营销顾问服务领域的特点

相对于网络推广服务市场，网络营销顾问服务市场规模要小得多，这与网络营销顾问服务的特点密切相关。

1．网络营销顾问服务市场环境尚不成熟

与搜索引擎广告、B2B 平台等网络推广服务相比，网络营销顾问服务的标准化程度较低，顾问服务的效果难以评价，使得很多企业对顾问服务难以全面了解。同时，提供各种网络营销顾问服务的企业鱼龙混杂，有些无非是一些常规的网站建设服务，有些甚至从事一些不规范的服务，如以数据库营销顾问自称实则是发送垃圾邮件、以搜索引擎营销顾问自称的"垃圾 SEO"等。

2．网络营销顾问服务模式尚在探索中

网络营销顾问服务的形式多样，但成为规范化、产品化的不多。网络营销顾问服务通常需要在对用户需求分析的基础上提出一对一的解决方案，而很多用户对网络营销顾问服务的需求并不明确，这也是制约网络营销顾问服务市场发展的主要原因。

3．网络营销顾问服务对专业人员要求较高

随着企业对网络营销的需求越来越大，真正专业的网络营销人才成为整个社会非常紧缺的资源，所以要想组建一个专业人才队伍和完善的网络营销顾问团队是非常困难的事情。通过公开渠道招聘相关的人才很不现实，而经过顾问公司培训之后具备一定专业知识的人，往往成为猎头公司关注的对象，许多专业顾问可能被企业挖角，这也是网络营销顾问公司不得不面对的困境。人才短缺也是影响网络营销顾问行业发展的重要因素。

由于上述因素的长期影响，网络营销顾问市场一直处于缓慢发展之中，相对于形形色色的网络推广服务市场增长的情况，网络营销顾问服务显得要冷清很多。但是，这是一个价值未被充分发现的行业，对企业网络营销的发展具有不可忽视的作用。

6.2.4.2　国内部分网络营销顾问公司简介

由于网络营销顾问服务的非标准化特征，因此很难以业务模式等对网络营销顾问公司进行明确的归类。国内网络营销顾问公司规模通常都比较小，不过也有一些历史较长、在业内有影响力的企业。根据作者了解的信息，介绍两家影响力较高的网络营销顾问服务公司。

1．广州时代财富科技有限公司（www.fortuneage.com）

广州时代财富科技有限公司成立于 2000 年 6 月 6 日，是中国最早的网络顾问公司之一，由中国互联网的开拓者、推动者张静君女士创办。时代财富公司专注于网络顾问咨询服务和网络应用实施服务，内容涉及企业信息化顾问、政府信息化顾问、网络应用方案咨询策划、网站策划建设、Web 2.0 平台建设、互联网及电信增值服务等。

时代财富公司在大型企业及政府网站建设与运营顾问服务方面具有丰富的经验并策划了大量成功案例，客户包括广州市政府、中国出口商品交易会、广州地铁、荔湾区政府、中国建设银行广东省分行、安利公司、广电集团、广汽丰田、广东发展银行等。

除了为大型企业和政府提供网络顾问服务之外，时代财富公司于 2006 年 12 月推出了面向中小企业互联网应用的网络营销平台——商脉通。商脉通在规划设计阶段，遵照中国互联网协会企业网站建设指导规范（征求意见稿）进行了大量的改进和优化。在商脉通正式发布之后，企业利用商脉通获得了比较显著的网络营销效果，尤其在网站易用性、搜索引擎优化、全员网络营销等方面表现出明显区别于其他模板式企业网站平台的优势。2009 年 3 月，时代财富公司创始人张静君女士受邀成为中国互联网协会企业网站建设指导规范首期专家委员会专家。

2．新竞争力网络营销管理顾问（www.jingzhengli.cn）

新竞争力网络营销管理顾问（公司全名：深圳市竞争力科技有限公司，简称"新竞争力"）由本书作者冯英健创建于 2005 年初，核心成员（胡宝介等）均长期从事网络营销实践及研究。

冯英健的个人网站"网上营销新观察"（www.marketingman.net）创建于 1999 年 7 月，是国内最早的网络营销研究专业网站之一，发表过大量原创网络营销文章，提供了许多影响力深远的网络营销理念和网络营销启蒙知识。冯英健基于大量的网络营销实践提出了许多重要的营销观点和理念，发表了大量的实用性文章和研究报告，并出版多部网络营销专著。被业界誉为"网络营销领域的圣经"的专著《网络营销基础与实践》（1～3 版）截至 2008 年 8 月已累计重印 30 多次，被选为教育部"十一五"国家级规划教材，创造了网络营销专业书籍最高销售纪录，影响了数以万计的电子商务/市场营销专业学生和企业市场人员。

作为新竞争力网络营销管理顾问创始人之一、中国互联网协会网络营销培训办公室指导专家胡宝介女士在业界享有"知名搜索引擎 SEO 专家"的美誉，其专著《搜索引擎优化知识完全手册》在国内 SEO 领域具有最权威的地位，是国内最早也是迄今唯一一部用符合搜索引擎技术规范、以用户获取信息为导向系统介绍 SEO 知识的著作。同时资深营销专家胡宝介女士基于十年外贸网络营销实践经验，著有《外贸网络营销》电子书、《外贸网站海外推广策略研究报告》等多篇在业界颇有影响力的著作。

新竞争力定位于专业的网络营销管理顾问，即致力于提高中国企业网络营销应用水平，提升互联网环境中企业综合竞争力。新竞争力网络营销管理顾问服务领域包括：针对大中型企业/大型电子商务网站提供网络营销策略与网站运营顾问服务、企业网络营销培训；针对中小企业提供效果导向的效益型网络营销服务。

新竞争力为多家知名电子商务平台、行业门户网站，以及不同规模的企业都提供过不同层次的网络营销顾问和培训服务。新竞争力网络营销管理顾问的客户案例包括：环球资源、中国小商品城网、当当网、金算盘软件公司、广东移动、深圳电信、三星电子、NVIDIA、华夏邓白士等。

新竞争力是中国互联网协会企业网站建设指导规范发起单位和专家委员会秘书处所在单位，承担中国互联网协会网站建设指导规范的起草、制定和推广等工作。新竞争力也是中国互联网协会网络营销培训办公室的网络培训课程体系指导专家单位，在实用网络营销培训、大型电子商务网站运营培训等方面拥有丰富的经验和深厚的资源积累。

6.3 网络营销服务市场发展趋势

网络营销服务市场一直处于持续发展之中，这是企业网络营销应用不断深化的必然结果。根据作者对中国网络营销服务市场长期的研究，将近年网络营销服务市场的发展趋势归纳总结为几个方面供读者参考。

1. 产品越来越多、选择越来越难

从网络营销基础服务、推广服务到综合顾问服务，每个细分市场都在不断发展演变，新的服务理念和产品形态也在不断产生，企业网络营销服务产品的可选范围更大了，不过企业选择越来越难，需要对网络营销服务有更多的了解才能选择最适合、最有效的产品和服务。这不仅需要对网络营销服务市场有一定的认识，而且也意味着需要更多的网络营销投入。

2. 网络推广成本越来越高

网络营销的成本越来越高，这是一个严峻的现实！在有些领域甚至出现"投入越多效果越差"的网络营销悖论。以搜索引擎广告为例，最初每次点击只需 0.30 元甚至更低就可以出现在搜索结果靠前的位置，现在稍微有一定商业价值的关键词每次点击价格都在 1 元甚至 5 元以上。网络推广成本不断增长的趋势在短期内难以得到显著改变，企业只能适应这种低成本优势逐渐减弱的网络营销环境。

随着越来越多的企业加入到网络营销的行列，仅仅依靠有限的几种付费网络推广手段不仅不能满足企业的营销需要，而且还要付出更多的费用，这对那些一味依赖搜索广告进行推广的企业是重大的考验。如何分配有限的营销预算，寻找性价比更高的网络推广服务成为中小企业网络营销的基本功之一。

3. 期待更具有竞争力的网络推广服务

尽管网络营销的成本在增加，企业要为此付出更多费用，但是现阶段的企业营销环境表明：离开网络营销企业将寸步难行。而且，相对于其他营销手段，网络营销仍然是最有效的模式之一。因此，在日趋激烈的网络营销竞争中，企业需要寻求更具有竞争力的网络推广服务，如通过多渠道综合网络推广降低成本的服务模式，无须承担风险、真正按效果付费的网络营销服务等。

除了搜索引擎关键词广告等主要付费网络推广模式之外，实际上还有多种方式可以达到网络推广的目的，如网上商店营销、博客营销、许可 E-mail 营销等，但这些模式可能比较分散，获得效果也可能没有搜索引擎广告直接，需要更多的专业知识和人力资源投入，因此许多中小企业的操作能力有限。如果这种融合了"效益型网络营销服务思想"的综合网络推广模式可以模式化并进一步降低成本，将为中小企业提供更好的服务。

4. 对手机网络营销服务产品保持适当的关注

手机网络营销与基于电脑网络的网络营销有一定差异，并非所有网络营销产品和服务都可以转移到手机上。但手机上网人数必将超过电脑上网人数，预计在不远的将来手机网络营销产品和服务必将大规模涌现。

不过，基于手机用户获取信息的特点，以及用户可能是手机与电脑双重用户，手机上网可能只是对电脑的补充，因此对手机网络营销产品的价值应冷静地观察并保持必要的关注，一些在互联网应用中有较好效果的网络营销产品未必在手机上网用户中获得同样的效果（例如手机实名、手机图片展示广告、手机搜索引擎广告等），尽可能不要急于在手机网络营销方面投入过大。

5. 网络营销社会化趋势对网络营销服务业的影响

"网络营销社会化"意味着网络营销从专业知识向社会普及知识的演变（本书作者冯英健在 2009 中国网络营销大会提出此观点），这与网络营销管理专业化看似矛盾，但实际上正是对同一问题不同视角的解析。网络营销社会化的实质是网络营销主体必须与网络环境相适应，即当大多数人（尤其是企业营销人员）都具备一定的网络营销基础知识之后，网络营销服务业必然面临如何提升自身专业水平的问题。如果网络营销服务商自身的专业水平有限，如何能为企业网络营销提供更加专业的服务？

网络营销行业长期以来以产品销售为导向，为用户提供的服务价值相对较低，这在企业对网络营销的认识不高的阶段是有市场的。当企业经历过长期的无效网络营销阶段之后，对效果的要求会越来越高，专业化的服务也将更有吸引力。网络营销服务的根本在于为用户提供价值——这一理念将会得到更加充分的体现。

【延伸阅读 6-2】

➡ 有关网络营销服务市场研究的更多文章请参考网上营销新观察网站的"网络营销服务市场研究专题"（http://www.marketingman.net/topics/015_market.htm）

本章小结

网络营销服务商及网络营销产品是企业网络营销的外部资源，企业开展网络营销需要合理利用内部资源与外部资源。根据企业网络营销的流程和需求层次，通常可以将网络营销产品及服务分为三个层次：互联网应用基础服务、企业网络推广服务、运营管理及顾问咨询服务。

网络营销的基础服务，意指每个企业开展网络营销都不可缺少的服务内容，其中应用最广泛的是网络营销服务"老三样"——域名注册、虚拟主机和网站建设。

网络推广是最常见的网络营销服务形式，很多服务都有一定的网络推广价值，如搜索引擎、网络广告、网络黄页、分类广告、分类目录、电子邮件、B2B 平台、网站联盟等。

付费搜索引擎广告，就是当用户利用搜索引擎检索信息时在检索结果页面出现的、与用户所检索信息有一定相关性的广告内容。这些广告与自然检索结果共同组成了搜索结果页面的内容。关键词广告是搜索引擎服务商的主要赢利模式，因此主要的搜索引擎目前都提供这种关键词广告。

网络营销顾问服务市场的形成相对较迟，至今仍很不成熟，不过网络营销顾问服务仍是值得关注的领域。

网络营销服务市场一直处于持续发展之中，近年来网络营销服务市场的发展趋势表现为：产品越来越多、选择越来越难；网络推广成本越来越高；期待更具有竞争力的网络推广服务；对手机网络营销服务产品保持适当的关注；网络营销社会化趋势对网络营销服务业的影响等方面。

思考与讨论

1. 寻找一个自己感兴趣的企业网站（也可通过分类目录或者搜索引擎选择），分析其应用了哪些网络营销服务，其中付费最多的服务应该是哪些。

2. 百度和 Google 的搜索引擎广告有很多相同的地方，也有一些明显的差异，请归纳总结两者的功能、表现形式及操作方法等方面的异同。

3. 新的互联网工具不断出现，同时也伴随着新型网络营销产品和服务的诞生，如社会化媒体营销等。试以微博或者其他新的互联网应用为例，分析可能产生的付费网络营销服务模式。

第7章　社会化网络营销应用基础

【学习目标】

① 了解社会化网络营销的基本含义、信息传播特点以及其网络营销价值;

② 了解企业博客营销的六种常见形式及特点,掌握博客营销的操作方法及技巧;

③ 熟悉企业微博营销的常见类型,掌握微博营销的一般步骤及其操作技巧;

④ 了解在线百科推广的常见模式及问题,熟悉在线百科词条推广的操作技巧;

⑤ 了解 Ask 社区的网络营销价值及 Ask 社区推广的操作要点。

传统的网络营销大致可归纳为三个方面:网络营销基础建设(网站建设及优化)、网站推广及管理、网站运营效果分析。这些工作主要由网站建设技术人员及网站运营推广人员完成。随着互联网环境的不断发展,互联网已经成为用户获取信息的第一渠道,网络传播的方式也更加便捷和多样化,几乎每个人都直接或者间接地与网络营销产生联系,网络营销不再是专业人员的事情,一个网络营销社会化的时代已经来临。

与此同时,作为一种新型的网络营销模式,社会化网络营销正蓬勃发展,并且表现出与基于企业网站的传统网络营销模式的显著差异,为网络营销带来了新的思维模式和操作手段。一般社会化媒体营销工具主要包括社区、博客、微博、百科以及其他形式。本章介绍社会化网络营销应用的四种基本形式:博客营销、微博营销、百科推广以及 Ask 社区。

7.1　社会化网络营销简介

社会化网络营销源于英文 Social Networking Service Marketing(或者 Social Networking Marketing),其相近的一个词语是 Social Media Marketing(社会化媒体营销),大致意思都是基于社会化网络(社会化媒体网站)的网络营销形式(简称 SNS 营销,或者 SMM),这与搜索引擎营销等基于互联网工具/平台命名的网络营销方法是类似的。借鉴其他网络营销方法的思路,可以这么理解社会化网络营销:社会化网络营销是利用社会化网络进行营销信息传递和交互的一种网络营销方法,其核心是通过人的社会关系网络资源的扩展，实现信息分享和传播。实际上是一种网络口碑营销与传统信息发布方式相结合的综合网络营销模式。

至于 SNS 营销的准确定义，与许多新的术语一样，其实很难有统一的认识，即使维基百科或者百度百科这样的在线百科全书网站也难以给出全面的解释，因此作者认为，无须为社会化网络营销定义的严谨性而耗费过多的精力。最重要的是，作为一种新型的网络营销模式，我们有必要了解其特点和操作方法，以及如何发挥 SNS 营销的价值。

7.1.1　社会化网络信息传播的特点

目前在全球范围内应用最多的、最有代表性的社会化网络站点包括 facebook.com、myspace.com、twitter.com、linkedin.com 等，其共同特点是，用户可以通过网站平台实现与其他用户之间的沟通和信息分享，实现一定的网络社交功能。国内的新浪微博、腾讯微博等也是影响力较大的社会化网站平台。

社会化网络与传统的在线沟通方式如即时信息聊天（IM）不同的是，SNS 具有开放和信息传播能力快速放大的特点，您所发布的信息不仅可以同时让您的所有好友（即您的社会网络关系圈）了解，还可以通过好友向他的社会关系网络传播信息，从而实现在更大范围内传播。

具体到社会化网络的网络营销应用方面，根据网络营销信息传递的一般原理，我们可以通过对信息源、信息传播渠道、用户接收方式以及信息传播的主要屏障等方面与传统营销的比较来发现社会化网络营销的特点（如表 7-1 所示）。

表7-1　SNS营销与传统网络营销的比较

	信息源创建方式	信息传播渠道及传播特点	用户接收行为方式及特征	信息传播的主要屏障
传统网络营销（以搜索引擎营销为例）	基于企业网站或者第三方平台的信息发布	多渠道传播，以外部网络传播渠道为主；互联网工具是传播主体	用户与信息源之间交互，用户之间无信息交互	孤立的信息源：信息孤岛
社会化网络营销（以微博营销为例）	基于 SNS 平台的信息发布	SNS 平台内部用户信息传播为主；用户是信息传播主体	用户是信息的发布者，同时也是信息接收者和传播者	孤立的用户关系：行为孤岛

通过上述比较可以看出，与传统网络营销方法相比，社会化网络营销的信息特点主要表现在下列几个方面（如图 7-1 所示）。

（1）社会化网络营销信息传播通常基于影响力较大的第三方 SNS 平台，在同一平台上实现信息源的发布及传播；

（2）SNS 平台既是信息源发布媒体，也是信息传播渠道，SNS 网站信息传播以站内渠道为主，外部信息传播渠道可能受一定的制约；

（3）人作为 SNS 信息传播的主体，无须依赖其他传统的互联网工具即可实现完整的信息发布及传递；

（4）SNS 信息系统中，"行为孤岛"是信息传递屏障的主要因素，在社会关系网络中节点链接最多、链接强度最高的用户具有最强的信息传播能力；

（5）社会化网络营销信息是一种"临时非正式动态信息传播"，信息传播的范围和持久性取决于 SNS 网络中共同关注该话题的用户，且具有动态特征。

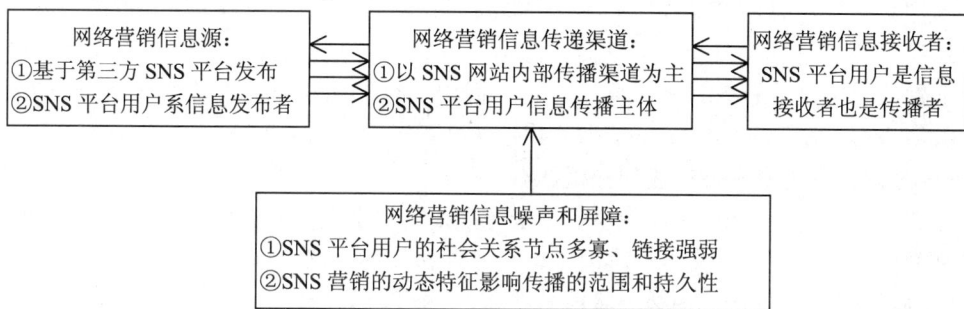

图 7-1　SNS 网络营销信息特点示意图

7.1.2　体现社会化网络营销价值的八个方面

与基于企业网站开展的各种网络营销方式相比，社会化网络营销具有显著的特征，与其他方式既有一定的联系又有相对独立性，相应地，社会化网络营销的营销价值也表现出一些明显的特征。微博为 SNS 的典型代表，其网络营销价值体现在下列八个方面。

1. 微博成为企业官方网站及官方博客之外的又一种官方网络信息源

企业发布官方信息，主要渠道包括官方网站和官方博客，微博的出现，让企业又多了一个新的发布渠道。而且相对于官方网站和博客，微博信息更为及时，也更容易引起用户关注。合理利用企业官方微博，在网络公关、产品发布等方面将发挥不可估量的作用。

2. 社会化网络的企业网络品牌价值

与企业博客是网络品牌必不可少的组成部分一样，微博也是网络品牌的内容之一，知名企业大多建立了企业博客并陆续开设了企业官方微博，微博（或者其他形式的社会化网络）成为用户获取企业信息的常见渠道之一。可以预计，每个企业，尤其是知名企业，都将开设企业官方微博。

3. 微博是新的网络推广场所

微博是新的网络推广工具，也是网络推广场所。由于在微博平台上集聚了众多用户，微博为企业发现潜在用户提供了广阔的空间（其他 SNS 模式也如此），比传统的网络社区（论坛等）更具有开放性和针对性。当然，在 SNS 社区的推广不同于张贴小广告，需要讲究方法和技巧。

4. 通过社会化网络直接实现销售收入的增加

尽管 SNS 本身并不是销售平台，但通过 SNS 的信息发布和沟通，对实现直接销售具有不可估量的价值。如戴尔、麦当劳等知名企业通过官方微博均带来大量的用户。

5. 扩大企业信息网络可见度

与搜索引擎、博客、B2B 平台信息发布、网络广告等扩大网络可见度的常用方式类似，通过微博的信息发布和沟通功能，使得企业信息在平台内部得以合理展示，也是扩大企业网络可见度的有效方式。同时，由于微博具有信息传播放大器的作用，一条受人关注的信息可以在一个网络圈子中得到快速传播。

6. 微博将成为最重要的在线沟通工具

与即时信息、E-mail、在线表单、论坛等在线沟通工具不同，微博具有开放性和互动性更强的优势，因此可能在很大程度上取代其他传统的网络沟通工具。

7. 微博提供了高效的在线顾客服务模式

微博作为在线沟通工具的优势，为顾客服务提供了极大的便利，不仅可以解答顾客的各种问题，也可以随时发布顾客关心的问题，并方便地收集用户的意见和建议。

8. 利用微博实现客户分析及竞争者分析

无论客户、供应商、销售商，还是竞争者，都可能在不同的层面应用微博，利用微博平台提供的一些功能如关注、分类搜索、微群等，可以方便地获取客户及竞争者的信息，为客户分析及竞争者分析等网络调研活动提供支持。

除了上述明确的网络营销价值点之外，微博还可以发挥更多的作用，例如，关注行业动态、与业内专业人士的交流、对企业官方网站/博客信息的再传播等等。不过值得注意的是，微博的高效信息传播对企业也存在一定的风险，例如，糟糕的产品或者客户服务遭到用户的抱怨、不当言论影响顾客信任等，而企业的负面信息往往会被迅速扩大，为企业造成负面影响。

7.1.3　社会化网络营销的一般操作模式

根据前面对社会化网络营销信息传递的特征及网络营销价值体现，遵照网络营销的基本思想——合理利用互联网工具向潜在用户传递有价值的营销信息，可归纳出社会化网络营销的一般操作模式。

1. 初步制定 SNS 营销策略

社会化网络营销目前还处于应用初期，并没有成熟的、适用于所有企业的 SNS 营销策略，还需要在实际应用中不断总结和调整。作为社会化网络营销的尝试，制定 SNS 营销策路通常也只能是粗略的，甚至带有一定主观性的。

与其他网络营销策略一样，SNS 营销策略也应该包含下列基本要素：

（1）SNS 营销目的及预期目标；

（2）与其他网络营销策略的关系；

（3）人员配备、资源投入。

2. SNS 营销策略的实施

在企业 SNS 营销总体原则指导下，通过 SNS 营销的具体实施，不断扩大社会化网络营销的资源及信息传播影响力。主要内容包括：

（1）信息来源及发布；

（2）关注用户对象选择；

（3）获得更多用户的关注；

（4）参与信息互动评论和转发；

（5）利用多渠道和资源扩大 SNS 信息的网络可见度（包括平台内部及外部可见度）。

3. SNS 营销的效果分析及管理

如果说传统的信息传播依赖的互联网工具是可以预估其效果的，那么以人为传播渠道的 SNS 营销则难以预测其效果，人的行为取决于多种复杂因素。即使同一个人对同一条信息，在不同的时间、不同的环境、不同的心情以及不同的信息发布终端等情况下，都可能作出不同的反应。因此在一定程度上可以说，对 SNS 营销的效果预测及评价是非常困难的。不过仍然可以对一些指标进行跟踪分析，以逐步认识影响 SNS 效果的因素以及改进的措施。有关 SNS 营销效果及管理的因素和工作内容包括：

（1）一定时期内 SNS 信息发布数量及质量；

（2）用户对企业信息的关注及回应情况；

（3）关系圈子用户数量、增长率、活跃程度及价值评估；

（4）其他网络渠道对 SNS 营销的促进（如官方网站、合作伙伴、平台开放资源等）；

（5）不断完善 SNS 营销的管理规范。

与其他网络营销策略一样，SNS 营销的规律也是在实践中不断探索和总结出来的，作为社会化网络营销的一种模式，在 7.3 节将专题介绍微博营销的方法与技巧。接下来的 7.2 节是网络营销社会化的具体应用——企业博客营销方法与技巧。

7.2 企业博客营销方法与技巧

博客从 2002 年在国内开始兴起,历经将近 10 年的发展应用,已经成为主要的企业网络营销工具之一,至今博客营销方兴未艾,正发挥着越来越大的作用。

新竞争力网络营销管理顾问针对 2007—2010 年入选工业与信息化部"电子信息百强企业"排行榜的 121 家企业进行的调查显示:到 2010 年 9 月底,98.3%的电子信息百强企业开设了企业博客或频道,可见,企业博客已经成为大中型企业的标准配置。

7.2.1 企业博客营销的基本条件

一般来说,开展企业博客营销需要具备 3 个基本条件。

1. 博客发布和管理的网站平台

即要有发布博客的基本条件,可以是企业自建的独立博客网站、官方网站的博客频道,也可以是建立在第三方博客平台的企业博客。

2. 持续的博客内容资源

博客文章是博客营销的基础,对用户有价值的、源源不断的博客内容是体现博客营销价值的必要条件,也是博客营销工作的核心内容。

3. 企业博客管理规范

企业博客与个人博客有一定的差异,需要一定的规范来约束,这样才能保证博客营销的价值,另外,对于企业博客营销开展过程中的问题和效果也需要相应的管理规范。

本节将从博客平台的模式和主要功能、博客文章写作方法,以及企业博客管理规范等三个方面介绍企业博客营销的方法和技巧。

7.2.2 企业博客营销的常见形式

从目前企业博客的应用情况来看,企业博客营销有下列 6 种常见形式。

1. 企业网站自建博客频道

许多大中型企业都开始在官方网站开设博客频道,这种模式已经成为大型企业博客营销的主流方式,通过博客频道的建设,鼓励公司内部有写作能力的人员发布博客文章,可以达到多方面的效果。对企业外部而言,可以达到增加网站访问量,获得更多的潜在用户的目的,在企业品牌推广、增进顾客认知、听取用户意见等方面均可以发挥积极作用；从企业内部而言，提高了员工对企业品牌和市场活动的参与意识，可以增进员工之间以及员工与企业领导之间的相互交流，丰富了企业的知识资源。

企业网站自建博客频道需要进行相应的资源投入和管理，增加了网站运营管理的复杂性，并且需要对员工进行信息保密、博客文章写作方法、个人博客维护等相关知识培训，同时也会让部分员工觉得增加了额外负担，产生抵触情绪等。在全员网络营销时代，每个企业、每个员工都应该尽力适应这种环境。

案例分析 7-1

企业网站自建博客频道案例

深圳市竞争力科技有限公司（www.jingzhengli.cn/）官方网站专门开辟了"新竞争力博客"专栏。新竞争力网络营销博客（www.jingzhengli.cn/blog），选用一个经著作权人授权的成熟博客程序系统，根据自己的需要进行配置，并对博客模板进行了较多个性化设计，并且将最新发布的博客文章自动同步发布到官方网站首页（www.jingzhengli.cn），实现了博客与官网的结合。新竞争力网络营销博客自 2007 年初开通以来，一直是除官方网站之外最重要的信息发布渠道之一，通过博客获得了大量潜在用户访问，对新竞争力知识营销策略发挥了其他信息传播渠道无法替代的作用。

2. 第三方公共博客平台模式

利用博客托管服务商（BSP）提供的第三方博客平台发布博客文章，是最简单的博客营销方式之一，在体验博客营销的初期常被采用，目前仍然是许多中小企业或者个人所采用的主要模式。例如，在新浪博客、搜狐博客上开设一个账户即可开始发布博客文章，通过源源不断的个人资源分享，达到企业信息传播的目的。

第三方公共平台博客营销的好处在于操作简单，不需要维护成本，但缺点也非常明显的，例如，博客访问量无法与官方网站紧密结合、可信度较低、访问量不高、博客功能受平台的限制等，因此这种模式通常只作为博客营销的一种辅助方式。

案例分析 7-2

第三方公共博客平台模式案例

深圳市竞争力科技有限公司创始人冯英健博士（即本书作者）在新浪博客平台开通

了个人"冯英健博客"（http://blog.sina.com.cn/u/1494869527）。由于该博客平台名气大、流量高、可见度高、博客运营商提供的各项功能和服务完善，因而该博客成为创始人自身品牌形象的展示窗口，并潜在地为公司带来了访问量和声誉。

3. 第三方企业博客平台

与第二种模式类似，这种形式的博客营销也是建立在第三方企业博客平台上，主要区别在于这种企业博客平台不同于公共博客以个人用户为主，而是专门针对企业博客需求特点提供的专业化的博客托管服务。每个企业可以拥有自己独立的管理权限，可以管理企业员工的博客的权限，使得各个员工的博客之间形成一个相互关联的博客群，有利于互相推广以及发挥群体优势。例如商脉通（www.anyp.com）、企博网（www.bokee.net）等都有类似的企业博客功能。企业博客通常按年度收取一定的服务费。

第三方企业博客平台的典型问题在于：对提供这种服务的平台的依赖性较高，如功能、品牌、服务、空间大小、用户数量等；企业博客与官方网站之间的关系不够紧密；员工博客的访问量难以与企业网站相整合，因而企业的知识资源积累所发挥的综合作用被限制。

案例分析 7-3

第三方企业博客平台案例

信阳核工业恒达实业公司在阿里巴巴博客平台上的"信阳恒达暖宝宝企业博客"的原创文章《2011年度优秀博客参选宣言》中指出：2010年1月12日，恒达暖宝宝企业博客开通。以前，暖贴行业没有一个值得消费者信赖的品牌厂家出现，网络上各种信息混杂，真伪难辨，所以恒达暖宝宝企业开通博客，希望以企业官方的声音，宣传企业形象和品牌并给消费者提供一个交流的平台。作为暖贴行业的领军企业，该企业用博客记录企业的发展历程、产品研发故事、阿里巴巴相关部门以及网商研究专家对恒达的采访报道，树立了恒达军工暖贴行业的领军企业形象！借助博客，该企业构建了优质的经销商网络，使之良好运作和进一步扩大。同时博客也成为恒达和目标客户、消费者感情沟通的平台，成为名副其实的暖贴之家。

4. 个人独立博客网站模式

作为独立的个体，除了在企业网站博客频道、第三方博客平台等方式发布博客文章之外，以个人名义用独立博客网站的方式发布博客文章也很普遍。许多免费个人博客程序也促进了个人博客网站的发展,因此对于有能力独立维护博客网站的员工来说,个人博客网站也可以成为企业博客营销的组成部分。

由于个人拥有对博客网站完整的自主管理维护权力,因此个人可以更加充分发挥积极性,在博客中展示更多个性化的内容,并且同一企业多个员工个人博客之间的互相链接关系也可以有助于每个个人博客的推广,多个博客与企业网站的链接对企业网站的推广也有一定价值。不过个人博客对个人的知识背景以及自我管理能力要求较高,这种模式也不便于企业对博客进行统一管理。

案例分析 7-4

个人独立博客网站模式案例

个人独立博客很多,尤其是互联网领域,有许多知名作者的个人博客网站,这些博客作者虽然以个人的名义发布博客文章,但客观上对其所在公司也产生了显著影响。英文博客如:Seth's Blog(sethgodin.typepad.com);中文博客如 IT 名博:月光博客(www.williamlong.info)。

5. 博客营销外包模式

有些情况下,如阶段性推广、新产品发布等,博客营销可以以外包的方式由第三方专业机构/人员提供。将博客营销包给其他机构来操作,与传统市场营销中的公关外包类似,也可以认为是网络公关的一种方式。也有一些博客平台提供博文外包的功能,企业发布博文需求,用户为企业撰写博文并获得收益。

博客营销外包模式的优点是企业无须在博客营销方面投入过多的人力,不需要维护博客网站/频道,相应地也就降低了企业博客管理的复杂性,并且经过精心策划的博客营销外包往往能在一个时期内取得巨大的影响力。不过博客营销外包模式的缺点也是很突出的,例如,外部人员对企业信息的了解毕竟有限,第三方的博客文章难以全面反映优秀的企业文化和经营思想,也不利于通过博客与顾客实现深入的沟通,并且难免出现明显的公关特征,长期下来对企业的可信度等方面会产生一定的影响。因此,外包模式的博客营销往往具有阶段性的特征,即在涉及某些具有新闻效应的热点事件,如奥运会、公司庆典等重要节日、具有极大影响力的重要产品发布等特殊阶段,并且通常只能被知名企业所采用,可见这种模式在实际应用中具有一定的限制。

案例分析 7-5

博客营销外包案例

五粮液葡萄酒有限责任公司与国内最大的跨平台博客传播网络 BOLAA 网通力合作，通过该平台在博客红酒爱好者中组织了一次大范围的红酒新产品体验主题运动。五粮液葡萄酒公司通过此次博客营销活动，不仅产品品质得到大家的认可，品牌也得到了大幅度晋升，同时还大大提高了产品销售量。

6. 博客广告模式

博客广告是为达到推广的目的在用户发布的博客文章中投放的广告。博客广告可以有多种模式，例如，联盟广告模式（利用网站联盟模式，用户与博客平台服务商共享广告收益）、博客模板（在模板上设计企业推广信息，供用户选择，每次博文浏览，相应地也实现了推广信息展示）等。博客广告属于企业网络广告投放的一种形式，严格来说并非通过企业自行控制的网络传播资源，而是一种广告媒体。

案例分析 7-6

博客广告模式案例

著名 IT 评论博客作者洪波（网名 keso，博客名"对牛乱弹琴"）2006 年曾经与和讯达成协议，在自己的博客上投放广告。

表 7-2 对比了以上六种博客营销形式的优缺点。

表7-2　博客营销模式优缺点对比表

企业博客营销形式	特　点
企业网站博客频道模式	① 大型企业的主流模式 ② 优点：便于自主控制、和企业官方网站紧密结合、增加企业凝聚力 ③ 缺点：增加了网站运营管理的复杂性
第三方博客公共平台模式	① 最简单的博客营销方式之一，是许多中小企业或者个人所采用的主要模式 ② 优点：操作简单，不需要维护成本 ③ 缺点：博客访问量无法与官方网站紧密结合、可信度较低、访问量不高、博客功能受平台的限制等

续表

企业博客营销形式	特　　点
第三方企业博客平台	① 专门针对企业博客需求特点提供的专业化的博客托管服务 ② 优点：每个企业可以拥有自己独立的管理权限，有利于互相推广以及发挥群体优势 ③ 缺点：对提供这种服务的平台的依赖性较高、企业博客与官方网站之间的关系不够紧密
个人独立博客网站模式	① 优点：个人可以更加充分发挥积极性 ② 缺点：个人博客对个人能力要求较高，这种模式也不便于企业对博客进行统一管理
博客营销外包模式	① 阶段性推广、新产品发布等，博客营销可以以外包的方式由第三方专业机构/人员提供 ② 优点：降低了企业博客管理的复杂性，效果明显 ③ 缺点：明显的公关特征，影响企业可信度
博客广告模式	博客广告可以有多种模式，如联盟广告模式、博客模板等；博客广告是一种广告媒体

7.2.3　企业博客的平台选择及应用要求

7.2.3.1　企业博客的平台选择

尽管企业博客营销有多种表现形式，但所有的博客都离不开博客发布平台，具备可以发布和管理博客文章的功能，是企业开展博客的基础条件之一。不同的博客平台（博客程序）在功能上有一定的差异，但基础功能都是类似的，如博客模板设置、公告及说明、文章分类、文章发布及管理（编辑、删除、置顶等）；一些完善的博客程序还有更多实用的功能，如文章友情链接、站内广告管理、个性化命名、tag 标签设计、访问统计等。

如何建设一个企业博客系统呢？通常有自行开发、选购第三方博客系统，或者根据免费开源软件修改等方式。具体采用哪种形式，取决于企业对博客功能的需求以及内部资源的情况。下面以新竞争力网络营销管理顾问的企业博客为例来说明博客平台的应用。

新竞争力网络营销博客（www.jingzhengli.cn/blog），选用一个经著作权人授权的成熟博客程序系统，根据自己的需要进行配置，并对博客模板进行了较多个性化设计，使之与官方网站在风格上保持一致的同时，符合网站优化设计思想，并且将最新发布的博客文章自动同步到官方网站首页（www.jingzhengli.cn），实现了博客与官网的结合。

在博客系统域名设计策略上，新竞争力博客采用作为主网站一个栏目的方式，即整个博客系统与主站采用同一网站空间，博客网址为 http://www.jingzhengli.cn/blog/index

.html，相应地，每个用户的博客首页均有一个静态网页网址，例如，本书作者的博客首页为：http://www.jingzhengli.cn/blog/fyj。根据需要，有些企业博客可能采用二级域名的方式，例如，http://blog.jingzhengli.cn。这两种方式各有特点，前者更有利于同官方网站的整合。

新竞争力博客系统后台包括两个部分：系统管理员后台和博客用户后台。两者的主要功能大致如下。

系统管理员后台主要包括以下功能。

（1）系统配置，设置网站名称、版权信息、系统管理方式、是否允许注册或评论等；

（2）日志分类管理，指博客文章内容分类及排序；

（3）友情链接管理，在博客首页显示其他网站的链接，为博客友情链接创造条件；

（4）用户页面广告管理，可以实现统一调整用户页面的广告展示，实现博客推广资源的统一利用；

（5）用户管理，即注册用户管理，包括设置为前台管理员，或者暂停用户登录，修改用户首页 URL 地址等；

（6）博客模板管理，可以对博客网站首页及文章列表页面等模板进行修改，使之符合网站运营需要。

博客用户后台主要功能如下。

（1）个人博客设置，包括博客简介、照片上传、用户首页友情链接、博文显示模式等；

（2）博客文章管理，包括文章分类及管理、文章备份（导出已发布文章到本地硬盘）、文章编辑发布、手动设置文章文件名、文章在个人首页置顶等；

（3）评论及留言管理，可以对其他用户对博文的评论或者留言给予回复和管理，如果存在垃圾信息或者其他不适宜的信息，可以删除；

（4）模板管理，可以选择和上传自己喜欢的模板样式，对个人博客首页、文章模板页面的功能模块进行个性设置，修改个人博客模板的广告显示，添加访问统计代码等。

不同的博客系统个人后台的基本功能大多是类似的，如果对博客后台管理不是很熟悉，建议注册新浪博客（blog.sina.com.cn）等免费博客用户，对博客后台管理及文章编辑发布进行体验。对于有一定条件的学习者，建议网上下载开源的免费博客系统，在自己的网站空间进行配置和试用。

7.2.3.2　企业博客的应用要求

新竞争力网络营销博客自 2007 年初开通以来，一直是除官方网站之外最重要的信息发布渠道之一。通过博客获得了大量潜在用户访问，博客对新竞争力知识营销策略发挥了其他信息传播渠道无法替代的作用。通过对几年来企业博客运营经验的总结，从博客网站系统应用方面归纳出几条基本要求供参考。

1．博客网站系统的优化必不可少

博客系统实质上相当于一个独立的网站系统，与官方网站之间可以没有直接的内部联系，只是在网站前台模板上通过导航系统关联起来，所以对于博客系统也需要根据网站优化的原则和方法进行系统的优化。包括网站导航、页面布局、网站标题和 META 信息的调用方式、用户页面的静态化处理、网站地图等，都要进行系统的优化设计，最好使之与企业官方网站相一致，这样才能为博客内容发挥持久的效果提供支持。

2．保持博客内容的专业性和活跃度

博客文章是博客网站获得用户的源泉。调动全体员工乃至部分业内人士的积极性，原创高质量的专业知识和行业分析文章，这是新竞争力博客得以长期保持稳定发展的重要原因。实践经验表明，具备一定专业水平的博客文章，即使在发布几年后，仍然可以通过搜索引擎带来持续的访问。搜索引擎是博客文章获得用户的主要渠道，这也是博客有别于社会化网络营销的特点之一。另外，博客文章的编辑技巧也非常重要，本书在博客文章写作技巧的内容中将给予详细介绍。

3．注重博客模板设计的技巧

前面介绍过新竞争力博客系统管理员后台和用户后台的功能，其中包括站点介绍、友情链接、文章分类以及模板管理等，合理利用这些功能，可以发挥意想不到的推广效果。例如结合官方网站的栏目设置，给文章分类，以此作为补充，可以充分扩大重要关键词的搜索引擎可见度；通过友情链接、模板管理等功能，也可以巧妙地把公司的核心业务等以链接形式展示在博客中。这些细节的设计使得博客的价值在无形中得以发挥。

4．充分利用博客网站的网络推广资源

当博客拥有一定的内容资源之后，博客网站的站内推广资源价值就显现出来了。站内推广资源包括网页顶端的 banner 广告、博客文章推荐（置顶）、博客首页链接，以及将博客文章与官方网站的整合等。合理利用这些资源，可以有效实现对新产品、新业务的站内推广效果。

7.2.4　博客文章写作方法与技巧

当博客网站系统优化配置完成之后，就可以为员工开设博客账户，并指导员工配置自己的博客。完成这些基础工作之后，每个员工都可以开始发布自己的博客文章了。企业博客是否能真正发挥效果，最终取决于是否可以持续不断地发布有价值的博客文章。

博客文章写作是博客营销的基础，因此博客营销从博客文章写作开始。对于一般企业而言，市场营销人员应该具备利用博客传播个人思想的能力，尤其是网络营销人员，更应该有效地利用博客营销的价值。 "不会博客的营销人不是合格的网络营销人"——这是作者在 2006 年初提出的观点。不过企业博客毕竟不同于个人博客，在发表对某些问题的看法时要考虑对公司的影响，并且文章内容最终应该发挥一定的市场推广价值，否则也就失去了博客营销的基本意义。

下面将从下列几个方面总结博客文章的写作方法与技巧。

（1）企业博客文章写作的一般原则；

（2）博客文章的内容选题思路；

（3）博客文章的表现形式；

（4）博客文章的编辑技巧；

（5）博客文章如何与营销相结合；

（6）博客文章怎么样获得最多的用户访问；

（7）如何管理好博客。

7.2.4.1　企业博客文章写作一般原则

具备了博客发布的基本条件，每个员工都可能写作并发布博客文章，但并非每个员工都是博客营销专业人员，每个人对博客应用技巧的掌握也有较大差异，因此需要在一定的原则指导下写作企业博客。否则不仅没有网络营销价值，还可能给企业造成损失，例如，泄露公司机密、为竞争对手所利用，或者给公司造成负面影响。

企业博客文章的写作一般原则包括五个主要方面：文章内容符合法律法规；正确处理个人观点与企业立场的关系；博客文章应注意保密；博客文章必要的声明；要有版权意识。

1. 确保博客内容的合法性

所有博客文章内容必须在法律许可的范围内，在企业博客中传播非法信息，无疑将对企业网站产生致命的影响。

2. 正确处理个人观点与企业立场的关系

企业博客的目的是为了用更灵活的方式向用户传递有价值的信息并实现与用户的交流。由于员工博客表达的是个人观点，因此任何人的博客文章都不能代表公司的官方立场，但是读者在通过员工博客获取信息时，会将这些个人观点与公司立场联系在一起，并且会从个人博客文章去推测甚至臆断企业的行为，事实上两者之间的确也是不可完全分割的。因此员工在写作企业博客文章时，应尽可能避免对容易引起公众关注的本企业的热点问题进行评论，如果实在要涉及这类问题，有必要在文章中声明仅属于个人观点，不代表公司行为，如果必要，在博客文章正式发布之前需要经过内部审核以避免造成不必要的麻烦。

3．博客文章的保密原则

个人博客文章对公司经营管理另一可能的影响是对公司机密信息的泄露及其保护的问题。发布个人观点应有高度的保密意识，不是什么信息都可以随便公开发布的。一般来说，无论是否明确标明"机密"标识，公司内部所有规范文档、客户资料、核心技术、项目开发计划、研究报告、技术资料、市场方案等均属于核心机密。此外，根据常识判断，公开后可能对公司造成不利影响的其他信息也有必要考虑保密问题。如在某些博客文章中可能涉及到保密的问题，在发布之前最好征求相关主管人员的意见，以免造成不必要的损失。

4．博客文章必要的声明

根据博客文章的内容和目的，在发布的文章中作出声明，如禁止转载声明、免责声明等是十分必要的，尤其当某些情况具有一定不确定性时，如果忽视这一点就有可能造成麻烦，对于公司高层人士来说更应注意这一点。2006年9月，多家媒体报道，Sun公司CEO乔纳森·舒瓦茨（Jonathan Schwartz）已经成为一名"国际化"博客作者，因为他开始以法语和其他九种语言发表博客文章。Sun公司律师向舒瓦茨建议，希望他在一些涉及公司发展战略的文章中增加"免责声明"，以免日后被读者当做打官司的证据。

博客文章中的声明不仅对于公司CEO来说有必要，对于一般员工来说也有必要，媒体上已经有多起员工因为博客文章内容不适当被解雇的报道，而这些问题本来是可以避免的。在没有完善的企业博客管理规范的情况下，对有些敏感问题的处理方法还需要博客作者个人分析判断。

5．要有版权意识

在博客文章中可能需要转载或者引用其他来源的内容，如果属于版权保护的范畴，应该确保获得版权所有人的许可，并且在版权许可的范围内使用，不要因为个人博客侵权而影响公司的形象。同样的道理，对于个人原创内容，要注意保护自己的版权不受侵犯，版权声明是有必要的。

7.2.4.2 博客文章的内容选题思路

通过对企业博客营销应用情况的了解发现，很多企业博客刚开始的时候发布文章频率比较高，以后内容更新越来越少，许多员工在热衷于博客一段时间之后就慢慢放弃了博客写作。究其原因，很多是因为不知道该写什么内容，感觉思维枯竭了，写博客成了很大的压力。同时也存在另一种情况：一些博客作者仍坚持写作，但写出的博客不仅对读者没有吸引力，而且与公司网络营销产生不了任何联系，实际上也失去了企业博客的意义。之所以出现这两种情形实质上都是因为没有掌握博客写作方法。

要成为企业博客高手，首先要从博客文章的内容选题开始。博客是不是引人关注，选题是关键。博客内容没有具体的限制，可以是任何方面的，但首先要为读者提供价值。一般来说，个人的知识体系、生活阅历、兴趣爱好、思维意识、工作环境、社会圈子等决定了选题的范围和主题思想。这里，我们列举几个方面的博客选题思路。

1．个人知识和观点分享

一个人的知识是多方面的，除了与企业及产品直接相关的知识，还包括不断学习的知识，例如，正在阅读的一本新书、正在写的一篇书评、对某个重要问题的看法等，这些都可以作为博客选题。例如，关于博客营销的话题，不仅可以写自己的博客营销体会、案例及经验总结，也可以介绍这个领域的一些动态或者调查资料等。经过长时间的积累，达到一定程度后可能会发现，原来值得写并且可以写好的内容太多了。

案例分析 7-7

个人观点博客案例

➥ 胡宝介博客：企业经理人最感兴趣的网络营销渠道
（http://www.jingzhengli.cn/Blog/hbj/949.html）

2．专业领域研究和思考

如果你在某个专业领域有独到的研究，可以连续发布自己的最新观点和研究成果，这也是建立个人网络品牌、树立专业形象最有效的网络传播方式之一。无论您的工作专注于哪个领域，如企业网站建设、搜索引擎关键词广告，或者外贸出口等，都可能有自己独到的见解和深度的研究。您可以以系列专业文章写作的方式，发掘源源不断的写作素材，还可以在某个阶段进行适当的总结，也可以通过早期的观点和内容，延伸出新的内容。

此外，对于非保密性质的专业资料分享，也是很受欢迎的博客话题。

案例分析 7-8

专业研究博客案例

➥ 胡宝介博客：营销软文写作推广成功要素：价值而非软度
（http://www.jingzhengli.cn/Blog/hbj/898.html）

3. 个人生活经历及其延伸

在一次旅游途中，你发现了什么？哪些信息可能和公司/业务发生一定的联系，这些都可以成为博客选题。

（1）如果你是从事网站用户体验工作的，你可以写一篇自己对航空公司在线订票及网上值机系统的体验经历，让读者感受到你的专业性；

（2）如果你从事宾馆酒店服务业，不妨写一下你出差期间对某个宾馆的感受，顺便也与自己公司的宾馆作个比较，自然而然地将本公司宾馆的优点体现出来；

（3）如果你是出版社的编辑，看到机场的一本畅销书和你负责编辑即将出版的一本书有某些方面的可比性，不要放弃这个在博客中推广自己作品的机会。

此类话题比比皆是，源源不断的博客话题在于用心观察、勤奋思考和巧妙的联想。

通过个人生活及其延伸的话题，反映出有营销价值的信息包括：企业员工具备哪些专业知识、正在研究哪些方面的问题、对哪些领域比较擅长等。

案例分析 7-9

个人生活经历及其延伸案例

➥ 个人经历博客案例：冯英健博客——如家酒店等快捷酒店的网络营销问题
（http://www.jingzhengli.cn/blog/fyj/835.html）

➥ 个人动态博客案例：冯英健博客——2009 年春节九寨沟旅游观感（图片）
（http://www.jingzhengli.cn/Blog/fyj/857.html）

4. 公司信息相关话题

作为企业的一员，无论是老板还是一般员工，每天接触最多的无疑是公司的各种信息，如公司产品动态、市场状况、产品推广方案、员工招聘计划等，其实这些方面很多都可以成为博客的话题。

（1）你可以为用户介绍新产品知识，回答用户关心的问题等。作为企业工作人员，对本公司产品的理解会比一般用户更系统。尤其对于知识型产品和技术含量高的产品、用户购买决策过程复杂的产品等，用户需要了解各个方面的产品信息，而在企业网站的在线帮助栏目中很可能找不到这些内容，如果自己对某些方面有深入体会，不妨与顾客分享你的体会。在与顾客交流的过程中，潜移默化地向顾客传递了产品信息，对于顾客作出购买决策会有很大的帮助，也有助于建立顾客信任。

（2）用自己的方式传播公司文化。如果你参加了一个公司的内部培训，有什么精彩的观点可以公开分享？如果你参与了一项公司的庆典活动，有哪些趣闻？中秋节组织了什么活动，发了什么礼物？在公司获得了什么奖励？写出来，这也是公司文化的内容。企业文化的内涵很广，博客本身也是企业文化的一种表现。对于与企业文化相关的内容，只要不涉及到企业机密，可以直接写在博客文章中的，让更多的潜在顾客通过点点滴滴的企业文化来了解一个公司的品牌，从而进一步了解和接受其产品和服务，这也是博客营销最有魅力之处。

（3）是否有用户对公司的产品进行了评论？如果这个评论是肯定的，你可以引用第三方的语言来进一步介绍产品，顺便把更高级的应用告诉读者，这种方式或许可以发挥更好的公关效果。"营销在博客之外"，说的就是这个道理。

案例分析 7-10

公司信息博客案例

➘ 余沙沙博客：能力秀走进中国网络营销大会
（http://www.jingzhengli.cn/Blog/yss/1111.html）

5. 行业信息及问题思考

如果企业内部拥有在某一领域具有影响力的专业人士，通过发表行业观察、分析评论等方式，对业内一些热点问题进行评论，这也是容易引起读者关注的博客话题。如果某员工经常在媒体发表文章，接受媒体采访，参加行业会议等，这些内容也可以作为企业博客文章的话题，用来展示企业。

案例分析 7-11

行业问题思考博客案例

➘ 段建博客：电子商务专业学生就业机会和就业岗位
（http://www.jingzhengli.cn/blog/dj/74.html）

6. 社会活动及人脉资源扩展

每个人都有若干的社会关系，因此每个人都处于一个巨大的社会网络中，这也就是社会化网络（SNS）得以产生和发展的理论基础。个人所参与的各种社会活动，都或多或少会获得别人的关注，把活动中的亮点或者趣事记录下来，这就是很好的博客话题。

另外，在自己写作和发布博客文章的同时，也可以经常关注国内外同行和业内人士的观点，与业内专业人士进行交流，这样不仅扩大了自己的知识面，也获得了更多的博客写作素材。博客作者也需要与读者进行交流（读者很可能也是该领域的专业人士），通过读者的反馈，可以进一步获得更多的信息，以及对某个问题多角度的认知。也正是因为与业内人士之间的交流，一篇受用户欢迎的博客文章，可以在很长时间内发挥其影响，这是一般的企业新闻所不具备的优点之一。

案例分析7-12

社会活动博客案例

➵ 冯英健博客：企业老板对网络营销的三个精彩观点
（http://www.jingzhengli.cn/Blog/fyj/990.html）

7. 没有明确主题的其他领域

博客的话题很多，几乎可以说无事不成博客。除了可以归纳为一定类别的主题之外，其实随便一个话题都可以成为博客，只要细心观察、用心思考、勤奋记录，就会发现博客话题的资源不仅不会枯竭，还会随着博客写作的积累发现越来越多有趣的话题。即兴而发的随笔博客非常多，很多个人博客就属于这种无主题的即兴之作。

总而言之，博客选题并不难，难的是坚持不懈地写作。博客最重要的在于坚持，是对个人毅力的检验，源源不断的博客文章也是对个人努力过程最好的见证。一个人，如果一件简单的事情可以持之以恒坚持10年以上，想不成功都难。因此，从一定程度上可以说，博客是人的综合能力的反映。

7.2.4.3 博客文章的表现形式

博客文章的一般要素包括：标题、博客正文（及图片）、必要的相关链接等。其实博客文章就是一篇文章，和小学生作文没多大区别。但作为企业博客，有时候就不能那么随意，要考虑到企业的形象、市场策略等问题，这就需要在遵照企业博客原则的前提下，在文章表现形式方面尽量做到严谨和规范。

于是又出现了一个影响企业员工写博客积极性的问题：到底怎么才算严谨和规范。事实上很多员工，尤其是新员工，在刚开始写博客时往往有一些胆怯心理：万一我的文章不够专业、不够规范怎么办？会不会被人笑话，会不会给领导留下坏的印象？这些担

心不是多余的，但也不必因此而放弃自己发布博客的权利，最重要是要把握一定的尺度。

根据多年博客经验，作者将企业博客的表现形式归纳为下列五个应该引起注意的方面，仅供初学者参考。

1．可以没有长度，但不能没有结果

对于初次接触企业博客的人员来说，不需要长篇大论，只要把想要表达的一件事情说清楚即可。对于初学者，尤其建议，博客要短小精悍，300～500 字短小的文章即可作为一篇博客，只要明确告诉读者，你经历了什么、发现了什么、想到了什么、结果是什么。

"把问题说清楚"，是从"网络营销人员十大能力之一：文字表达能力"中总结出来的，这是对网络营销人员文字表达能力的基本要求。要做到这一点，只要用心，对每个人应该都不困难，这也是博客营销之所以能够普及应用的基础保证。

2．观点可以不成熟，但不能方向错误

观点性文章代表个人的思考，可以将一些零星的想法及时记录下来。同时，我们也可以让一些还仅仅处于构思阶段的观点和点子提前释放出来，这些观点可能很不成熟，在这种思想释放和交流的过程中，也时常会产生新的灵感，这就是博客区别于正式文章之处。

博客写作促使人不断地思考并逐渐完善自己的观点，但决不是深思熟虑到无懈可击的时候才能公开发表。不过要注意的是，在可能涉及企业观点或者影响到他人利益时，应注意不要出现大的方向性错误，以免引起不必要的麻烦。

3．可以没有深度，但不能没有知识

对一个问题可以从多个角度进行研究分析，在没有获得最终结果之前，对于过程的参与和中间结果的分析等，也可以以博客的形式提前与大家分享，不过应注意无论博客文章是否具有深刻的影响力，都不要出现低级的常识性错误，否则博客的效果只能适得其反，让读者怀疑你的研究结论和价值。

4．可以没有效果，但要有法律底线

在博客中发泄个人的不满是很常见的事情，比如遭遇欺骗、受到侵权或者其他不公正待遇时，通过博客记录自己的遭遇并适当地发泄，这是人之常情。对于此类博客，要注意一个法律底线，即不能因为泄愤而为自己、为企业带来额外麻烦。毕竟博客只不过是一个信息传递工具，通过自己的文字一般也难以达到"以其人之道还治其人之身"的效果。

5．可以没有营销，但不能没有读者

博客是为读者阅读而写的，不可能确保每篇文章都有营销效果。企业博客的主要职能之一，是作为企业的网络营销工具，而每个员工的博客文章便是这一工具发挥效果的基础，没有博客内容，博客的技术功能也就没有任何营销价值。但这并不意味着每一篇博客都必须成为企业的公关稿，实际上过于营销化的博客其受欢迎程度也不会很高。因此，不主张把个人博客文章写作局限于出于企业营销活动的需要，最重要的是要考虑文章内容是否对读者有价值。

至于博客文章如何实现企业网络营销的目的，以及如何让更多的读者阅读自己的博客，本节后面的内容将给予专门介绍。

7.2.4.4　博客文章如何与营销相结合

7.1.2 节介绍了社会化网络营销八个方面的价值，也就是说，博客文章通过这八个方面中的一个方面或者多个方面发挥网络营销价值，于是我们可以作出这样的推论：当博客文章与这八个方面相结合的时候，也就是实现了博客与营销的结合。例如，通过企业产品介绍、产品知识分享，以及顾客问题咨询等方面的博客内容，获得用户的认可，并直接形成购买，这是博客营销最直接的效果表现形式之一。将各个方面归纳起来，可以认为，通过下列几种形式，博客直接或者间接地发挥了网络营销作用。

1．博客文章内容与企业直接相关

博客的内容直接涉及企业品牌、新闻、产品、顾客关系等方面，通过博客文章的传播，实现品牌及产品推广等营销功能。这也是企业博客最主要的选题方向之一。一个有影响力的企业，博客文章也往往会受到媒体的关注，从而实现更大范围的转载和传播。因此，知名品牌企业的博客就显得更重要，其营销价值也更容易得到发挥。

2．持续内容更新提高网站的搜索引擎友好性

建立在企业官方网站的博客频道是企业官方网站的组成部分。即使博客选题并没有直接与企业相关联，博客也可以成为企业网站内容的组成部分，不断更新的网站内容，更容易获得搜索引擎的关注，同时，当企业网站博客频道积累大量有价值的信息之后，这些内容对于潜在用户将会发挥有效的营销效果。对于开设在第三方博客平台的博客文章，则可以理解为企业的外部信息源，除了具有直接宣传效果之外，通过与企业网站的链接，同样可以提高企业网站的搜索引擎友好性。随着博客内容资源的积累，网站通过搜索引擎自然检索获得的潜在用户将不断增加，从而实现了网站推广的目的。

3．超级链接是博客与营销的桥梁

巧用超级链接是博客发挥营销作用的奥妙所在，合理的超级链接也是博客文章与营销的桥梁。为了提供更丰富的延伸信息，博客文章应适当链接涉及的相关内容的来源，如书籍介绍、新闻事件、产品介绍、公司网址、产品经销商名录等。尤其是当文章中涉及某些重要概念（产品）时，应合理引用（链接）本公司的有关信息，这样才能更好地发挥博客的网络营销价值。从客观上来说，这样的链接本身并没有明显的产品推广痕迹，不会给读者造成反感情绪，当读者对相关话题产生兴趣时，可以点击链接获得更多信息，从而在客观上发挥了推广的效果。

博客文章中的链接包括站内链接和站外链接。需要注意的是，应避免过多的链接，尤其是站外链接，一般来说，一篇文章中的链接数量不宜超过 3 个（这是新竞争力网络营销管理顾问内部制定的网站运营规范中的规定）。同时，注意不要链接低质量网页或者临时性的网页网址，因为这样很容易造成死链接。一般来说，应链接一些大型门户网站和有多年经营历史的有影响力的专业网站，不要链接那些可信度不高的网站（比如文章来源不明、版权信息不清、网站名声欠佳等）。

4．互动交流实现社会化网络资源积累

博客文章本身是企业网站信息资源和知识资源的积累，进一步通过博客文章的评论和回复等功能与读者互动交流则实现了用户关系资源和社会化网络资源的积累。无论某篇博客文章内容是否包含了公司信息以及站内链接，只要文章本身是有价值的，获得了用户/读者的关注和交流，这种网络资源都是有营销价值的，因为可以通过读者反馈的信息获得对用户需求行为等更多的了解。

因此，在考虑一篇博客文章的写作时，通常并不需要刻意考虑是否可以建立与营销之间的直接关系，除非作者本人是专职的市场人员，并且正在专门从事博客营销的工作。对于大多数员工来说，只要根据自己的工作环境和知识背景，写出自己的所见所想，这样就已经参与了"全员网络营销"。当发布一篇博客文章时，你所需要考虑的仅仅是"这些内容对读者可能有价值吗？"而无须考虑最终的营销效果。因为博客是一个不断积累的过程，只有坚持不懈的积累，博客才能发挥持续的营销价值。

7.2.4.5 怎样让博客文章获得最多的访问

当我们了解了博客文章的选题以及表现方式等基本问题之后，作为一个新手，最关心的问题莫过于自己辛辛苦苦写出来的文章有没有人阅读。要获得尽可能多用户的访问，首先要自己重视自己的博客，通过合理地设置，让博客体现出个人网络品牌，在增加可信度的同时，也更加便于网络传播；然后，当然是要写出对读者有价值的博客文章，并持续不断地更新自己的博客，必要时还可以作一些简单的网络推广。

本书将个人博客设计和博客文章推广归纳为下列六个方面，即"个人博客网络推广六大法则"。读者可根据个人情况选择采纳。

1．让博客成为自己的官方网站

如果博客平台个性化具备设置个人博客首页网址的功能，那么尽可能将你的博客首页 URL 设置得可以充分体现你的个人品牌，如用姓名缩写，或者姓名全拼（如本书作者冯英健公司博客首页网址是 http://www.jingzhengli.cn/blog/fyj，新浪博客首页网址是 http://blog.sina.com.cn/fyj），且在博客的主题（博客首页的网页标题）中加入个人姓名信息，这样不仅便于告诉朋友，也有助于建立个人网络品牌。让个人博客成为自己的官方网站，即成为自己的网络名片，所有重要信息都可以通过自己的博客发布，同时也可以和其他朋友互相交换博客首页链接（就像友情链接网站推广方式一样）。你也可以把博客网址印在名片上、电子邮件的签名档、QQ/MSN 签名或者状态描述、个人微博的简介等。另外，还有一个最重要的网络推广渠道：搜索引擎。一个设置合理并不断更新的博客，通常可以被搜索引擎收录，且很可能通过任何搜索引擎搜索你的姓名，你的博客信息都出现在搜索结果的首页。实际上，当一些用户试图寻找某个人的信息时，"姓名+博客"已经成为最常用的关键词之一。

2．分析读者的习惯和兴趣

可以结合博客文章选题来进行，在设计文章题目时，不妨到搜索引擎检索一下，同类话题中用户关心哪方面的内容（看搜索结果下面的相关检索可以带来一定的启发），这样，可以从若干个备选标题中选择一个有吸引力且含有用户经常检索的关键词的，为博客文章的搜索引擎检索打下基础。

案例分析 7-13

如何选取读者感兴趣的电子书标题

2010 年 11 月，当新竞争力网络营销博客在写《网站推广方法 120 种》免费下载的文章时，在标题的选择上有多种考虑：

> ↳ 网站推广 120 种实用方法免费下载；
> ↳ 120 种网站推广方法免费电子书；
> ↳ 实用网站推广方法 120 种；
> ↳ 网站推广方法免费电子书——120 种常用网站推广方法。

最终选择"《网站推广 120 种方法》免费下载"，基于两个原因：一是早在 2005 年开始，作者已经写过一系列的文章，即"网站推广 120 种实用方法连载"，只是一直没有完成，最新发布的内容是早期工作的阶段性成果，因此在标题名称上应保持一致性；二是考虑到许多用户对"网站推广方法"比较感兴趣。于是，经过简单整合，决定采用这样的标题。几年之后，在多位研究人员的共同努力下，终于完成了免费电子书：《网站推广 120 种方法》（http://www.jingzhengli.cn/sixiangku/xjzl_wsp120.html）。

3．了解读者发现博客文章的主要方式

一般来说，目前资讯类网页（以描述性文字为主的博客属此类）获得用户的主要渠道包括：搜索引擎检索、长期用户直接访问、RSS 订阅、朋友推荐、网站内部链接（例如网站首页/博客频道首页、最新文章列表、其他博客的链接等）、外部网站链接、通过IM/Email/SNS 等向朋友直接发送网址等。因此，可以有意识地设计自己的博客文章传播渠道，让读者可以更方便地了解你所发布的博客文章。

4．重视博客文章搜索引擎优化的每个细节

个人博客首页的优化设置、读者的兴趣习惯的分析，以及交换链接等，都与博客的搜索引擎优化有一定的联系。除此之外，还可以对每一篇博客文章进行更具体、细致的搜索引擎优化，这对于学习过网络营销，尤其是搜索引擎优化推广常识的人士来说，是最简单不过的事情，几乎不需要任何额外的工作量。

与一般网页的搜索引擎优化一样，博客文章也应遵循搜索引擎优化的一般原则，例如，为每篇文章设计一个合理的网页标题、文章标题和摘要信息应该包含符合用户检索的关键词、文章中文字内容丰富且包含有效关键词、博客文章经常更新等。从搜索引擎的角度看，搜索引擎喜欢那些内容丰富、频繁更新的网站，这正好符合博客网站特色。实际上许多专业的博客网站在搜索引擎中有很好的表现。不过这并不是因为搜索引擎偏爱博客程序，而是因为大多数博客程序设计对搜索引擎都比较友好，例如，完全静态化的网页内容；采用符合 Web 标准的 XHTML 技术大大减少了垃圾代码的比例，使得有效文字信息所占比例提高等。当然能否发挥博客发布程序的这些优点，还需要每位博客作者在发布文章时认真对待，将网页内容搜索引擎优化思想应用于博客写作中。

博客与微博的最大区别之一，就在于博客文章可以通过搜索引擎等渠道持续带来用户访问，而微博的时效性比较明显，过时信息很少再会被读者浏览，因此重视搜索引擎优化是博客推广的有效武器。

5．与网络好友分享博客文章

在社会化网络中，每个人都是媒体，都具有信息传播的作用。如果你正在应用某些网络社区的服务，如 QQ 聊天、QQ 群、微博、通讯录、博客群等，当你发布了新的博客文章时，可以方便地与自己的网络圈子分享，自我传播也是博客文章获得更多阅读机会的常用措施。

6．保持博客持续更新，成为活跃博客用户

如果仔细观察一下不难发现，大部分博客用户在发布几篇文章之后都再也没有更新了，坚持更新博客 3 个月以上的用户已经属于少数，能坚持数年不间断更新博客的人，更是凤毛麟角了。而博客的成功就在于坚持，博客的价值也在于不断更新。做一个活跃

的博客用户，不断发布新的文章，这是博客获得关注的最重要的法宝。

本书将"保持博客持续更新，成为活跃博客用户"列在"个人博客推广六大法则"的最后一条，是因为这一条是最重要的一项法则。

7.2.4.6 企业博客的管理维护

1. 企业博客管理维护的含义

（1）制定并执行企业博客管理规范。当网络营销进入全员网络营销阶段之后，企业网站运营维护规范应考虑到每个员工在企业网站运营中的角色，因此制定符合本企业运营要求的博客管理规范是非常必要的。

（2）博客网站/频道的运营维护规范。这主要是针对管理员的工作职责制定的规范，应确保博客系统的稳定运行，与企业网站管理规范一样，要进行必要的博客网站推广、定期检查网站运行情况、做好数据备份等基础工作，同时也要对重要文章进行置顶推荐、删除不适合发布的博客文章等。

（3）员工个人博客的管理维护。企业博客不只是员工个人的事情，员工的博客栏目是企业博客的基本组成部分，每个博客栏目都对企业博客的整体专业水平产生直接影响，每个成员都有责任共同维护企业博客频道的正常运营和专业形象，从而为用户提供丰富而有价值的信息源。因此，企业员工在注重博客文章写作的同时，还要重视博客专栏的管理维护问题。

2. 企业员工博客专栏维护的主要内容

（1）设置完善个人博客首页的各项必要信息，如博客名称、个人介绍、文章分类、友情链接等，当某些资料发生变化时要及时更新。

（2）遵守企业博客管理规范，切忌发布任何有可能危害企业网站生存的敏感信息。

（3）经常更新自己的博客，持续不断地发布有一定专业水准的个人原创文章，就是对企业博客最大的支持。

（4）参与与读者的互动交流，经常关注读者对博客文章的评论，用平常心对待博客文章评论，与读者建立良好的交流氛围。

（5）注意可能对企业博客正常运营造成危害的问题，主要表现为在博客文章评论中发表大量与文章无关的信息，尤其是评论中出现的无关的网站链接——这是一些垃圾SEO惯用的"增加网站链接广泛度"的手段之一，遇到这些不正当的评论，应及时清理有关信息，如有必要还要采取进一步的行动。

（6）对博客进行必要的网络推广，不断积累博客写作和推广的经验，让高质量的博客文章为企业带来源源不断的潜在用户。

（7）通过分析网站访问统计数据，了解用户访问的行为习惯，不断总结博客营销的技巧，逐步成为企业博客营销高手。

【延伸阅读 7-1】

➥　到底怎么样才能成为企业博客高手？

专访著名企业博客斯考伯：如何把博客写得更棒，2006 年 7 月

（http://tech.sina.com.cn/i/2006-07-03/09111017727.shtml）

7.3　企业微博营销基础

2010 年，博客已经成为主流的、成熟的网络营销方法之一，而微博正方兴未艾，处于快速发展阶段。作为 SNS 营销的具体表现形式之一，微博营销也受到极大的关注，成为 2010 年最热门的网络营销应用领域，到 2012 年仍然处于快速发展阶段。目前企业微博营销应用还不够成熟，操作模式和应用规律及技巧都还在不断地探索之中。因此本节所介绍的微博营销方法，可能在一段时间后发生明显的变化，如内容不再适用，请关注相关网站的最新内容，包括：网络营销教学网站（www.wm23.com）、新竞争力网络营销管理顾问（www.jingzhengli.cn）等网站的相关专题及文章。

本节对于企业微博营销的介绍将从四个方面展开：企业微博营销的定义及表现形式、微博营销与博客营销的比较、企业微博营销的步骤和基本方法、企业微博的运营管理等。

7.3.1　企业微博营销的定义及表现形式

微博营销，即利用公共微博平台实现企业信息传播及交互目的的一种网络营销方式。微博营销是社会化网络营销的一种表现形式，也是 Web 2.0 营销的进一步发展，与传统的博客营销相比，微博的信息传播更为方便和快捷，是 2009 年之后最受关注的网络营销形式之一。

在微博平台上，无论个人用户还是企业用户，其表现形式都是一个用户 ID，用户名可以是个人姓名、代号、昵称、企业名称、公司品牌、产品名称，或者其他任何文字字符的组合；而正式的企业微博通常使用公司名称或者品牌名称等易于实现网络品牌传播

的名称，有些冠以"××公司官方微博"字样，以明确其属于企业的官方微博。例如，深圳航空公司的微博名称就是"深圳航空"（http://weibo.com/shenzhenair）、戴尔中国公司的官方微博是"戴尔中国"（http://weibo.com/dell）、华为终端公司的企业微博名称是"华为终端官方微博"（http://weibo.com/huaweidevice）。

如果观察多个公司的微博，还可以发现，不仅企业微博的名称命名方式有一定的差异，企业微博的功能和所属部门通常也有所不同，例如，有些是公司总部的官方微博，有些是下属公司或者某个部门的微博，有些是具体产品的微博，有些可能是为某项活动而开设的专项微博。

将企业微博资源的表现形式进行归纳，大致可分为如下 10 种常见类型。

（1）企业官方微博：即正式的以企业官方信息发布为目的的企业微博；

（2）公司所属或者关联机构微博：包括关联公司、下属部门的官方微博等；

（3）特定职能的专题微博：如客服微博、人才招聘微博（如联芯科技校园招聘http://weibo.com/leadcorecampus）；

（4）品牌或产品微博：多品牌及多产品系列的公司，每个品牌或者每个产品都可能开设独立的微博账户；

（5）由公司运营但不直接包含公司信息的微博：如专门发布某行业动态的微博，一定程度上具有行业社会化媒体的属性；

（6）"公司/品牌+个人名字"的微博：通常是公司的主要负责人，靠个人影响力实现；

（7）以传播企业及产品信息为主要目的员工个人微博：全员网络营销时代，每个员工都具有网络传播的力量，在微博上尤其如此；

（8）以公司品牌活产品名称+代理商命名的微博：严格来说代理商微博不属于公司的微博营销资源，但由于对企业品牌和产品具有传播效果，延伸和扩大了企业信息的可见度因此也列入其中；

（9）非正式"官方微博"：一些企业微博名称虽然冠以"官方微博"字样，但实际上属于管理员个人行为，发布的信息既有官方内容，也有很多个人情绪的表达；

（10）为了"微博营销"而注册的其他账户：为了制造活跃的印象，有些企业可能注册多个微博账户，互相进行转发评论、回复等行为。

从企业微博的表现形式可以看出，与基于官方网站的网络营销方式有明显区别，信息源的发布有多种渠道和方式，信息传播形式也比较多样化。企业微博形式的多样性与关联网站有一定类似性，因此企业微博营销往往表现为关联微博营销，而不仅仅是基于企业官方微博的独立传播。

关于关联微博营销，从企业微博营销的可能方式也可以看出，企业微博的网络营销功能可以表现在多个方面，如品牌传播、公司动态、新产品信息发布、顾客服务、建立顾客关系、网络公关、行业动态跟踪等，有些成功的企业微博甚至可以直接作为在线销售工具，通过微博实现网上销售。

由于具有一定企业信息传播效果的微博形式多种多样，信息发布及交互的形式也比较复杂，于是也就出现了一系列比较复杂的问题，例如，如何管理和利用各种微博营销资源、如何发挥企业官方微博的权威性与灵活性等。在本节内容中，为了简化企业微博营销研究，如果没有特殊说明，企业微博一般指企业官方微博，微博营销也指基于官方微博或者具有与官方微博类似功能和形式的营销活动。

现在部分知名企业已经率先建立自己的官方微博，并且获得很多用户的关注，企业微博也非常活跃，为研究企业微博营销提供了参考。随着微博营销应用得越来越广泛，我们将可以发掘更多的研究资源，应用在当前的环境中。

案例分析 7-14

中国广东核电集团官方微博

2011 年 3 月 14 日，福岛核事故发生后的第 3 天，我国首家核电企业官方微博——"中国广东核电集团官方微博"现身于新浪微博网。3 月 15 日，通过新浪认证后，中国广东核电集团官方微博加上"V"认证。

开通 2 日之内，集团官方微博发出 25 条原创微博，在阐明集团在运、在建核电站均未受日本强地震海啸影响的同时，从核电站选址、核电站安全屏障、辐射与公众健康等多个角度进行科普，化解民众对核电安全的质疑。而官方微博粉丝数也呈几何级增长，开通 3 天内，关注人数就从个位数猛增至 5 000 人以上。

3 月 15 日，《成都商报》刊登了《中广核集团昨日回应中国核电安全问题：中国反应堆厂房可抗万年一遇地震》一文。3 月 16 日上午，该文被发布到新浪微博网站，并迅速被大量评论、转载，"万年一遇"这一提法将中广核集团推到舆论的风口浪尖上。当天下午，经过向权威专家咨询和谨慎组织措辞后，该集团通过官方微博发布声明，对"万年一遇"进行了严谨解释。这一声明比媒体的公开报道提前至少 12 个小时，主动澄清问题为该企业赢得了先机，有效地回应并遏制了负面舆情的进一步扩散。此回应通过 3 月 17 日大量的媒体报道和转载很快平息了事态。

人民网舆情监测室编制的《舆情研究》第 7 期对 2011 年 1 至 4 月央（国）企负面舆

情事件应对能力排行中，中广核集团在"万年一遇"风波事件中的表现力位居第二。《舆情研究》点评表示，"中广核集团作出的回应反应可谓及时有效，对负面舆情的减弱效果十分明显。主要体现在两个方面，一是采用了新媒体（微博）发布权威信息的形式，快速有效……"

该企业官方微博开通以来，开辟了"走进中广核"、"核电科普"、"核电快讯"、"新能源快递"等专栏，进行有计划的定期维护，及时回应公众质疑，为企业搭建了一个科普宣传和信息公开的、与社会公众互动的新渠道。

7.3.2　微博营销与博客营销的比较

企业博客营销，需要长期坚持不懈的资源积累，当基础条件具备之后，一般来说，只要坚持写作，就可以持续发挥博客的营销价值。微博营销则不仅需要持续的信息发布，同时还需要有更多的互动交流，也就是说，微博营销需要持续投入的关注和热情，而不仅仅是信息的撰写及发布。仅从这个现象就可以看出：微博营销比博客营销更困难！

为了更好地理解微博营销的特点，我们有必要进一步分析微博营销与博客营销的区别和联系，以及如何将博客营销的成功经验移植到微博营销中。

本章前面在对传统营销与 SNS 营销的一般特点进行比较时就已经提出，传统网络营销是对互联网工具的依赖，SNS 营销是对人的依赖。博客营销在很大程度上仍然属于传统营销的范畴，与微博营销具有显著的区别，甚至可以说两者具有本质的区别。

微博营销与博客营销的本质区别，可以从下列三个方面进行简单的比较。

1.　信息源的表现形式差异

博客营销以博客文章（信息源）的价值为基础，并且以个人观点表述为主要模式，每篇博客文章表现为独立的一个网页，因此对内容的数量和质量有一定要求，这也是博客营销的瓶颈之一。微博内容则短小精练，重点在于讲述现在发生了什么有趣（有价值）的事情，而不是系统的、严谨的企业新闻或产品介绍。

2.　信息传播模式的差异

微博注重时效性，是一个快速传播简短信息的方式，3 天前发布的信息可能很少会有人再去问津；同时，微博的传播渠道以平台内用户传播为主，以相互关注的好友（粉丝）直接浏览、好友的转发、评论等方式向更多的人群传播。博客营销除了用户直接进入网站或者 RSS 订阅浏览之外，往往还可以通过搜索引擎搜索获得持续的浏览，博客对时效性要求不高的特点决定了博客可以获得多个渠道用户的长期关注，因此建立多渠道的传播对博客营销是非常有价值的，而对于未知群体进行没有目的的"微博营销"通常是没有任何意义的。

3．用户获取信息及行为的差异

用户获取博客信息与获取企业网站信息的方式没有显著区别，而在微博环境中，"用户是网络信息传播的主体，也是网络信息源及信息的接收者"，用户获取信息及传播信息可以同时进行，同时又可以用多种方式便捷地实现信息获取和传播。用户可以利用电脑、手机等多种终端以及多种客户端应用程序方便地获取微博信息，发挥了"碎片时间资源集合"的价值，也正因为是信息碎片化以及时间碎片化，使得用户通常不会立即作出某种购买决策或者其他转化行为，因此作为硬性推广手段只能适得其反。

将以上差异归纳起来可以看出：博客营销以信息源的价值为核心，主要体现信息本身的价值；微博营销以信息源的发布者为核心，体现了人的核心地位，但某个具体的人在社会网络中的地位，又取决于他的朋友圈子对他的言论的关注程度，以及朋友圈子的影响力（即群体网络资源）。

因此可以这么简单地认为，微博营销与博客营销的本质区别在于：博客营销可以依靠个人的力量通过各种网络渠道传播（对互联网工具的依赖），而微博营销则要依赖你的社会关系网络资源（即对人的依赖）传播。

微博与博客之间具有显著的差异，也就决定了微博营销与博客营销的操作模式必然有重大差别。在7.2.4节中提到的有些博客的操作技巧，如增加网站外部链接从而提高搜索引擎检索优势等，在微博营销中则几乎没有任何意义。

到目前为止，国外很多知名企业利用微博营销已经取得了显著的效果，但对于大多数非知名的中小企业而言，却很难发挥微博营销的价值。国内的微博应用起步较晚，新浪微博（http://weibo.com）是目前影响力最大的微博平台。目前成功利用新浪微博开展微博营销的案例还几乎没有出现，所以对此还需要有足够的耐心，这需要一个资源积累的过程。从一定程度上可以说，微博营销是对营销人毅力的考验。

微博营销与博客营销在信息传递模式上有着本质的差异，但在一般原则及操作方法上却有着许多相似的规律，博客营销的成功经验也可以应用于微博营销，例如，两者都属于网络营销战略资源，需要长期的积累；都是以文字或者图文信息传播为主；信息对用户要有价值；没有捷径，都需要持之以恒的毅力。另外，无论是微博营销，还是博客营销，真正的营销功夫都在博客/微博之外，在潜移默化中达到营销的目的，而不是生硬地推销。这些思路说起来容易，但由于缺乏较强的灵活性，并没有固定的模式可以套用，因此实际操作起来并不一定能做得很专业，这也是很多企业博客营销或者微博营销有始无终半途而废的原因所在。关于微博营销具体的一般规律和操作技巧还需要经过不断的探索和总结。

7.3.3　企业微博营销的一般步骤

前已述及，社会化网络营销的特点之一是，在 SNS 平台内部实现信息发布、传递与交互。微博营销的主要活动，也都是基于微博平台网站进行的，所以开展微博营销的前提是对微博平台的充分了解。企业微博营销的基本步骤如下。

1．选择微博平台

应该选择一个用户数量大、有影响力、集中了目标用户群体的微博平台，在此平台上开设企业微博账号，获得发布信息的基本资格（一般情况下，不建议企业自行开设独立微博）。

2．勾画企业形象

通过微博的"个人设置"，让别人通过你的微博首页可以了解企业的基本信息（如品牌名称、核心产品、独特优势、与品牌相关的个性 URL 等）并产生信任感，此后发布若干有关企业介绍的微博，再开始寻求别人的关注。

3．微博信息发布

这是一项持久的、连续的工作，微博应保持不断的更新，同时注意，微博内容的写作和选择至关重要，企业微博虽然是由个人操作，但在表现方式上应以企业为主体，尽可能避免个人情绪化的表达方式。

4．营造微博环境

尽可能参与微博平台的互动活动，因为微博是 SNS 的一种形式，独自发布信息而没有别人关注是没有意义的。参与互动的方式包括关注业内重要机构以及重要人士，关注与企业相关的行业动态，关注那些关注自己的人，通过转发、评论他人微博等方式获得他人关注。获得尽可能多的关注，是微博营销的基础。

5．企业微博推广

与企业网站推广类似，可以通过电子邮件、QQ、名片、印刷品、产品外包装等方式，把企业微博网址告诉更多的用户，同时也可以邀请更多用户加入微博阵营，让大家通过微博实现更好的沟通。

6．放大传播效应

微博最大的特点之一是，可以通过 SNS 好友圈子的多层次传播快速实现信息在更大范围的传播。当拥有一定量的好友资源之后，通过信息的有效设计（如一定的激励手段），实现在好友之间、以及好友的好友之间信息的全方位放大传播，实现病毒性推广效果。

企业微博营销流程及操作要点如图 7-2 所示。

企业微博流程		企业微博操作要点
①	选择微博平台	平台影响力大、用户群体集中
②	勾画企业形象	个性化设置、品牌、产品、独特优势
③	微博信息发布	持续更新微博信息、企业是主体
④	营造微博环境	通过 SNS 互动、获得更多的关注
⑤	企业微博推广	网上网下推广企业微博 URL
⑥	放大传播效应	多层次传播、病毒性传播效应

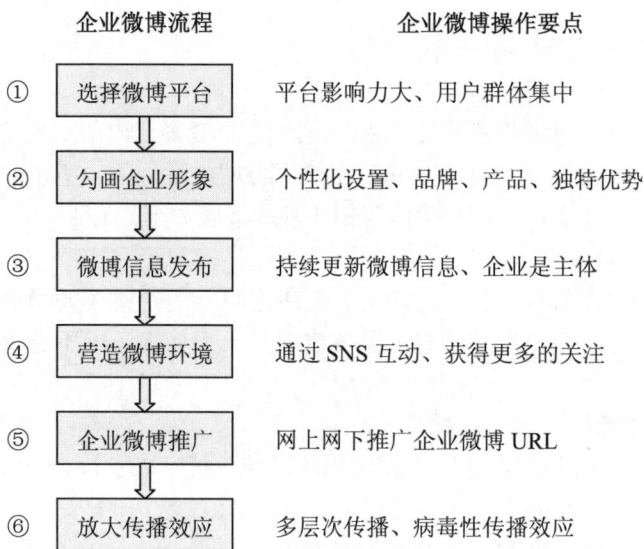

图 7-2　企业微博营销流程及操作要点

总之，相对于基于企业网站的推广来说，企业微博信息的形式比较灵活，但要求信息实效性较强，而且信息推广渠道相对比较受局限，以微博网站平台内用户群体为主要潜在用户（由于微博网站结构的特殊性，与传统博客的搜索引擎友好有较大差异，通过搜索引擎带来的用户相对较少且不容易保持持久），因此更应注意正确处理与每位用户的关系，以免负面口碑传播造成不良影响。

7.3.4　企业微博营销的操作技巧

在新浪微博上，已经有很多活跃的企业微博，包括当当网、卓越亚马逊等电子商务网站，戴尔中国、华为终端等电子信息企业，以及多个行业的中小企业都在用不同的形式尝试微博营销。一般来说，大型知名企业拥有较高的品牌影响力，企业官方微博很容易受到用户关注，而中小企业则较难在短期内获得很多用户的关注、转发及评论，因此对于中小企业来说，无论以企业官方名义还是以个人名义等方式开设的微博，面临的最大问题之一就是怎样扩大信息的受关注程度。通过对一些微博应用较为活跃的用户分析可以发现，成功的企业微博营销除了不断地发布信息之外，更重要的是，还需要一定的操作技巧，这些操作技巧具有一定的规律可循。

本节对部分行之有效的微博营销方法和技巧给予简要介绍，更多的技巧需要在实践中不断探索和总结。

1. 利用微博平台提供的推广功能

一般的网站平台都有一些具有推广价值的功能，利用平台的这些功能进行推广，是提高平台内部信息可见度的基本方法。以新浪微博为例，如下几个方面的功能都具有一定的推广价值。

（1）用户信息设置。简要介绍公司或者核心产品，并链接公司或者博客网址，是最基本的微博推广方式。

（2）个性化域名（URL）设计。在微博首页 URL 中体现公司品牌，或者与官方网址的核心信息保持一致，远比系统自动生成的数字 URL 更有利于传播。

（3）自定义微博模板。通过自定义微博模板（网页背景），在模板中呈现企业的 LOGO 等形象标识，是一种简单易行的网络品牌推广方式。

（4）获得微博平台认证。作为企业官方微博，获得平台的实名认证，不仅可以增加可信度，而且认证信息也是一种宣传。

（5）微博签名档。可将代码发布在其他博客/论坛/社区等网站上，你最新发布的微博信息会同步出现在更多网站，有更多机会被其他朋友/读者所获悉。

仔细观察一下不难发现，一般比较活跃的企业用户，都比较注重利用各种基本功能来增加企业信息曝光机会。参考案例：温岭流水线（http://weibo.com/wlline）、深圳航空（http://weibo.com/shenzhenair）。

2. 成为微博活跃用户

微博是一项长期的持续活动，要获得尽可能多的用户的关注，成为活跃用户是唯一的选择。活跃用户不仅要经常发布有价值的信息，还要不断地关注其他活跃用户的信息，评论、回复、转发相关信息，经常参与或者发起微博上的相关活动等。参考案例：中粮美好生活（http://weibo.com/zlgoodlife）、快乐 e 行官方微博（http://weibo.com/vetpass）。

3. 获得平台内用户的关注

尽可能多的关注者是微博营销产生价值的基础，一般的企业微博，与明星微博不同，很难在短时间内获得众多用户的关注，所以如何获得尽可能多的用户关注，是企业微博营销的难点之一。一些个人用户为了在短期内获得大量的关注者，甚至不惜用虚假注册等方式来扩大自己的关系网络，而这种方式对于企业微博来说是没有实际意义的。根据目前微博的应用情况，通过下列几个方面的努力有助于增加用户关注。

（1）如前所述，首先要自己成为活跃用户，不断发布有价值的信息；

（2）关注业内有影响力的活跃微博用户，参与这些用户微博的评论、转发等互动；

（3）通过各种方式邀请客户及合作伙伴等相关机构加入微博并关注自己；

（4）获得其他用户的推荐，让朋友介绍给朋友；

（5）获得平台的推荐机会，例如，热点话题推荐、人气用户推荐，或者根据个人信息及标签等相关信息自动匹配的推荐等；

（6）提供有奖活动，关注者才有资格获奖；

（7）在官方网站、官方博客等公司的网络资源上，都添加上企业微博链接，或者用微博平台提供的微博秀、签名档等代码将微博信息同步展示在其他网站，以获得更多用户关注；

（8）利用病毒性营销的方式，让更多用户邀请他们的朋友关注你……

无论用哪些方式吸引用户注意，都不是几天的时间可以完成的；获得用户关注是一项长期工作，需要坚持不懈的努力。

4．扩大在微博平台内部信息传播

在微博平台内实现尽可能大范围的信息传播是微博营销的主要任务，也是实现微博营销效果的基础。关注者数量与微博信息传播量成正比，关注者数量越多，也就是关系网络越大，微博信息传播范围也越大，但获得关注者并非朝夕之工，如何在关注者数量不是很多的情况下，获得微博信息在平台内的有效传播呢？下面的技巧在一定程度上可以增强传播效果。

（1）发布用户关注程度高的信息；

（2）参与热点话题的讨论和传播；

（3）获得业内活跃用户的关注和转发；

（4）创建企业微博品牌，获得稳定的用户群体；

（5）开展参与有奖、折扣优惠、免费赠送等活动。

5．把微博信息发布到其他网站

新浪微博提供了一种"微博秀"（详见 http://weibo.com/plugins/WeiboShow.php）的功能，可以把微博信息同步显示到其他网站，从而扩大微博信息的传播范围。同样的思路，也可以把微博内容经过合理的整合处理，以博客或者其他文章形式发布到公司官方网站/官方博客，或者其他博客平台，进一步扩大微博信息的传播机会。参考案例：利用微博秀功能，新竞争力微博同步展示在新竞争力博客（http://www.jingzhengli.cn/Blog/）和营销人网站（www.marketingman.net）上。

除了上述基本方法之外，还可以开展一些专题活动，例如，作为企业品牌推广活动，还可以与微博平台开展各种形式的合作，以获得更好的网络推广效果；策划热点事件，通过微博实现病毒性传播效果。

此外，关于企业微博营销的平台策略，是采用一个平台还是采用多个平台组合，取决于目标用户群体的特点，以及企业微博营销投入的资源等因素。如果有可能，在多个平台同时进行的网络推广活动，覆盖的用户范围会更广一些。不过，一般说来也没必要在所有微博平台都全面开花，在影响力较大的2～3个主流平台进行推广通常就可以覆盖到绝大多数的用户群体了。

7.3.5 企业微博的运营管理规范

企业博客营销需要遵循一定的管理规范，企业微博同样需要管理规范，因为企业微博不同于个人微博用户，如果随意发布不严谨的信息，说不定会带来严重的负面影响。鉴于企业微博营销还处于初级应用阶段，对微博的运营管理规范的制定和实施都还需要不断探索，这里只能粗略地罗列部分内容，仅供企业微博管理参考。

1．企业微博信息发布管理规范

（1）官方微博信息设置，显示什么说明信息、用什么个性化模板等；

（2）由哪个部门以及哪些人员负责企业微博的信息发布及管理；

（3）微博信息发布频率；

（4）微博信息审核流程；

（5）微博应急处理措施等。

2．微博信息源规划

与企业博客需要持续不断发布信息一样，企业微博也需要持续不断的信息源，于是对微博信息源的范围及模式进行长期规划是必要的。企业微博的内容素材比较广泛，常规的微博信息源素材包括：

（1）企业重要新闻、活动、媒体报道等；

（2）行业动态、观点及评论；

（3）企业领导人的重要活动、景点语录；

（4）公司发布的研究成果、专业资料、白皮书；

（5）公司新产品介绍；

（6）常见问题解答；

（7）顾客提问的公开回复；

（8）转发、评论其他用户的微博；

（9）利用微博平台举办的专题活动；

（10）其他适合通过微博传播的企业信息。

3．微博更新频率

成为活跃微博用户的基础条件之一是保持一定的更新频率。更新频率越高，意味着付出的工作量越大，对信息源的写作要求也越高，因此，可根据企业的实际情况进行规划。一般来说，微博的更新频率应远高于企业博客，每个工作日都应有一定量的新信息，每天发布1～3条信息是比较合理的。

4．限制性信息

并非所有信息都适合在官方微博发布，也并非所有用户的评论或者@都要给出解答，于是就有必要对一些信息和行为设置限定条件。

（1）可能涉及公司机密的信息；

（2）可能存在版权纠纷的信息；

（3）可能暴露个人隐私的信息；

（4）（微博发布者）过于私人生活化的内容；

（5）其他不适合随意发布的信息。

5．微博用户关系发展及维护

微博是 SNS 的一种形式，建立和维护企业的社会关系网络是企业微博的首要目的。因此，如何发展微博中的社会关系，以及如何维护自己的关系网络，是企业微博管理规范必须要重视的内容。

6．企业微博效果评估报告

企业微博是个持续的活动，需要长期的资源积累，仅仅完成几次信息发布和转发是远远不能满足企业微博营销的要求的。在企业微博营销实际活动中，需要大量耐心细致的工作，包括精心准备信息源、选择合适的发布时机、与用户的适当交流以及适时的引导等。

与企业网站的功能类似，企业微博也是企业网络营销的一个重要工具，但微博不可能取得像广告那样立竿见影的效果，需要一个长期的资源积累和转化的过程，因此企业微博营销的首要功能不是带来多少销售，而是其对企业网络营销的潜在的价值。

7.4　百科平台推广

百度不仅是搜索引擎平台，同时也是功能完善、内容丰富的 Web 2.0 网站平台，其中百度百科、百度知道、百度贴吧等均具有很高的人气，并且都在发挥着一定的网络推广功能，尤其是百度百科（http://baike.baidu.com/），在百度、Google 等搜索引擎的搜索结果中都具有较高的权重，百科词条内容很容易被潜在用户发现，事实上百度百科已经成为很多企业正在利用的免费网络推广工具。

7.4.1　开放式在线百科的网络营销应用

开放式在线百科全书（Wiki）让每个用户都可以参与创建和编辑词条，成为在线百科全书的作者，是典型的用户参与创造网站内容的 Web 2.0 模式。经过几年时间的积累和完善，目前在线百科网站已经成为互联网上最有价值的知识资源之一，几乎各行各业的名词都可以在 Wiki 中找到相关的词条，为用户获取信息提供了极大的便利。

全球最知名的网络百科是维基百科（www.wikipedia.org）。根据维基百科网站的介绍，英文维基百科成立于 2001 年 1 月 15 日，2011 年共有 272 种的独立语言版本，共有 6 万名以上的使用者贡献了超过 1 000 万篇条目。维基百科由来自全世界的自愿者协同写作，已经成为全球最大的资料来源网站之一，以热门度来说，则为世界排名第八的网站。

国内影响力较大的在线百科网站包括百度百科（baike.baidu.com）、互动百科（www.hudong.com）、搜搜百科（baike.soso.com）等，各个百科平台提供的功能有一定差异，平台的用户群也有所不同，但都有一个共同的特点，即用户可以自由创建词条以及对现有词条进行编辑修改，获得审核通过之后的内容则成为该词条的最新版本。

从本质上讲，Wiki 词条并不是作为网络营销工具而存在，甚至不应该在严肃的概念解释中插入具有广告性质的内容，但不能不考虑这样一个事实：为什么用户愿意无私地为百科平台网站贡献词条呢？如果不是为了自己的某些利益，如何能长期坚持不懈地编辑高质量的词条内容？所以，作为一个折中，百科词条管理通常会允许一定程度上的"网络推广"行为存在，当然不能在词条内容中有过于明显的广告痕迹，否则百科平台的客观性、知识性、权威性就会下降。

2011 年 2 月，新竞争力网络营销管理顾问发布的《在线百科（WIKI）网络推广策略研究报告》（详见 http://www.jingzhengli.cn/baogao/ewiki.html），对百科词条作为网络营销工具的特点及应用模式等进行了详细的调查分析。根据相关研究，百科词条被应用于网络推广的主要原因有以下几方面。

（1）百科平台具有开放性，任何人都可以编辑，降低了免费网络传播的门槛；

（2）百科平台严格的审核制度保证词条具有较高的可信度；

（3）百科词条内容丰富，搜索引擎友好度高，词条在搜索引擎中的可见度高，因而百科中的信息具有显著的网络传播的价值，是信息扩大网络可见度的一种有效方式；

（4）百科词条中的延伸阅读等可以增加相关网页的链接，这对热衷于搜索引擎优化的人员来说，无疑是一个有价值的外部链接源，因而颇受 SEO 的重视。

因此，百科平台事实上已经成为许多企业进行网络推广的工具之一。新竞争力网络营销管理顾问对电子、机械、教育培训等行业网络营销状况的调查也证实了这一点。充分利用百科平台，可以为企业网络推广带来以下网络推广价值。

（1）利用百科词条内容在百科平台有效地传播企业信息，增加企业的知名度；

（2）借助于百科词条的搜索引擎友好性提高企业信息搜索引擎可见度；

（3）通过创建和编辑词条的扩展阅读内容，为企业网站带来高质量的外部链接；

（4）作为竞争防御性策略，占领更多网络推广资源，增加竞争对手的网络推广壁垒。

案例分析 7-15

百度百科词条案例

塑料机械 http://baike.baidu.com/view/561165.htm

7.4.2 在线百科词条推广的六大模式

尽管百科词条的内容千差万别，表现形式也多种多样，不过具备企业网络推广作用的百科词条，都有一定的规律。本书通过对各百科平台词条主要可利用广告形式进行调查，归纳出 Wiki 推广六大模式：正文内容广告、URL 链接广告、图片广告、图片文字注释广告、相册广告、名片广告。

1. Wiki 词条正文内容广告

Wiki 词条正文内容广告是在词条的正文内容中添加的具有广告功能的文字信息，如在企业名称词条中介绍企业具体产品或服务信息，或在与企业相关的某商品词条中介绍本企业产品信息及公司介绍等。对于企业名称词条而言，详尽的正文内容，不仅能为访问者提供有价值的信息，而且有助于提升企业形象。词条正文内容中如果包含有详尽的产品或服务介绍信息，可以增加访问者对企业信息的了解，在一定程度上实现企业产品或服务的推广。

2．Wiki 词条中的网页 URL 链接

URL 链接广告是指在词条的参考资料和扩展阅读中加入企业官方网站或其他关联信息页面的链接。URL 链接广告不仅能为企业的相关平台带来优质的外部链接，而且能直接为企业网站或相关平台带来直接访问量，是最有效的外部链接资源之一。

3．Wiki 词条中的图片广告

在词条的正文中，引入图片对企业及其产品或服务进行描述，实际上发挥了图片广告的效果。相对于文字来说，图片更容易让用户形成视觉上的感官认识，丰富了企业百科推广的表现形式。

4．Wiki 词条中的图片文字注释

Wiki 词条中图片文字注释的表现形式包括，底部有加粗的文字说明或者在图片上具有文字水印宣传信息，这种方式进一步加强了图片广告的营销传播效果。

5．Wiki 词条中的相册广告

相册广告是互动百科和百度百科特有的功能，是指在百科词条正文内容中出现的图片不是单图，而是组图的形式，除此之外，在词条内容的下方，有专门的组图展示区域。相册广告是图片广告的进一步延伸和发展，能够更充分地发挥百科平台的图片广告推广价值。

6．Wiki 词条中的名片广告

名片广告是百度百科特有的形式，是指在百度百科词条中出现在词条正文上方的内容，是对整个词条内容的概括和总结。名片广告可以丰富企业的词条内容，提升企业词条的专业性，另外，百度名片属于百度百科的一种关联平台，为企业制作名片可以增加企业的推广渠道和企业信息的传播机会。

新竞争力的调查表明，百科词条中的 URL 链接广告是目前应用最多的百科推广模式之一。可见，为企业网站增加外部链接，是企业创建百科词条的主要动力。《企业百科推广策略研究报告》的相关数据表明，不同 Wiki 平台上的词条所包含的外部链接比例有较大差异，其中互动百科平台的词条中含有 URL 链接的比例最高，66.2%的词条包含 URL 链接信息。互动百科词条创建者热衷于 URL 链接的主要原因在于，互动百科词条审核相对比较宽松，而其词条的搜索引擎可见度表现尚可。

7.4.3　在线百科词条推广的五大问题

《企业百科推广策略研究报告》的相关调查表明，目前多数企业对百科平台的推广方法认识不足，缺乏技巧，大多数企业只停留在较浅层次的推广上，没有充分有效地利用百科平台相关功能。在线百科词条推广的五大问题如下。

（1）对百科平台的功能和规则认识不足，创建和编辑词条具有一定的盲目性。也就是说，企业不明白百科平台的推广方式，在词条中没有采用适当的推广形式。

（2）百科词条正文应用不尽合理，失去了重要的推广机会。用户通过关键词搜索（无论百科平台内部搜索还是公共搜索引擎），目的是为了获得相关度最高的信息，所以在以公司名称和核心产品为词条的内容中，适当加入公司信息是最合理的表现方式，实际上多数词条正文并未实现有效的信息传播效果。另外，词条的可读性差，也是影响 Wiki 传播效果的重要原因之一。

（3）Wiki 词条的 URL 链接利用水平不高。词条的 URL 链接不仅能为企业的相关平台带来优质的外部链接，而且能直接为企业的相关平台带来访问量。但由于 URL 链接被一些垃圾 SEO 所滥用，因此几乎所有的百科平台都对 URL 链接进行严格的审查，致使一些企业创建的词条无法插入期望的网址信息。

（4）对其他词条推广形式应用较少。许多企业词条将 URL 链接作为主要目的之一，显得过于功利且急躁，对词条中的图片信息传播、文字注释、相册、名片等缺少深入细致的应用。

（5）没充分运用平台资源进行推广，如词条的分享、开放分类设置等，同样显示出对百科词条推广模式及方法的认识比较欠缺，应用层次过于粗浅。

综上所述，尽管很多企业已经意识到在线百科词条推广的价值，但在对百科推广的总体认识以及操作层面存在种种误区，表明在线百科词条推广模式的应用还处于初级阶段，还存在较大发展空间。新竞争力的《企业百科推广策略研究报告》通过详尽的调查以及案例分析为有效利用百科词条进行推广提出了具体的操作建议，具有较高的实用价值。

7.4.4 在线百科词条推广的操作技巧

（1）Wiki 词条推广的效果明显，但是由于 Wiki 审核严格，难以编辑成功，或编辑成功却无法达到推广效果。Wiki 词条编辑需要讲究技巧。

（2）企业网络推广人员需先对常用百科网站进行了解，尤其是编辑说明，如维基百科在外贸网络推广中可起到重要作用，但维基的编辑方法与其他百科不同，有自己的一套编辑格式，如不熟悉，根本无法完成编辑。因此，在正式编辑前，需详细了解编辑帮助信息。

（3）词条审核对广告信息筛选较为严格，切忌出现明显的广告信息。词条的撰写应以为用户提供有用信息为宗旨，在参考信息、拓展阅读中适当加入企业网站信息。

（4）过于通用的词条编辑通常比冷僻词条更困难，而且被别人再次修改的可能性比较大，不容易保持稳定，但成功编辑通用性词条获得的关注会更多。

（5）由于百科词条编辑的专业性，以及词条数量和质量的可度量性，Wiki 平台的推广业务可以外包形式请专业人员来操作，必要时可委托专业机构来操作。

（6）由于在线百科的开放性，任何人都可能对已经存在的词条进行修改，因此要对与本公司相关的重点词条给予持续的关注和维护，让词条发挥长期效果。

与其他在线百科网站相比，百度百科有一定的特点，例如，词条审核比较严格，而且同一词条内容的编辑人数较多，一些企业可能采取某些手段修改或者删除对竞争对手有推广价值的信息，因此在利用百度百科平台进行推广时应特别注意。

7.5　Ask 社区问答推广

Ask 社区是一种知识问答式网络社区。任何人都可以提出问题，同时每一个人都可以去回答别人的问题。这样的 Ask，也为网络营销开辟了新的渠道。

7.5.1　Ask 社区的网络营销价值

以"提问+解答"模式出现的知识问答平台 Ask，最早以其免费、实用、开放、分享、公平等特征，成为网民获取知识，寻求帮助的主要渠道之一。国内 Ask 社区的代表百度知道，问题涵盖从个人生活、娱乐爱好到工作研究、人生探讨的各个领域，目前已解决的问题数以亿计，拥有近千万的最佳答案问题，而这些数据还会不停增长。

Ask 社区庞大的用户群体和较高的用户信任度，为企业网络营销提供了良好的环境。总的来说，Ask 的网络营销价值主要体现在两个方面：网络可见度和口碑效应。

1. Ask 良好的搜索引擎友好性提高企业网络可见度

案例分析 7-16

百度知道推广案例之一

塑料机械干燥器问题

从上图可以看出，问题回答者通过专业回答引出了其真正的目的，即推广"益丰塑料机械网站"。

资料来源：http://zhidao.baidu.com/question/143529195.html

案例分析 7-17

百度知道推广案例之二

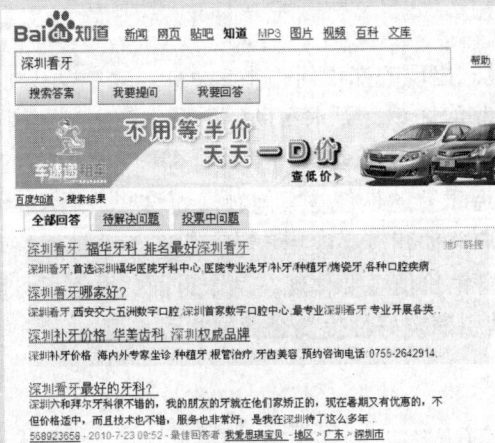

从上图可以看出，当消费者需要了解深圳看牙的问题的时候，他通过在百度知道中提出"深圳看牙"的问题，得到的答案几乎都是深圳本地牙科医院的百度推荐链接。从中可以看出，深圳的牙科医院为了进行网络营销，也专门针对 Ask 社区实施了网络推广，从而为自己在互联网上多开发了一条展示的渠道。

Ask 社区的问题和答案均由网民提供，具有很高的原创性，且所有内容均以文字描述为主，这些原创文字内容具有很高的搜索引擎友好性，而基于搜索的百度知道，这种优势则更为明显。正因为此，当企业网络营销人员在解答问题时恰当提供企业相关信息，能很好地增加企业曝光率，提高企业网络可见度。

2．为用户解决实际问题，形成口碑效应

知识问答平台的主要功能就是为用户解决问题。当用户提出某个问题或检索某个问题的答案时，对这个问题所涉及的内容本身已经具有了一定的需求。如果企业能很好的为用户解决这个问题，就是一次精准营销的过程，并能获得良好的口碑，这也是建立企业网络品牌的途径之一。

7.5.2　Ask 社区推广的操作要点

既然选择了 Ask，那接下来就要开始实际操作了。Ask 推广有没有技巧，是不是只要其回答网友的提问，加上推广信息就可以了呢？本质上说，确实就是这么简单。但是，在实际操作过程中，还有许多需要注意和了解的地方。

1．创造答案的途径

Ask 平台的问题由网友提出。网友因为不了解才会提问，我们可以帮他们解答。但通常情况下，正因为不了解，他们可能有些需要了解的问题却没有提出来或不知道怎么提出来，这时候，就需要我们来帮他们提出来。

（1）解决已有问题：通过搜索找出与企业有关的待解决问题，然后利用自己的专业知识进行回答，为他人解决问题。

（2）自问自答式：收集用户的对本行业知识的需求，采用不同的账号分别扮演两个角色，自问自答，为用户提供有用信息，并将自己的回答设为最佳答案。

2．如何确定 Ask 选题

（1）所回答问题或"自问自答"问题，可根据企业名称、企业品牌、企业产品/服务、企业所处行业、同类产品使用、售后等与企业及产品相关的各个话题来检索或策划问题。

（2）如有客服中心，从客服中心客户反映问题中得到启发，把客户反映的问题收集整理，并据此检索相关问题进行回答或策划问题。

（3）利用 Ask 社区"相关搜索结果"和"相关问题"进行回答或得到启发策划问题。

3．Ask 推广注意事项

（1）回答问题时，为避免被管理员删帖，应避免明显的广告信息，可出现适当的文字引导和链接引导。

（2）链接不能太多。如百度知道对广告链接的审核较为严格，一旦发现多次出现同一网站广告链接信息，将屏蔽该网址的发布。

（3）回答内容需保持自然和真实，尽量减少广告痕迹。

（4）在自问自答环节中，提问和回答尽量通过不同的 IP 地址登录。

（5）回答问题时要控制推广信息出现的比率，以免被管理员删号。

（6）同一个问题可以用多个账户以不同"风格"回答，巧妙地引出品牌名称或网址等推广信息。

（7）回答问题参考资料中可以引用要推广的相关页面网址。

（8）每个账号每日发帖量尽量不超过 5 个，每天持续积累广告效果会更好。

（9）最好以第三方身份进行问题解答和问题策划。

（10）也可通过注册含企业名称或企业品牌的 ID 进行回答，达到推广企业品牌的目的，但此类 ID 回答问题时答案中最好不要再出现推广信息。

本章小结

社会化网络营销是利用社会化网络进行营销信息传递和交互的一种网络营销方法，其核心是通过人的社会关系网络资源的扩展，实现信息分享和传播。实际上是一种网络口碑营销与传统信息发布方式相结合的综合网络营销模式。

社会化网络营销信息传播的主要特点是：（1）社会化网络营销信息传播通常基于影响力较大的第三方 SNS 平台，在同一平台上实现信息源的发布及传播；（2）SNS 网站信息传播以站内渠道为主；（3）人作为 SNS 信息传播的主体；（4）SNS 信息系统中，"行为孤岛"是信息传递屏障的主要因素；（5）社会化网络营销信息是一种"临时非正式动态信息传播"。

社会化网络营销的操作模式有三个步骤：初步制定 SNS 营销策略、SNS 营销策略的实施以及 SNS 营销的效果分析及管理。

社会化网络营销应用的常用的两种基本形式为博客营销与微博营销。

博客营销是一种基于个人知识资源（包括思想、体验等表现形式）的网络信息传递形式。企业博客营销有六种常见形式：企业网站自建博客频道、第三方公共博客平台模式、第三方企业博客平台、个人独立博客网站模式、博客营销外包模式、博客广告模式等。

博客写作是企业博客营销的基本元素，博客营销是企业文章集合的总体效果的体现。因此，企业博客文章的写作需要从七个方面进行规范和培训：企业博客文章写作的一般原则、博客文章的内容选题思路、博客文章的表现形式、博客文章的编辑技巧、博客文章如何与营销相结合、博客文章怎么样获得最多的用户访问、如何管理好博客。

微博营销，即利用公共微博平台实现企业信息传播及交互的目的一种网络营销方式。微博营销是社会化网络营销的一种表现形式，也是 Web 2.0 营销的进一步发展，与传统的博客营销相比，微博的信息传播更为方便和快捷，是 2009 年之后最受关注的网络营销形式之一。

微博营销和博客营销主要在信息源的表现形式、信息传播模式以及用户获取信息及行为三个方面有显著区别。特别需要强调的是，微博营销与博客营销的本质区别在于：博客营销可以依靠个人的力量通过各种网络渠道传播（对互联网工具的依赖），而微博营销则要依赖你的社会关系网络资源（即对人的依赖）。

企业博客营销一般需要遵循以下六个步骤：选择微博平台、勾画企业形象、微博信息发布、营造微博环境、企业微博推广以及放大传播效应。

百度不仅是搜索引擎平台，同时也是功能完善、内容丰富的 Web 2.0 网站平台，其中百度百科、百度知道等均具有很高的人气，并且都在发挥着一定的网络推广功能。

百科平台开展网络推广的方式可归纳为六大模式，包括：正文内容广告、URL 链接广告、图片广告、图片文字注释广告、相册广告、名片广告。在线百科词条推广的五大问题分别是：（1）对百科平台的功能和规则认识不足；（2）百科词条正文应用不尽合理，失去了重要的推广机会；（3）Wiki 词条的 URL 链接利用水平不高；（4）对其他词条推广形式应用较少；（5）没充分运用平台资源进行推广。

Ask 的网络营销价值主要体现在两个方面：网络可见度和口碑效应。Ask 社区推广的操作要点主要体现在创造答案的途径、如何确定 Ask 选题以及 Ask 推广注意事项等三个方面。

思考与讨论

1．查找相关资料，请列出用户量最大的 5 个英文 SNS 网站及 5 个中文 SNS 网站，分别总结其作为网络营销平台时可能的应用方式。

2．博客营销和微博营销都是个人信息发布为主的模式，除了信息发布，还需要合理的信息传播才能发挥其营销价值，试分析两者在信息传播方面所需要的资源及一般规律。

3．本章主要分析了百度百科的推广，试比较分析维基百科、互动百科等百科平台在网络营销方面应用的特点。

4．自选若干个 Ask 网站平台，用自问自答或者互答的方式，体验 Ask 营销模式可能存在的限制因素有哪些，以及如何解决这些问题。

参 考 文 献

[1] 菲利普·科特勒. 营销管理. 第 10 版. 梅汝和, 译. 北京: 中国人民大学出版社, 2001.

[2] 冯英健. 网络营销基础与实践. 第 3 版. 北京: 清华大学出版社, 2007.

[3] 网络营销能力秀. http://abc.wm23.com.

[4] 网络营销管理顾问. http://www.jingzhengli.cn.

[5] 中国互联网络发展状况统计报告. 中国互联网络信息中心. http://www.cnnic.net.cn.

[6] 新竞争力. 《企业 B2C 网站运营策略研究报告》结论要点. http://www.jingzhengli.cn/baogao/eb2c2.html, 2011-01-18.

[7] 新竞争力. 电子信息百强企业网络营销研究报告. http://www.jingzhengli.cn/baogao/dianzi.html, 2011-11-08.

[8] 中小企业 B2B 平台推广策略研究报告. http://www.jingzhengli.cn/baogao/eb2b2.html.

[9] 企业百科推广策略研究报告. http://www.jingzhengli.cn/baogao/ewiki2.html.

[10] 新竞争力. 微博七日通. http://www.jingzhengli.cn/sixiangku/zx_weibo7d.html, 2011

[11] 网络营销教学网站. http://www.wm23.com.

[12] 冯英健. Email 营销. 北京: 机械工业出版社, 2003.

[13] Wikipedia. Microblog. http://en.wikipedia.org/wiki/Microblog.

[14] 中国互联网协会. 企业网站建设指导规范. http://www.wgo.org.cn/news/24.htm.

[15] 戴尔公司网站中国站点. http://www.dell.com.cn.

[16] 机械企业网络营销策略研究报告. http://www.jingzhengli.cn/baogao/jixie.html.

[17] 网站站长指南. http://www.google.com/support/webmasters/bin/answer.py?hl=cn&answer=35769.

[18] 百度站长 FAQ. http://www.baidu.com/search/guide.html.

[19] 网上营销新观察. http://www.marketingman.net.

[20] 新竞争力. 教育培训行业网络营销策略研究报告. http://www.jingzhengli.cn/baogao/jiaoyu.html, 2010-10-29.

[21] 51Yes 网站流量统计. http://count.51yes.com.

[22] Google Analytics. http://www.google.com/analytics/.

[23] 阿里巴巴网站. http://www.china.alibaba.com.

[24] 新浪智投网络广告模式. http://p4p.sina.com.cn.

[25] 智易营销连锁网. http://www.smarttrade.cn.

[26] 美通网站联盟. http://www.ad4all.net.

[27] 百度推广. http://e.baidu.com.

[28] Google Adwords 关键字广告高手速成指南. http://www.jingzhengli.com/research/ebook0723.html.

[29] 搜狗推广服务. http://www.sogou.com/fuwu/jingjia/youshi.html.

[30] 新浪微博. http://weibo.com.

[31] 冯英健. 微博营销与博客营销的本质区别. http://www.jingzhengli.cn/blog/fyj/1096.html.

[32] 新竞争力. 企业网站实施搜索引擎优化的限制因素调查. http://www.jingzhengli.cn/report/F2005/1005.htm, 2005-10-12.

[33] 网络营销是公司级的营销战略. http://www.jingzhengli.cn/sixiangku/s01/01026.htm.

[34] 关联网站推广策略—关联网站的作用. http://www.marketingman.net/tools/wsp120/015.htm.